Pangert/Streit

Lärm- und Vibrations-Arbeitsschutzverordnung (LärmVibrationsArbSchV) – Erläuterungen für die Praxis

1. Auflage 2010

Pangert/Streit

Lärm- und Vibrations-Arbeitsschutzverordnung – Erläuterungen für die Praxis

Herausgegeben von

Dr. rer. nat. habil. Roland Pangert
Leitender Ministerialrat a.D., Rudolstadt

Dipl.-Ing. Dr. rer. nat. Wilhelm Streit
Ministerialdirigent a.D., Mainz

1. Auflage 2010

Bibliografische Informationen der Deutschen Nationalbibliothek

Die Deutsche Nationalbibliothek verzeichnet diese Publikation in der Deutschen Nationalbibliografie; detaillierte bibliografische Daten sind im Internet über <http://dnb.d-nb.de> abrufbar.

Bei der Herstellung des Werkes haben wir uns zukunftsbewusst für umweltverträgliche und wiederverwertbare Materialien entschieden.
Der Inhalt ist auf elementar chlorfreiem Papier gedruckt.

ISBN 978-3-609-21202-9

E-Mail: kundenbetreuung@hjr-verlag.de

Telefon: +49 89/2183-7928
Telefax: +49 89/2183-7620

© 2010 ecomed SICHERHEIT, eine Marke der Verlagsgruppe Hüthig Jehle Rehm GmbH
Heidelberg, München, Landsberg, Frechen, Hamburg

www.ecomed-sicherheit.de

Dieses Werk, einschließlich aller seiner Teile, ist urheberrechtlich geschützt. Jede Verwertung außerhalb der engen Grenzen des Urheberrechtsgesetzes ist ohne Zustimmung des Verlages unzulässig und strafbar. Dies gilt insbesondere für Vervielfältigungen, Übersetzungen, Mikroverfilmungen und die Einspeicherung und Verarbeitung in elektronischen Systemen.

Satz: HJR, Landsberg am Lech
Druck: Fuldaer Verlagsanstalt GmbH & Co. KG, 36037 Fulda

Vorwort

Lärm und Schwingungen beeinträchtigen die Arbeitsbedingungen an vielen Arbeitsplätzen in Betrieben und außerhalb derselben auf Fahrzeugen.

Die Lärm- und Vibrations-Arbeitsschutzverordnung enthält die Mindestanforderungen zum Schutz der Beschäftigten vor Gefährdungen ihrer Gesundheit und Sicherheit durch Lärm und/oder Vibrationen bei der Arbeit.

Die Erläuterungen dieser Broschüre berücksichtigen die beiden Technischen Regeln für Lärm und Vibrationen (Ausg. Jan. 2010), die aus je vier Teilen bestehen, sowie die Änderungen der Lärm- und Vibrations-Arbeitsschutzverordnung vom 26. Juli 2010. Sie fassen alle Forderungen übersichtlich zusammen, geben Hinweise, wie sie in der Praxis eingehalten werden können und enthalten wesentliche physikalisch-technische Grundlagen, die für das Verständnis der Forderungen und der einzuleitenden Maßnahmen erforderlich sind.

Die arbeitsmedizinische Vorsorge wird in einem eigenen Kapitel behandelt.

Einwirkungen von Lärm unterhalb von 80 dB, die zu extraauralen Wirkungen und Leistungsminderungen führen können, werden im Anhang Nr. 3.7 der Arbeitsstättenverordnung behandelt und im Kommentar zur Arbeitsstättenverordnung von Opfermann und Streit näher erläutert.

Landsberg, im August 2010

Inhaltsverzeichnis

Vorwort zur 1. Auflage	5
Inhaltsverzeichnis	7
Text der Lärm- und Vibrations-Arbeitsschutzverordnung	17
1 Vorbemerkungen	33
1.1 Die Lärm- und Vibrations-Arbeitsschutzverordnung	33
1.1.1 Ziel der Verordnung	33
1.1.2 Verhältnis zur Arbeitsstättenverordnung und zur Betriebssicherheitsverordnung	34
1.1.3 Zwischenzeitlich überholte oder aufgehobene Vorschriften zu Lärm und Vibrationen	35
1.2 Ergänzende Vorschriften, internationale Übereinkommen, Regeln mit Festlegungen zu Lärm und Vibrationen	35
1.2.1 Technische Regeln Lärm und Vibrationen	36
1.2.2 Bildschirmarbeitsverordnung	36
1.2.3 Bauordnungsrecht	36
1.2.4 Maschinenverordnung (9. GPSGV)	37
1.2.5 Technische Regel für Arbeitsstätten ASR A1.3 Sicherheits- und Gesundheitsschutzkennzeichnung	38
1.2.6 Arbeitsschutzgesetz	38
1.2.7 Mutterschutzgesetz und -verordnung	39
1.2.8 Jugendarbeitsschutzgesetz	39
1.2.9 IAO-Übereinkommen	39
1.2.10 IAO-Empfehlung	40
1.3 Allgemeine Einführung zum Lärm	40
1.3.1 Schall, Schallpegel, Lärm	40
1.3.2 Schallausbreitung, -absorption und -dämmung	43
1.3.3 Wirkungen von Lärm auf den Menschen	46
1.3.4 Wirkungen von Lärm auf die Sicherheit und Gesundheit	48
– Mittelbare Wirkungen	48

Inhaltsverzeichnis

	– Unmittelbare Beeinträchtigung der Gesundheit durch Lärm	48
	– Aurale Wirkungen	49
	– Extraaurale Wirkungen	50
	– Kombinationswirkungen	51
1.4	Allgemeine Einführung zu Vibrationen	51
1.4.1	Arten und Beschreibung von Vibrationen	51
1.4.2	Wirkungen von Vibrationen auf den Menschen	54
1.4.3	Wirkungen von Vibrationen auf die Sicherheit und Gesundheit	56
	– Mittelbare Wirkungen durch Ganzkörper-Vibrationen (GKV)	56
	– Unmittelbare Wirkungen von GKV auf die Gesundheit	57
	– Kombinationswirkungen mit GKV	58
	– Mittelbare Wirkungen durch Hand-Arm-Vibrationen (HAV)	58
	– Unmittelbare Wirkungen durch HAV auf die Gesundheit	58
	– Kombinationswirkungen mit HAV	59
2	**Lärm- und Vibrations-Arbeitsschutzverordnung[1]**	**60**
2.1	§ 1 Anwendungsbereich	60
2.1.1	Von der Verordnung erfasste Arbeitsbereiche (§ 1 Abs. 1)	60
2.1.2	Ausnahmen vom Geltungsbereich (§ 1 Abs. 2 und 3)	63
2.2	§ 2 Begriffsbestimmungen	64
2.2.1	Begriff Lärm (§ 2 Abs. 1)	65
2.2.2	Tages-Lärmexpositionspegel (§ 2 Abs. 2)	66
2.2.3	Wochen-Lärmexpositionspegel (§ 2 Abs. 3)	67

---

[1] Ausfertigungsdatum: 6.3.2007 (BGBl. I S. 261). Die Verordnung ist gem. Art. 7 Satz 1 der Verordnung zur Umsetzung der EG-Richtlinien 2002/44/EG und 2003/10/EG zum Schutz der Beschäftigten vor Gefährdungen durch Lärm und Vibrationen am 9.3.2007 in Kraft getreten. Eine erste Änderung der LärmVibrationsArbSchV erfolgte durch Art. 3 der Verordnung zur Umsetzung der Richtlinie 2006/25/EG zum Schutz der Arbeitnehmer vor Gefährdungen durch künstliche optische Strahlung und zur Änderung von Arbeitsschutzverordnungen vom 19.07.2010 (BGBl. I S. 960); diese Änderung ist am 20.7.2010 in Kraft getreten.

	2.2.4	Spitzenschalldruckpegel (§ 2 Abs. 4)	68
	2.2.5	Begriff Vibrationen (§ 2 Abs. 5)	70
	2.2.6	Tages-Vibrationsexpositionswert (§ 2 Abs. 6)	70
	2.2.7	Stand der Technik (§ 2 Abs. 7)	70
	2.2.8	Weitere von der Verordnung erfasste Personen (§ 2 Abs. 8)	71
2.3	§ 3 Gefährdungsbeurteilung		71
	2.3.1	Abschätzung der Exposition (§ 3 Abs. 1 Sätze 1 und 2)	73
	2.3.2	Expositionsermittlung (§ 3 Abs. 1 Satz 4)	74
	2.3.3	Messung (§ 3 Abs. 1 Satz 5).	75
	2.3.4	Festlegung der Schutzmaßnahmen (§ 3 Abs. 1 Satz 6)	76
	2.3.5	Inhalt der Gefährdungsbeurteilung (§ 3 Abs. 2) . . .	76
	2.3.6	Wechsel- oder Kombinationswirkungen durch Lärm und Vibrationen (§ 3 Abs. 3 Satz 1 und 2) . . .	79
	2.3.7	Ototoxische Substanzen als Verstärkung der Lärmbelastung (§ 3 Abs. 3 Satz 3)	80
	2.3.8	Kombinationswirkungen bei Ganzkörper-Vibrationen mit Lastenhandhabung	82
	2.3.9	Kombinationswirkungen von Hand-Arm-Vibrationen mit Kälte	82
	2.3.10	Mittelbare Wirkungen von Lärm und Vibrationen (§ 3 Abs. 3 Satz 4)	83
	2.3.11	Tätigkeiten mit hohen Konzentrationsanforderungen (§ 3 Abs. 3 Satz 5)	83
	2.3.12	Mittelbare Wirkungen von Vibrationen	84
	2.3.13	Dokumentation der Gefährdungsbeurteilung (§ 3 Abs. 4)	87
2.4	§ 4 Messungen		88
	2.4.1	Messverfahren und -geräte für Lärm und Vibrationen (§ 4 Abs. 1 Sätze 1 und 2)	88
		– Art der Lärmmessverfahren.	88
		– Messgeräte	89
		– Messunsicherheit, Ungenauigkeit von Lärmmessungen.	90

Inhaltsverzeichnis

	– Statistische Absicherung des zufälligen Fehlers einer Lärmmessung	93
	– Bestimmung der systematischen Fehler einer Lärmmessung	96
	– Bestimmung des Gesamtfehlers einer Lärmmessung	97
	– Bestimmung des Gesamtfehlers einer Lärmmessung mit Hilfe von Genauigkeitsklassen nach DIN 45645-2	97
	– Bestimmung des Gesamtfehlers einer Lärmmessung nach DIN EN ISO 9612	101
2.4.2	Stichprobenerhebung bei Lärm- und Vibrationsmessungen (§ 4 Abs. 1 Satz 3)	101
2.4.3	Aufbewahrung der Messergebnisse von Lärm- und Vibrationsmessungen (§ 4 Abs. 1 Satz 4)......	101
2.4.4	Messung von Vibrationen; Hinweis auf den Anhang der Verordnung (§ 4 Abs. 2)	102
2.5	§ 5 Fachkunde	102
2.5.1	Fachkundige Personen für die Gefährdungsbeurteilung (§ 5 Sätze 1 bis 3)	102
2.5.2	Fachkundige Personen für die Durchführung von Messungen (§ 5 Satz 4)	103
2.6	§ 6 Auslösewerte bei Lärm...........................	104
2.6.1	Auslösewerte; Pegel im Raum (§ 6 Satz 1)	105
2.6.2	Expositionswerte; Pegel am Ohr unter Gehörschutz (§ 6 Abs. 2)........................	105
2.7	§ 7 Maßnahmen zur Vermeidung und Verringerung der Lärmexposition	106
2.7.1	Vorbemerkungen; Zusammenstellung der Maßnahmen	108
2.7.2	Stand der Technik; Rangfolge der Schutzmaßnahmen (§ 7 Abs. 1)	109
2.7.3	Beispiele für Schutzmaßnahmen (§ 7 Abs. 2)	111
2.7.3.1	Alternative Arbeitsverfahren zur Verringerung der Lärmexposition (§ 7 Abs. 2 Nr. 1)	111
2.7.3.2	Auswahl und Einsatz neuer oder bereits vorhandener Arbeitsmittel (§ 7 Abs. 2 Nr. 2)	113

Inhaltsverzeichnis

	2.7.3.3	Lärmmindernde Gestaltung und Einrichtung der Arbeitsstätten und Arbeitsplätze (§ 7 Abs. 2 Nr. 3)	116
	2.7.3.4	Technische Maßnahmen zur Luftschallminderung (§ 7 Abs. 2 Nr. 4)	118
	2.7.3.5	Wartungsprogramme für Arbeitsmittel und schallschutztechnische Einrichtungen (§ 7 Abs. 2 Nr. 5)	123
	2.7.3.6	Arbeitsorganisatorische Maßnahmen zur Verringerung der Lärmexposition (§ 7 Abs. 2 Nr. 6)	124
2.7.4		Ruheräume (§ 7 Abs. 3)	124
2.7.5		Lärmbereiche (§ 7 Abs. 4)	125
2.7.6		Programm technischer und organisatorischer Maßnahmen zur Verringerung der Lärmexposition (§ 7 Abs. 5)	127
2.8	§ 8 Gehörschutz		128
	2.8.1	Bereitstellung von persönlichem Gehörschutz (§ 8 Abs. 1)	128
	2.8.2	Auswahl von Gehörschutz (§ 8 Abs. 2)	129
	2.8.2.1	Expositionsgrenzwerte	129
	2.8.2.2	Schalldämmung von Gehörschutz	130
	2.8.2.3	Art und Anwendung von Gehörschutz	135
	2.8.2.4	Otoplastiken	136
	2.8.2.5	Richtiges Benutzen des Gehörschutzes	138
	2.8.3	Pflicht zum Tragen von Gehörschutz (§ 8 Abs. 3)	140
	2.8.4	Zustandsüberprüfung des verwendeten Gehörschutzes (§ 8 Abs. 4)	141
2.9	§ 9 Expositionsgrenzwerte und Auslösewerte für Vibrationen		142
	2.9.1	Auslösewerte und Expositionsgrenzwerte für Vibrationen (§9 Abs. 1 und 2)	142
	2.9.2	Mutterschutz bei Vibrationsexposition	146
2.10	§ 10 Maßnahmen zur Vermeidung und Verringerung der Exposition durch Vibrationen		148
	2.10.1	Auswahl der Schutzmaßnahmen zur Verringerung der Exposition durch Vibrationen (§ 10 Abs. 1)	149
	2.10.2	Beispiele für Schutzmaßnahmen zur Verringerung der Exposition durch Vibrationen (§ 10 Abs. 2)	150

Inhaltsverzeichnis

2.10.2.1	Alternative Arbeitsverfahren zur Verringerung der Exposition durch Vibrationen (§ 10 Abs. 2 Nr. 1)	150
2.10.2.2	Auswahl und Einsatz neuer oder bereits vorhandener Arbeitsmittel (§ 10 Abs. 2 Nr. 2)	151
2.10.2.3	Zusatzausrüstungen zur Verringerung der Exposition durch Vibrationen (§ 10 Abs. 2 Nr. 3)	154
2.10.2.4	Wartungsprogramme zur Verringerung der Exposition durch Vibrationen (§ 10 Abs. 2 Nr. 4)	156
2.10.2.5	Gestaltung und Einrichtung der Arbeitsstätten unter Beachtung der Exposition durch Vibrationen (§ 10 Abs. 2 Nr. 5)	157
2.10.2.6	Schulung der Beschäftigten bei Exposition durch Vibrationen (§ 10 Abs. 2 Nr. 6)	161
2.10.2.7	Begrenzung der Dauer und Intensität der Exposition durch Vibrationen (§ 10 Abs. 2 Nr. 7)	161
2.10.2.8	Arbeitszeitpläne zur Verringerung der Exposition durch Vibrationen (§ 10 Abs. 2 Nr. 8)	162
2.10.2.9	Schutz vor Kälte und Nässe bei Exposition durch Hand-Arm-Vibrationen (§ 10 Abs. 2 Nr. 9)	162
2.10.3	Maßnahmen bei Überschreitung der Expositionsgrenzwerte für Vibrationen (§ 10 Abs. 3)	163
2.10.4	Maßnahmen bei Überschreitung der Auslösewerte für Vibrationen (§ 10 Abs. 4)	163
2.11 § 11	Unterweisung der Beschäftigten	165
2.11.1	Art der Unterweisung bei Lärm- oder Vibrationsexposition (§ 11 Abs. 1)	166
2.11.2	Inhalt der Unterweisung bei Lärm- oder Vibrationsexposition (§ 11 Abs. 2)	168
2.11.3	Arbeitsmedizinische Beratung bei Lärm- oder Vibrationsexposition (§ 11 Abs. 3)	169
2.12 § 12	Beratung durch den Ausschuss für Betriebssicherheit	171
2.13 § 13	Arbeitsmedizinische Vorsorge *(aufgehoben)*[2]	172
2.14 § 14	Veranlassung und Angebot arbeitsmedizinischer Vorsorgeuntersuchungen *(aufgehoben)*[3]	172

---

[2] Siehe hierzu Abschn. 3 S. 219
[3] Siehe hierzu Abschn. 3 S. 219

Inhaltsverzeichnis

2.15 § 15 Ausnahmen 173
    2.15.1 Ausnahmen wegen unverhältnismäßiger Härte für den Arbeitgeber (§ 15 Abs. 1) 174
    2.15.2 Ausnahmsweise Anwendung des Wochen-Lärmexpositionspegels (§ 15 Abs. 2) 176

2.16 § 16 Straftaten und Ordnungswidrigkeiten 177
    2.16.1 Ordnungswidrigkeiten (§ 16 Abs. 1) 178
    2.16.2 Straftatbestände (§ 16 Abs. 2) 179

2.17 § 17 Übergangsvorschriften 180
    2.17.1 Musik- und Unterhaltungssektor (§ 17 Abs. 1) 180
    2.17.2 Wehrmaterial der Bundeswehr (§ 17 Abs. 2) 182
    2.17.3 Arbeiten mit Baumaschinen (§ 17 Abs. 3) 182

2.18 Anhang Vibrationen 184
    2.18.1 Vorbemerkung 184
    2.18.2 Ermittlung, Messung und Bewertung der Exposition gegenüber Hand- Arm-Vibrationen (HAV)(Anh. Vibrationen Nr. 1.1 und 1.2) 185
        – Stand der Technik bei HAV 185
        – Messung der HAV 186
        – Dauer der Messung der HAV 187
        – Frequenzbewertete Beschleunigungen in drei orthogonalen Richtungen bei HAV 188
        – Schwingungsgesamtwert der HAV 189
        – Einwirkungsdauer der HAV 189
        – Teil-Tagesexpositionswert der HAV 191
        – Tagesexpositionswert der HAV 191
        – Genauigkeit des Tagesexpositionswertes bei HAV 195
        – Schätzung des Ausmaßes der Exposition gegenüber HAV 196
        – K-Wert, bewertete Schwingstärke der HAV.... 198
        – Messprotokoll bei HAV 199
        – Schwingungsdosis bei HAV 200
        – Andruckkraft bei HAV 200
    2.18.3 Handhaben von Bedienungselementen; Ablesen von Anzeigen bei HAV (Anh. Vibrationen Nr. 1.3) 201

Inhaltsverzeichnis

	2.18.4	Indirekte Gefährdung bei HAV (Anh. Vibrationen Nr. 1.4)	201
	2.18.5	Persönliche Schutzausrüstungen bei HAV (Anh. Vibrationen Nr. 1.5)	201
	2.18.6	Ermittlung, Messung und Bewertung der Exposition gegenüber Ganzkörper-Vibrationen (GKV) (Anh. Vibrationen Nr. 2.1 und Nr. 2.2)	202
		– Stand der Technik bei GKV	202
		– Messung der GKV	203
		– Dauer der Messung von GKV	203
		– Frequenzbewertete Beschleunigungen in drei orthogonalen Richtungen bei GKV	204
		– Einwirkungsdauer der GKV	206
		– Teil-Tagesexpositionswert der GKV	207
		– Tagesexpositionswert der GKV	207
		– Genauigkeit des Tagesexpositionswertes bei GKV	212
		– Schätzung des Ausmaßes der Exposition gegenüber GKV	213
		– K-Wert, bewertete Schwingstärke der GKV	215
		– Messprotokoll für GKV	216
		– Schwingungsdosis bei GKV	217
	2.18.7	Handhaben von Bedienungselementen, Ablesen von Anzeigen (Anh. Vibrationen Nr. 2.3)	217
	2.18.8	Indirekte Gefährdungen (Anh. Vibrationen Nr. 2.4)	217
	2.18.9	Ausdehnungen der Exposition (Anh. Vibrationen Nr. 2.5)	218

3 Arbeitsmedizinische Vorsorge **219**

3.1	Verordnung zur arbeitsmedizinischen Vorsorge (ArbMedVV)		219
3.2	Vorschriften der ArbMedVV		220
	3.2.1	Angemessene arbeitsmedizinische Vorsorge – Vorbemerkung	221
	3.2.2	Arten der Vorsorgeuntersuchungen (§ 2 Abs. 3 bis 5)	221

3.2.3	Zeitpunkte der Untersuchungen (§ 2 Abs. 6 Nr. 1 und 2)	222
3.2.4	Pflichtuntersuchungen (§ 4 i.V.m. Anh. Teil 3 Abs. 1 Nr. 3 und 4)	223
3.2.5	Angebotsuntersuchungen (§ 5 i.V.m. Anh. Teil 3 Abs. 2 Nr. 1 und 2)	224
3.2.6	Allgemeine arbeitsmedizinische Vorsorgeuntersuchungen (§ 11 ArbSchG)	224
3.2.7	Beauftragung eines Arztes; fachliche Anforderungen (§ 3 Abs. 2, § 7)	225
3.2.8	Erforderliche Information des Arztes über die Arbeitsplatzverhältnisse (§ 3 Abs. 2 Satz 3 und § 6 Abs. 1 Satz 2)	225
3.2.9	Vorsorgeuntersuchung (§ 6 Abs. 1)	226
3.2.10	Untersuchungsbefund, Untersuchungsergebnis und Bescheinigung (§ 6 Abs. 3)	226
3.2.11	Aufklärung und Beratung durch den Arzt (§ 6 Abs. 1 Satz 2 und Abs. 3 Satz 2)	227
3.2.12	Vorsorgekartei (§ 4 Abs. 3 Satz 1 und § 6 Abs. 4)	228
3.2.13	Aufbewahren der Vorsorgekartei (§ 4 Abs. 3)	229
3.2.14	Zusätzliche Schutzmaßnahmen (§ 6 Abs. 4 und § 8 Abs. 1)	230
3.3	Textauszug Verordnung zur arbeitsmedizinischen Vorsorge (ArbMedVV)	231

Literaturverzeichnis **239**

Abkürzungsverzeichnis **251**

Stichwortverzeichnis **259**

Text der Lärm- und Vibrations-Arbeitsschutzverordnung

Verordnung zum Schutz der Beschäftigten vor Gefährdungen durch Lärm und Vibrationen (Lärm- und Vibrations-Arbeitsschutzverordnung – LärmVibrations-ArbSchV)

vom 6.3.2007 (BGBl. I S. 261),

geändert durch Art. 3 V vom 19.7.2010 (BGBl. I S. 960)

Inhaltsübersicht

Abschnitt 1
Anwendungsbereich und Begriffsbestimmungen

- § 1 Anwendungsbereich
- § 2 Begriffsbestimmungen

Abschnitt 2
Ermittlung und Bewertung der Gefährdung; Messungen

- § 3 Gefährdungsbeurteilung
- § 4 Messungen
- § 5 Fachkunde

Abschnitt 3
Auslösewerte und Schutzmaßnahmen bei Lärm

- § 6 Auslösewerte bei Lärm
- § 7 Maßnahmen zur Vermeidung und Verringerung der Lärmexposition
- § 8 Gehörschutz

Abschnitt 4
Expositionsgrenzwerte und Auslösewerte sowie Schutzmaßnahmen bei Vibrationen

- § 9 Expositionsgrenzwerte und Auslösewerte für Vibrationen
- § 10 Maßnahmen zur Vermeidung und Verringerung der Exposition durch Vibrationen

Verordnungstext

Abschnitt 5
Unterweisung der Beschäftigten; Beratung durch den Ausschuss für Betriebssicherheit

§ 11 Unterweisung der Beschäftigten
§ 12 Beratung durch den Ausschuss für Betriebssicherheit
§ 13 (weggefallen)
§ 14 (weggefallen)

Abschnitt 6
Ausnahmen, Straftaten und Ordnungswidrigkeiten, Übergangsvorschriften

§ 15 Ausnahmen
§ 16 Straftaten und Ordnungswidrigkeiten
§ 17 Übergangsvorschriften
Anhang Vibrationen

Abschnitt 1
Anwendungsbereich und Begriffsbestimmungen

§ 1
Anwendungsbereich

(1) Diese Verordnung gilt zum Schutz der Beschäftigten vor tatsächlichen oder möglichen Gefährdungen ihrer Gesundheit und Sicherheit durch Lärm oder Vibrationen bei der Arbeit.

(2) Diese Verordnung gilt nicht in Betrieben, die dem Bundesberggesetz unterliegen.

(3) [1]Das Bundesministerium der Verteidigung kann für Beschäftigte, die Lärm und Vibrationen ausgesetzt sind oder ausgesetzt sein können, Ausnahmen von den Vorschriften dieser Verordnung zulassen, soweit öffentliche Belange dies zwingend erfordern, insbesondere für Zwecke der Landesverteidigung oder zur Erfüllung zwischenstaatlicher Verpflichtungen der Bundesrepublik Deutschland. [2]In diesem Fall ist gleichzeitig festzulegen, wie die Sicherheit und der Gesundheitsschutz der Beschäftigten nach dieser Verordnung auf andere Weise gewährleistet werden kann.

§ 2
Begriffsbestimmungen

(1) Lärm im Sinne dieser Verordnung ist jeder Schall, der zu einer Beeinträchtigung des Hörvermögens oder zu einer sonstigen mittelbaren oder unmittelbaren Gefährdung von Sicherheit und Gesundheit der Beschäftigten führen kann.

(2) [1]Der Tages-Lärmexpositionspegel ($L_{EX,8h}$) ist der über die Zeit gemittelte Lärmexpositionspegel bezogen auf eine Achtstundenschicht. [2]Er umfasst alle am Arbeitsplatz auftretenden Schallereignisse.

(3) Der Wochen-Lärmexpositionspegel ($L_{EX,40h}$) ist der über die Zeit gemittelte Tages-Lärmexpositionspegel bezogen auf eine 40-Stundenwoche.

(4) Der Spitzenschalldruckpegel ($L_{pC,peak}$) ist der Höchstwert des momentanen Schalldruckpegels.

(5) [1]Vibrationen sind alle mechanischen Schwingungen, die durch Gegenstände auf den menschlichen Körper übertragen werden und zu einer mittelbaren oder unmittelbaren Gefährdung von Sicherheit und Gesundheit der Beschäftigten führen können. [2]Dazu gehören insbesondere

1. mechanische Schwingungen, die bei Übertragung auf das Hand-Arm-System des Menschen Gefährdungen für die Gesundheit und Sicherheit der Beschäftigten verursachen oder verursachen können (Hand-Arm-Vibrationen), insbesondere Knochen- oder Gelenkschäden, Durchblutungsstörungen oder neurologische Erkrankungen, und

2. mechanische Schwingungen, die bei Übertragung auf den gesamten Körper Gefährdungen für die Gesundheit und Sicherheit der Beschäftigten verursachen oder verursachen können (Ganzkörper-Vibrationen), insbesondere Rückenschmerzen und Schädigungen der Wirbelsäule.

(6) Der Tages-Vibrationsexpositionswert A(8) ist der über die Zeit nach Nummer 1.1 des Anhangs für Hand-Arm-Vibrationen und nach Nummer 2.1 des Anhangs für Ganzkörper-Vibrationen gemittelte Vibrationsexpositionswert bezogen auf eine Achtstundenschicht.

(7) [1]Der Stand der Technik ist der Entwicklungsstand fortschrittlicher Verfahren, Einrichtungen oder Betriebsweisen, der die praktische Eignung einer Maßnahme zum Schutz der Gesundheit und zur Sicherheit der Beschäftigten gesichert erscheinen lässt. [2]Bei der Bestimmung des Standes der Technik sind insbesondere vergleichbare Verfahren, Einrichtungen oder Betriebsweisen heranzuziehen, die mit Erfolg in der Praxis erprobt worden sind. [3]Gleiches gilt für die Anforderungen an die Arbeitsmedizin und die Arbeitshygiene.

(8) Den Beschäftigten stehen Schülerinnen und Schüler, Studierende und sonstige in Ausbildungseinrichtungen tätige Personen, die bei ihren Tätigkeiten Lärm und Vibrationen ausgesetzt sind, gleich.

Abschnitt 2
Ermittlung und Bewertung der Gefährdung; Messungen

§ 3
Gefährdungsbeurteilung

(1) [1]Bei der Beurteilung der Arbeitsbedingungen nach § 5 des Arbeitsschutzgesetzes hat der Arbeitgeber zunächst festzustellen, ob die Beschäftigten Lärm oder Vibrationen ausgesetzt sind oder ausgesetzt sein können. [2]Ist dies der Fall, hat er alle hiervon ausgehenden Gefährdungen für die Gesundheit und Sicherheit der Beschäftigten zu beurteilen. [3]Dazu hat er die auftretenden Expositionen am Arbeitsplatz zu ermitteln und zu bewerten. [4]Der Arbeitgeber kann sich die notwendigen Informationen beim Hersteller oder Inverkehrbringer von Arbeitsmitteln oder bei anderen ohne weiteres zugänglichen Quellen beschaffen. [5]Lässt sich die Einhaltung der Auslöse- und Expositionsgrenzwerte nicht sicher ermitteln, hat er den Umfang der Exposition durch Messungen nach § 4 festzustellen. [6]Entsprechend dem Ergebnis der Gefährdungsbeurteilung hat der Arbeitgeber Schutzmaßnahmen nach dem Stand der Technik festzulegen.

(2) Die Gefährdungsbeurteilung nach Absatz 1 umfasst insbesondere

1. bei Exposition der Beschäftigten durch Lärm
   a) Art, Ausmaß und Dauer der Exposition durch Lärm,
   b) die Auslösewerte nach § 6 Satz 1 und die Expositionswerte nach § 8 Abs. 2,
   c) die Verfügbarkeit alternativer Arbeitsmittel und Ausrüstungen, die zu einer geringeren Exposition der Beschäftigten führen (Substitutionsprüfung),
   d) Erkenntnisse aus der arbeitsmedizinischen Vorsorge sowie allgemein zugängliche, veröffentlichte Informationen hierzu,
   e) die zeitliche Ausdehnung der beruflichen Exposition über eine Achtstundenschicht hinaus,
   f) die Verfügbarkeit und Wirksamkeit von Gehörschutzmitteln,
   g) Auswirkungen auf die Gesundheit und Sicherheit von Beschäftigten, die besonders gefährdeten Gruppen angehören, und
   h) Herstellerangaben zu Lärmemissionen sowie

2. bei Exposition der Beschäftigten durch Vibrationen
   a) Art, Ausmaß und Dauer der Exposition durch Vibrationen, einschließlich besonderer Arbeitsbedingungen, wie zum Beispiel Tätigkeiten bei niedrigen Temperaturen,
   b) die Expositionsgrenzwerte und Auslösewerte nach § 9 Abs. 1 und 2,
   c) die Verfügbarkeit und die Möglichkeit des Einsatzes alternativer Arbeitsmittel und Ausrüstungen, die zu einer geringeren Exposition der Beschäftigten führen (Substitutionsprüfung),

d) Erkenntnisse aus der arbeitsmedizinischen Vorsorge sowie allgemein zugängliche, veröffentlichte Informationen hierzu,

e) die zeitliche Ausdehnung der beruflichen Exposition über eine Achtstundenschicht hinaus,

f) Auswirkungen auf die Gesundheit und Sicherheit von Beschäftigten, die besonders gefährdeten Gruppen angehören, und

g) Herstellerangaben zu Vibrationsemissionen.

(3) ^{1}Die mit der Exposition durch Lärm oder Vibrationen verbundenen Gefährdungen sind unabhängig voneinander zu beurteilen und in der Gefährdungsbeurteilung zusammenzuführen. ^{2}Mögliche Wechsel- oder Kombinationswirkungen sind bei der Gefährdungsbeurteilung zu berücksichtigen. ^{3}Dies gilt insbesondere bei Tätigkeiten mit gleichzeitiger Belastung durch Lärm, arbeitsbedingten ototoxischen Substanzen oder Vibrationen, soweit dies technisch durchführbar ist. ^{4}Zu berücksichtigen sind auch mittelbare Auswirkungen auf die Gesundheit und Sicherheit der Beschäftigten, zum Beispiel durch Wechselwirkungen zwischen Lärm und Warnsignalen oder anderen Geräuschen, deren Wahrnehmung zur Vermeidung von Gefährdungen erforderlich ist. ^{5}Bei Tätigkeiten, die eine hohe Konzentration und Aufmerksamkeit erfordern, sind störende und negative Einflüsse infolge einer Exposition durch Lärm oder Vibrationen zu berücksichtigen.

(4) ^{1}Der Arbeitgeber hat die Gefährdungsbeurteilung unabhängig von der Zahl der Beschäftigten zu dokumentieren. ^{2}In der Dokumentation ist anzugeben, welche Gefährdungen am Arbeitsplatz auftreten können und welche Maßnahmen zur Vermeidung oder Minimierung der Gefährdung der Beschäftigten durchgeführt werden müssen. ^{3}Die Gefährdungsbeurteilung ist zu aktualisieren, wenn maßgebliche Veränderungen der Arbeitsbedingungen dies erforderlich machen oder wenn sich eine Aktualisierung auf Grund der Ergebnisse der arbeitsmedizinischen Vorsorge als notwendig erweist.

§ 4
Messungen

(1) ^{1}Der Arbeitgeber hat sicherzustellen, dass Messungen nach dem Stand der Technik durchgeführt werden. ^{2}Dazu müssen

1. Messverfahren und -geräte den vorhandenen Arbeitsplatz- und Expositionsbedingungen angepasst sein; dies betrifft insbesondere die Eigenschaften des zu messenden Lärms oder der zu messenden Vibrationen, die Dauer der Einwirkung und die Umgebungsbedingungen und

2. die Messverfahren und -geräte geeignet sein, die jeweiligen physikalischen Größen zu bestimmen, und die Entscheidung erlauben, ob die in den §§ 6 und 9 festgesetzten Auslöse- und Expositionsgrenzwerte eingehalten werden.

Verordnungstext

[3]Die durchzuführenden Messungen können auch eine Stichprobenerhebung umfassen, die für die persönliche Exposition eines Beschäftigten repräsentativ ist. [4]Der Arbeitgeber hat die Dokumentation über die ermittelten Messergebnisse mindestens 30 Jahre in einer Form aufzubewahren, die eine spätere Einsichtnahme ermöglicht.

(2) Messungen zur Ermittlung der Exposition durch Vibrationen sind zusätzlich zu den Anforderungen nach Absatz 1 entsprechend den Nummern 1.2 und 2.2 des Anhangs durchzuführen.

§ 5
Fachkunde

[1]Der Arbeitgeber hat sicherzustellen, dass die Gefährdungsbeurteilung nur von fachkundigen Personen durchgeführt wird. [2]Verfügt der Arbeitgeber nicht selbst über die entsprechenden Kenntnisse, hat er sich fachkundig beraten zu lassen. [3]Fachkundige Personen können insbesondere der Betriebsarzt und die Fachkraft für Arbeitssicherheit sein. [4]Der Arbeitgeber darf mit der Durchführung von Messungen nur Personen beauftragen, die über die dafür notwendige Fachkunde und die erforderlichen Einrichtungen verfügen.

Abschnitt 3
Auslösewerte und Schutzmaßnahmen bei Lärm

§ 6
Auslösewerte bei Lärm

[1]Die Auslösewerte in Bezug auf den Tages-Lärmexpositionspegel und den Spitzenschalldruckpegel betragen:

1. Obere Auslösewerte: $L_{EX,8h}$ = 85 dB(A) beziehungsweise $L_{pC,peak}$ = 137 dB(C),
2. Untere Auslösewerte: $L_{EX,8h}$ = 80 dB(A) beziehungsweise $L_{pC,peak}$ = 135 dB(C).

[2]Bei der Anwendung der Auslösewerte wird die dämmende Wirkung eines persönlichen Gehörschutzes der Beschäftigten nicht berücksichtigt.

§ 7
Maßnahmen zur Vermeidung und Verringerung der Lärmexposition

(1) [1]Der Arbeitgeber hat die nach § 3 Abs. 1 Satz 6 festgelegten Schutzmaßnahmen nach dem Stand der Technik durchzuführen, um die Gefährdung der Beschäftigten auszuschließen oder so weit wie möglich zu verringern. [2]Dabei ist folgende Rangfolge zu berücksichtigen:

Verordnungstext

1. Die Lärmemission muss am Entstehungsort verhindert oder so weit wie möglich verringert werden. Technische Maßnahmen haben Vorrang vor organisatorischen Maßnahmen.
2. Die Maßnahmen nach Nummer 1 haben Vorrang vor der Verwendung von Gehörschutz nach § 8.

(2) Zu den Maßnahmen nach Absatz 1 gehören insbesondere:

1. alternative Arbeitsverfahren, welche die Exposition der Beschäftigten durch Lärm verringern,
2. Auswahl und Einsatz neuer oder bereits vorhandener Arbeitsmittel unter dem vorrangigen Gesichtspunkt der Lärmminderung,
3. die lärmmindernde Gestaltung und Einrichtung der Arbeitsstätten und Arbeitsplätze,
4. technische Maßnahmen zur Luftschallminderung, beispielsweise durch Abschirmungen oder Kapselungen, und zur Körperschallminderung, beispielsweise durch Körperschalldämpfung oder -dämmung oder durch Körperschallisolierung,
5. Wartungsprogramme für Arbeitsmittel, Arbeitsplätze und Anlagen,
6. arbeitsorganisatorische Maßnahmen zur Lärmminderung durch Begrenzung von Dauer und Ausmaß der Exposition und Arbeitszeitpläne mit ausreichenden Zeiten ohne belastende Exposition.

(3) In Ruheräumen ist unter Berücksichtigung ihres Zweckes und ihrer Nutzungsbedingungen die Lärmexposition so weit wie möglich zu verringern.

(4) ^{1}Der Arbeitgeber hat Arbeitsbereiche, in denen einer der oberen Auslösewerte für Lärm ($L_{EX,8h}$, $L_{pC,peak}$) überschritten werden kann, als Lärmbereiche zu kennzeichnen und, falls technisch möglich, abzugrenzen. ^{2}In diesen Bereichen dürfen sich Beschäftigte nur aufhalten, wenn das Arbeitsverfahren dies erfordert und die Beschäftigten eine geeignete persönliche Schutzausrüstung verwenden; Absatz 1 bleibt unberührt.

(5) ^{1}Wird einer der oberen Auslösewerte überschritten, hat der Arbeitgeber ein Programm mit technischen und organisatorischen Maßnahmen zur Verringerung der Lärmexposition auszuarbeiten und durchzuführen. ^{2}Dabei sind insbesondere die Absätze 1 und 2 zu berücksichtigen.

§ 8
Gehörschutz

(1) Werden die unteren Auslösewerte nach § 6 Satz 1 Nr. 2 trotz Durchführung der Maßnahmen nach § 7 Abs. 1 nicht eingehalten, hat der Arbeitgeber den Bechäftigten einen geeigneten persönlichen Gehörschutz zur Verfügung zu stellen, der den Anforderungen nach Absatz 2 genügt.

Verordnungstext

(2) ¹Der persönliche Gehörschutz ist vom Arbeitgeber so auszuwählen, dass durch seine Anwendung die Gefährdung des Gehörs beseitigt oder auf ein Minimum verringert wird. ²Dabei muss unter Einbeziehung der dämmenden Wirkung des Gehörschutzes sichergestellt werden, dass der auf das Gehör des Beschäftigten einwirkende Lärm die maximal zulässigen Expositionswerte $L_{EX,8h}$ = 85 dB(A) beziehungsweise $L_{pC,peak}$ = 137 dB(C) nicht überschreitet.

(3) Erreicht oder überschreitet die Lärmexposition am Arbeitsplatz einen der oberen Auslösewerte nach § 6 Satz 1 Nr. 1, hat der Arbeitgeber dafür Sorge zu tragen, dass die Beschäftigten den persönlichen Gehörschutz bestimmungsgemäß verwenden.

(4) ¹Der Zustand des ausgewählten persönlichen Gehörschutzes ist in regelmäßigen Abständen zu überprüfen. ²Stellt der Arbeitgeber dabei fest, dass die Anforderungen des Absatzes 2 Satz 2 nicht eingehalten werden, hat er unverzüglich die Gründe für diese Nichteinhaltung zu ermitteln und Maßnahmen zu ergreifen, die für eine dauerhafte Einhaltung der Anforderungen erforderlich sind.

Abschnitt 4
Expositionsgrenzwerte und Auslösewerte sowie Schutzmaßnahmen bei Vibrationen

§ 9
Expositionsgrenzwerte und Auslösewerte für Vibrationen

(1) ¹Für Hand-Arm-Vibrationen beträgt

1. der Expositionsgrenzwert A(8) = 5 m/s² und
2. der Auslösewert A(8) = 2,5 m/s².

²Die Exposition der Beschäftigten gegenüber Hand-Arm-Vibrationen wird nach Nummer 1 des Anhangs ermittelt und bewertet.

(2) ¹Für Ganzkörper-Vibrationen beträgt

1. der Expositionsgrenzwert A(8) = 1,15 m/s² in X- und Y-Richtung und A(8) = 0,8 m/s² in Z-Richtung und
2. der Auslösewert A(8) = 0,5 m/s².

²Die Exposition der Beschäftigten gegenüber Ganzkörper-Vibrationen wird nach Nummer 2 des Anhangs ermittelt und bewertet.

§ 10
Maßnahmen zur Vermeidung und Verringerung der Exposition durch Vibrationen

(1) [1]Der Arbeitgeber hat die in § 3 Abs. 1 Satz 6 festgelegten Schutzmaßnahmen nach dem Stand der Technik durchzuführen, um die Gefährdung der Beschäftigten auszuschließen oder so weit wie möglich zu verringern. [2]Dabei müssen Vibrationen am Entstehungsort verhindert oder so weit wie möglich verringert werden. [3]Technische Maßnahmen zur Minderung von Vibrationen haben Vorrang vor organisatorischen Maßnahmen.

(2) Zu den Maßnahmen nach Absatz 1 gehören insbesondere

1. alternative Arbeitsverfahren, welche die Exposition gegenüber Vibrationen verringern,
2. Auswahl und Einsatz neuer oder bereits vorhandener Arbeitsmittel, die nach ergonomischen Gesichtspunkten ausgelegt sind und unter Berücksichtigung der auszuführenden Tätigkeit möglichst geringe Vibrationen verursachen, beispielsweise schwingungsgedämpfte handgehaltene oder handgeführte Arbeitsmaschinen, welche die auf den Hand-Arm-Bereich übertragene Vibration verringern,
3. die Bereitstellung von Zusatzausrüstungen, welche die Gesundheitsgefährdung auf Grund von Vibrationen verringern, beispielsweise Sitze, die Ganzkörper-Vibrationen wirkungsvoll dämpfen,
4. Wartungsprogramme für Arbeitsmittel, Arbeitsplätze und Anlagen sowie Fahrbahnen,
5. die Gestaltung und Einrichtung der Arbeitsstätten und Arbeitsplätze,
6. die Schulung der Beschäftigten im bestimmungsgemäßen Einsatz und in der sicheren und vibrationsarmen Bedienung von Arbeitsmitteln,
7. die Begrenzung der Dauer und Intensität der Exposition,
8. Arbeitszeitpläne mit ausreichenden Zeiten ohne belastende Exposition und
9. die Bereitstellung von Kleidung für gefährdete Beschäftigte zum Schutz vor Kälte und Nässe.

(3) [1]Der Arbeitgeber hat, insbesondere durch die Maßnahmen nach Absatz 1, dafür Sorge zu tragen, dass bei der Exposition der Beschäftigten die Expositionsgrenzwerte nach § 9 Abs. 1 Satz 1 Nr. 1 und § 9 Abs. 2 Satz 1 Nr. 1 nicht überschritten werden. [2]Werden die Expositionsgrenzwerte trotz der durchgeführten Maßnahmen überschritten, hat der Arbeitgeber unverzüglich die Gründe zu ermitteln und weitere Maßnahmen zu ergreifen, um die Exposition auf einen Wert unterhalb der Expositionsgrenzwerte zu senken und ein erneutes Überschreiten der Grenzwerte zu verhindern.

(4) [1]Werden die Auslösewerte nach § 9 Abs. 1 Satz 1 Nr. 2 oder § 9 Abs. 2 Satz 1 Nr. 2 überschritten, hat der Arbeitgeber ein Programm mit technischen und organisatorischen Maßnahmen zur Verringerung der Exposition durch Vibrationen auszuarbeiten und durchzuführen. [2]Dabei sind insbesondere die in Absatz 2 genannten Maßnahmen zu berücksichtigen.

Verordnungstext

Abschnitt 5
Unterweisung der Beschäftigten; Beratung durch den Ausschuss für Betriebssicherheit

§ 11
Unterweisung der Beschäftigten

(1) [1]Können bei Exposition durch Lärm die unteren Auslösewerte nach § 6 Satz 1 Nr. 2 oder bei Exposition durch Vibrationen die Auslösewerte nach § 9 Abs. 1 Satz 1 Nr. 2 oder § 9 Abs. 2 Satz 1 Nr. 2 erreicht oder überschritten werden, stellt der Arbeitgeber sicher, dass die betroffenen Beschäftigten eine Unterweisung erhalten, die auf den Ergebnissen der Gefährdungsbeurteilung beruht und die Aufschluss über die mit der Exposition verbundenen Gesundheitsgefährdungen gibt. [2]Sie muss vor Aufnahme der Beschäftigung und danach in regelmäßigen Abständen, jedoch immer bei wesentlichen Änderungen der belastenden Tätigkeit, erfolgen.

(2) Der Arbeitgeber stellt sicher, dass die Unterweisung nach Absatz 1 in einer für die Beschäftigten verständlichen Form und Sprache erfolgt und mindestens folgende Informationen enthält:

1. die Art der Gefährdung,
2. die durchgeführten Maßnahmen zur Beseitigung oder zur Minimierung der Gefährdung unter Berücksichtigung der Arbeitsplatzbedingungen,
3. die Expositionsgrenzwerte und Auslösewerte,
4. die Ergebnisse der Ermittlungen zur Exposition zusammen mit einer Erläuterung ihrer Bedeutung und der Bewertung der damit verbundenen möglichen Gefährdungen und gesundheitlichen Folgen,
5. die sachgerechte Verwendung der persönlichen Schutzausrüstung,
6. die Voraussetzungen, unter denen die Beschäftigten Anspruch auf arbeitsmedizinische Vorsorge haben, und deren Zweck,
7. die ordnungsgemäße Handhabung der Arbeitsmittel und sichere Arbeitsverfahren zur Minimierung der Expositionen,
8. Hinweise zur Erkennung und Meldung möglicher Gesundheitsschäden.

(3) [1]Um frühzeitig Gesundheitsstörungen durch Lärm oder Vibrationen erkennen zu können, hat der Arbeitgeber sicherzustellen, dass ab dem Überschreiten der unteren Auslösewerte für Lärm und dem Überschreiten der Auslösewerte für Vibrationen die betroffenen Beschäftigten eine allgemeine arbeitsmedizinische Beratung erhalten. [2]Die Beratung ist unter Beteiligung des in § 7 Abs. 1 der Verordnung zur arbeitsmedizinischen Vorsorge genannten Arztes durchzuführen, falls dies aus arbeitsmedizinischen Gründen erforderlich sein sollte. [3]Die arbeitsmedizinische Beratung kann im Rahmen der Unterweisung nach Absatz 1 erfolgen.

§ 12
Beratung durch den Ausschuss für Betriebssicherheit

[1]Der Ausschuss nach § 24 der Betriebssicherheitsverordnung berät das Bundesministerium für Arbeit und Soziales auch in Fragen der Sicherheit und des Gesundheitsschutzes bei lärm- oder vibrationsbezogenen Gefährdungen. [2]§ 24 Abs. 4 und 5 der Betriebssicherheitsverordnung gilt entsprechend.

§ 13
(aufgehoben)

§ 14
(aufgehoben)

Abschnitt 6
Ausnahmen, Straftaten und Ordnungswidrigkeiten, Übergangsvorschriften

§ 15
Ausnahmen

(1) [1]Die zuständige Behörde kann auf schriftlichen Antrag des Arbeitgebers Ausnahmen von den Vorschriften der §§ 7 und 10 zulassen, wenn die Durchführung der Vorschrift im Einzelfall zu einer unverhältnismäßigen Härte führen würde und die Abweichung mit dem Schutz der Beschäftigten vereinbar ist. [2]Diese Ausnahmen können mit Nebenbestimmungen verbunden werden, die unter Berücksichtigung der besonderen Umstände gewährleisten, dass die sich daraus ergebenden Gefährdungen auf ein Minimum reduziert werden. [3]Diese Ausnahmen sind spätestens nach vier Jahren zu überprüfen; sie sind aufzuheben, sobald die Umstände, die sie gerechtfertigt haben, nicht mehr gegeben sind. [4]Der Antrag des Arbeitgebers muss Angaben enthalten zu

1. der Gefährdungsbeurteilung einschließlich deren Dokumentation,
2. Art, Ausmaß und Dauer der ermittelten Exposition,
3. den Messergebnissen,
4. dem Stand der Technik bezüglich der Tätigkeiten und der Arbeitsverfahren sowie den technischen, organisatorischen und persönlichen Schutzmaßnahmen,
5. Lösungsvorschlägen und einem Zeitplan, wie die Exposition der Beschäftigten reduziert werden kann, um die Expositions- und Auslösewerte einzuhalten.

[5]Die Ausnahme nach Satz 1 kann auch im Zusammenhang mit Verwaltungsverfahren nach anderen Rechtsvorschriften beantragt werden.

Verordnungstext

(2) In besonderen Fällen kann die zuständige Behörde auf Antrag des Arbeitgebers zulassen, dass für Tätigkeiten, bei denen die Lärmexposition von einem Arbeitstag zum anderen erheblich schwankt, für die Anwendung der Auslösewerte zur Bewertung der Lärmpegel, denen die Beschäftigten ausgesetzt sind, anstatt des Tages-Lärmexpositionspegels der Wochen-Lärmexpositionspegel verwendet wird, sofern

1. der Wochen-Lärmexpositionspegel den Expositionswert $L_{EX,40h}$ = 85 dB(A) nicht überschreitet und dies durch eine geeignete Messung nachgewiesen wird und
2. geeignete Maßnahmen getroffen werden, um die mit diesen Tätigkeiten verbundenen Gefährdungen auf ein Minimum zu verringern.

§ 16
Straftaten und Ordnungswidrigkeiten

(1) Ordnungswidrig im Sinne des § 25 Abs. 1 Nr. 1 des Arbeitsschutzgesetzes handelt, wer vorsätzlich oder fahrlässig

1. entgegen § 3 Abs. 1 Satz 2 die auftretende Exposition nicht in dem in Absatz 2 genannten Umfang ermittelt und bewertet,
2. entgegen § 3 Abs. 4 Satz 1 eine Gefährdungsbeurteilung nicht dokumentiert oder in der Dokumentation entgegen § 3 Abs. 4 Satz 2 die dort genannten Angaben nicht macht,
3. entgegen § 4 Abs. 1 Satz 1 in Verbindung mit Satz 2 nicht sicherstellt, dass Messungen nach dem Stand der Technik durchgeführt werden, oder entgegen § 4 Abs. 1 Satz 4 die Messergebnisse nicht speichert,
4. entgegen § 5 Satz 1 nicht sicherstellt, dass die Gefährdungsbeurteilung von fachkundigen Personen durchgeführt wird, oder entgegen § 5 Satz 4 nicht die dort genannten Personen mit der Durchführung der Messungen beauftragt,
5. entgegen § 7 Abs. 4 Satz 1 Arbeitsbereiche nicht kennzeichnet oder abgrenzt,
6. entgegen § 7 Abs. 5 Satz 1 ein Programm mit technischen und organisatorischen Maßnahmen zur Verringerung der Lärmexposition nicht durchführt,
7. entgegen § 8 Abs. 1 in Verbindung mit Abs. 2 den dort genannten Gehörschutz nicht zur Verfügung stellt,
8. entgegen § 8 Abs. 3 nicht dafür Sorge trägt, dass die Beschäftigten den dort genannten Gehörschutz bestimmungsgemäß verwenden,
9. entgegen § 10 Abs. 3 Satz 1 nicht dafür sorgt, dass die in § 9 Abs. 1 Satz 1 Nr. 1 oder § 9 Abs. 2 Satz 1 Nr. 1 genannten Expositionsgrenzwerte nicht überschritten werden,
10. entgegen § 10 Abs. 4 Satz 1 ein Programm mit technischen und organisatorischen Maßnahmen zur Verringerung der Exposition durch Vibrationen nicht durchführt oder

11. entgegen § 11 Abs. 1 nicht sicherstellt, dass die Beschäftigten eine Unterweisung erhalten, die auf den Ergebnissen der Gefährdungsbeurteilung beruht und die in § 11 Abs. 2 genannten Informationen enthält.

(2) Wer durch eine in Absatz 1 bezeichnete vorsätzliche Handlung das Leben oder die Gesundheit eines Beschäftigten gefährdet, ist nach § 26 Nr. 2 des Arbeitsschutzgesetzes strafbar.

§ 17
Übergangsvorschriften

(1) Für den Bereich des Musik- und Unterhaltungssektors ist diese Verordnung erst ab dem 15. Februar 2008 anzuwenden.

(2) Für Wehrmaterial der Bundeswehr, das vor dem 1. Juli 2007 erstmals in Betrieb genommen wurde, gilt bis zum 1. Juli 2011 abweichend von § 9 Abs. 2 Nr. 1 für Ganzkörper-Vibrationen in Z-Richtung ein Expositionsgrenzwert von $A(8) = 1{,}15\ m/s^2$.

(3) Abweichend von § 9 Abs. 2 Nr. 1 darf bis zum 31. Dezember 2011 bei Tätigkeiten mit Baumaschinen und Baugeräten, die vor dem Jahr 1997 hergestellt worden sind und bei deren Verwendung trotz Durchführung aller in Betracht kommenden Maßnahmen nach dieser Verordnung die Einhaltung des Expositionsgrenzwertes für Ganzkörper-Vibrationen nach § 9 Abs. 2 Nr. 1 nicht möglich ist, an höchstens 30 Tagen im Jahr der Expositionsgrenzwert für Ganzkörper-Vibrationen in Z-Richtung von $A(8) = 0{,}8\ m/s^2$ bis höchstens $1{,}15\ m/s^2$ überschritten werden.

Anhang
Vibrationen

1. Hand-Arm-Vibrationen

1.1 Ermittlung und Bewertung der Exposition

Die Bewertung des Ausmaßes der Exposition gegenüber Hand-Arm-Vibrationen erfolgt nach dem Stand der Technik anhand der Berechnung des auf einen Bezugszeitraum von acht Stunden normierten Tagesexpositionswertes $A(8)$; dieser wird ausgedrückt als die Quadratwurzel aus der Summe der Quadrate (Gesamtwert) der Effektivwerte der frequenzbewerteten Beschleunigung in den drei orthogonalen Richtungen $a_{hwx}, a_{hwy}, a_{hwz}$.

Die Bewertung des Ausmaßes der Exposition kann mittels einer Schätzung anhand der Herstellerangaben zum Ausmaß der von den verwendeten Arbeitsmitteln verursachten Vibrationen und mittels Beobachtung der spezifischen Arbeitsweisen oder durch Messung vorgenommen werden.

Verordnungstext

1.2 Messung

Im Falle von Messungen gemäß § 4 Abs. 2

a) können Stichprobenverfahren verwendet werden, wenn sie für die fraglichen Vibrationen, denen der einzelne Beschäftigte ausgesetzt ist, repräsentativ sind; die eingesetzten Verfahren und Vorrichtungen müssen hierbei den besonderen Merkmalen der zu messenden Vibrationen, den Umweltfaktoren und den technischen Merkmalen des Messgeräts angepasst sein;

b) an Geräten, die beidhändig gehalten oder geführt werden müssen, sind die Messungen an jeder Hand vorzunehmen. Die Exposition wird unter Bezug auf den höheren der beiden Werte ermittelt; der Wert für die andere Hand wird ebenfalls angegeben.

1.3 Interferenzen

§ 3 Abs. 3 Satz 2 ist insbesondere dann zu berücksichtigen, wenn sich Vibrationen auf das korrekte Handhaben von Bedienungselementen oder das Ablesen von Anzeigen störend auswirken.

1.4 Indirekte Gefährdung

§ 3 Abs. 3 Satz 2 ist insbesondere dann zu berücksichtigen, wenn sich Vibrationen auf die Stabilität der Strukturen oder die Festigkeit von Verbindungen nachteilig auswirken.

1.5 Persönliche Schutzausrüstungen

Persönliche Schutzausrüstungen gegen Hand-Arm-Vibrationen können Teil des Maßnahmenprogramms gemäß § 10 Abs. 4 sein.

2. Ganzkörper-Vibrationen

2.1 Bewertung der Exposition

Die Bewertung des Ausmaßes der Exposition gegenüber Ganzkörper-Vibrationen erfolgt nach dem Stand der Technik anhand der Berechnung des auf einen Bezugszeitraum von acht Stunden normierten Tages-Vibrationsexpositionswertes A(8); dieser wird ermittelt aus demjenigen korrigierten Effektivwert der frequenzbewerteten Beschleunigung 1,4 a_{wx}, 1,4 a_{wy} oder a_{wz} der drei zueinander orthogonalen Richtungen x, y oder z, bei dem der Zeitraum, der zu einer Überschreitung des Auslösewertes beziehunsweise des Expositionsgrenzwertes führt, am geringsten ist.

Die Bewertung des Ausmaßes der Exposition kann mittels einer Schätzung anhand der Herstellerangaben zum Ausmaß der von den verwendeten Arbeitsmitteln verursachten Vibrationen und mittels Beobachtung der spezifischen Arbeitsweisen oder durch Messung vorgenommen werden.

2.2 Messung

Im Falle von Messungen gemäß § 4 Abs. 2 können Stichprobenverfahren verwendet werden, wenn sie für die betreffenden Vibrationen, denen der einzelne Beschäftigte ausgesetzt ist, repräsentativ sind. Die eingesetzten Verfahren müssen den besonderen Merkmalen der zu messenden Vibrationen, den Umweltfaktoren und den technischen Merkmalen des Messgeräts angepasst sein.

2.3 Interferenzen

§ 3 Abs. 3 Satz 2 ist insbesondere dann zu berücksichtigen, wenn sich Vibrationen auf das korrekte Handhaben von Bedienungselementen oder das Ablesen von Anzeigen störend auswirken.

2.4 Indirekte Gefährdungen

§ 3 Abs. 3 Satz 2 ist insbesondere dann zu berücksichtigen, wenn sich Vibrationen auf die Stabilität der Strukturen oder die Festigkeit von Verbindungen nachteilig auswirken.

2.5 Ausdehnungen der Exposition

Wenn die Ausdehnung der beruflichen Exposition über eine Achtstundenschicht hinaus dazu führt, dass Beschäftigte vom Arbeitgeber überwachte Ruheräume benutzen, müssen in diesen die Ganzkörper-Vibrationen auf ein mit dem Zweck und den Nutzungsbedingungen der Räume zu vereinbarendes Niveau gesenkt werden. Fälle höherer Gewalt sind ausgenommen.

1 Vorbemerkungen

1.1 Die Lärm- und Vibrations-Arbeitsschutzverordnung

1.1.1 Ziel der Verordnung

Mit der auf das Arbeitsschutzgesetz[4] gestützten **Lärm- und Vibrations-Arbeitsschutzverordnung** (LärmVibrationsArbSchV) wird das Ziel verfolgt, die Beschäftigten vor den ihre Gesundheit und Sicherheit bei der Arbeit gefährdenden Wirkungen von Lärm und Vibrationen (mechanischen Schwingungen) zu schützen. Dies geschieht durch Umsetzung der EG-Richtlinie 2003/10/EG über Mindestvorschriften zum Schutz von Sicherheit und Gesundheit der Arbeitnehmer vor Gefährdungen durch physikalische Einwirkungen (Lärm)[5], nachstehend als **EG-Richtlinie Lärm** bezeichnet, und der EG-Richtlinie 2002/44/EG über Mindestvorschriften zum Schutz von Sicherheit und Gesundheit der Arbeitnehmer vor der Gefährdung durch physikalische Einwirkungen (Vibrationen)[6], nachstehend als **EG-Richtline Vibrationen** bezeichnet, in deutsches Recht.[7]

Um den angestrebten Schutz der Beschäftigten zu erreichen, ergibt sich aus der LärmVibrationsArbSchV für den **Arbeitgeber die Pflicht,**

- die Expositionen gegenüber Lärm und Schwingungen zu ermitteln und zu bewerten (§ 3 Abs. 1),
- bei der Gefährdungsbeurteilung störende und negative Einflüsse infolge einer Exposition durch Lärm oder Vibrationen bei Tätigkeiten, die eine hohe Konzentration und Aufmerksamkeit erfordern, zu berücksichtigen (§ 3 Abs. 3),
- Schutzmaßnahmen nach dem Stand der Technik durchzuführen, um die Gefährdung der Beschäftigten durch Lärm (§ 7 Abs. 1) und Vibrationen (§ 10 Abs. 1) auszuschließen oder so weit wie möglich zu verringern[8],

---

[4] Begründung der Bundesregierung zur Verordnung zur Umsetzung der EG-Richtlinien 2002/44/EG und 2003/10/EG zum Schutz der Beschäftigten vor Gefährdungen durch Lärm und Vibrationen; http://www.bmas.bund.de/BMAS (Juli 2007).
[5] 16. Einzelrichtlinie zur EG-Rahmenrichtlinie Arbeitsschutz
[6] 17. Einzelrichtlinie zur EG-Rahmenrichtlinie Arbeitsschutz
[7] Verordnung zur Umsetzung der EG-Richtlinien 2002/44/EG und 2003/10/EG zum Schutz der Beschäftigten vor Gefährdungen durch Lärm und Vibrationen vom 6.3.2007; die VO besteht aus sieben Artikeln.
[8] Dazu gehört auch, bei Investitionen (Anschaffung neuer Arbeitsmittel; Arbeitsverfahren werden neu eingeführt und/oder umgestaltet) die Anforderungen der Prävention nach der LärmVibtationsArbSchV zu berücksichtigen.

Vorbemerkungen

- in Ruheräumen die Lärmexposition so weit wie möglich zu verringern (§ 7 Abs. 3),
- Sorge zu tragen, dass bei einer Überschreitung der Grenzwerte für Lärm (§ 7 Abs. 4 und 5) und Vibrationen (§ 10 Abs. 3 und 4) technische und organisatorische Maßnahmen eingeleitet werden, damit die Expositionsgrenzwerte wieder eingehalten werden,
- die Beschäftigten zu unterweisen (§ 11) und sich um die arbeitsmedizinische Vorsorge zu kümmern (ArbMedVV).

Die LärmVibrationsArbSchV beschränkt sich nicht wie die ArbStättV auf den definierten Betrieb, sondern bezweckt **den Schutz der Beschäftigten, wo auch immer sie tätig sind** (z. B. auch auf betrieblichen Fahrzeugen). Hinsichtlich der Einwirkungen von Lärm geht die Verordnung mithin über den Geltungsbereich der ArbStättV hinaus.

1.1.2 Verhältnis zur Arbeitsstättenverordnung und zur Betriebssicherheitsverordnung

Die Umsetzung der EG-Richtlinie Lärm ist nicht im Rahmen der Arbeitsstättenverordnung erfolgt. Anh. Nr. 3.7 ArbStättV enthält allerdings in der Neufassung vom 19.7.2010[9] auch weiterhin für Lärm ein Minimierungsgebot[10], das durch eine Technische Regel für Arbeitsstätten konkretisiert werden kann. Hier wird gefordert, den Schalldruckpegel zu reduzieren. Damit wird klargestellt, dass nicht nur Lärm über 80 oder 85 dB(A) gemeint ist, sondern auch wesentlich niedrigere Pegel berücksichtigt werden sollen.

Die **Betriebssicherheitsverordnung (BetrSichV)**[11] spielt im Verhältnis zur die schädlichen Wirkungen von Lärm und die Vibrationen regelnden Verordnung insofern eine Rolle, als in § 12 LärmVibrationsArbSchV bestimmt wird, dass der Ausschuss für Betriebssicherheit nach § 24 BetrSichV das **BMAS** in Fragen der Sicherheit und des Gesundheitsschutzes bei

---

[9] 3.7 Lärm: „In Arbeitsstätten ist der Schalldruckpegel so niedrig zu halten, wie es nach der Art des Betriebes möglich ist. Der Schalldruckpegel am Arbeitsplatz in Arbeitsräumen ist in Abhängigkeit von der Nutzung und den zu verrichtenden Tätigkeiten so weit zu reduzieren, dass keine Beeinträchtigung der Gesundheit der Beschäftigten entstehen."
[10] Siehe Opfermann R., Streit W. u.a.: Arbeitsstätten, Heidelberg, 2010, OZ 3100 Anh. Nr. 3.7.
[11] BetrSichV vom 27.9.2002 (BGBl. I S. 3777), zul. geänd. durch Art. 8 V vom 18.12.2008 (BGBl. I S. 2768).

lärm- und vibrationsbezogenen Gefährdungen **berät** und als Folge auch **Technische Regeln zur LärmVibrationsArbSchV** erarbeitet.

1.1.3 Zwischenzeitlich überholte oder aufgehobene Vorschriften zu Lärm und Vibrationen

Anh. Nr. 3.7 Satz 2 ArbStättV enthält i.d.F. vom 19.7.2010 keine Zahlenwerte für die Begrenzung von Schallpegeln mehr. (Zum Minimierungsgebot s. Kap. 1.1.2 Verhältnis zur Arbeitsstättenverordnung und zur Betriebssicherheitsverordnung).

Zu Vibrationen finden sich in der aktuellen ArbStättV keine Vorschriften. Entsprechende Festlegungen aus der Vorgängerverordnung von 1975[12] wurden nicht übernommen und sind erst durch die LärmVibrationsArbSchV wieder aufgegriffen und ausgeweitet worden.

Die Maschinenlärminformationsverordnung (3. GPSGV) vom 18.1.1991, in der die Angabe der Geräuschemissionswerte von technischen Arbeitsmitteln in der Betriebsanleitung gefordert wurde, ist mit Art. 7 der Verordnung zur Umsetzung der EG-Richtlinien 2002/44/EG und 2003/10/EG (s. Kap. 1.1.1 Ziel der Verordnung) außer Kraft getreten.

Die bisher die Präventionsmaßnahmen bei Einwirkungen von Lärm am Arbeitsplatz ergänzend zu Anh. Nr. 3.7 ArbStättV mitregelnde **BG-Vorschrift BGV B3 Lärm** wird auf Grund der LärmVibrationsArbSchV von den Unfallversicherungsträgern zurückgezogen[13] oder ist bereits zurückgezogen worden.

1.2 Ergänzende Vorschriften, internationale Übereinkommen, Regeln mit Festlegungen zu Lärm und Vibrationen

Neben Anh. Nr. 3.7 Satz 1 ArbStättV sind bei der Anwendung der LärmVibrationsArbSchV mit zu beachten:

---

[12] Dort § 16 Abs. 1, der wie folgt lautet: „In Arbeits-, Pausen-, Bereitschafts-, Liege- und Sanitätsräumen ist das Ausmaß mechanischer Schwingungen so niedrig zu halten, wie es nach Art des Betriebs möglich ist."

[13] Mitteilung der BG Metall, FA MFS: Sachgebiet Lärm: „So hat das SG „Lärm" (vormals AK „Betriebslärmbekämpfung") u.a. die erste Fsssung der UVV „Lärm" (BGV B3) erarbeitet, die im Jahre 1974 in Kraft getreten ist. Diese UVV „Lärm" (BGV B3) wird nun nach 33 Jahren im Jahr 2007/2008 durch die gesetzlichen Unfallversicherungsträger zurückgezogen bzw. außer Kraft gesetzt. An die Stelle der UVV „Lärm" (BGV B3) ist mit Inkrafttreten am 9. März 2007 die „Lärm- und Vibrations-Arbeitsschutzverordnung" getreten, die die EG-Richtlinie „Lärm" (2003/10/EG) national umgesetzt hat." http://www.bg-metall.de/ (2010)

Vorbemerkungen

1.2.1 Technische Regeln zur LärmVibrationsArbSchV

Zur LärmVibrationsArbSchV sind zwei Technische Regeln, die der Ausschuss für Betriebssicherheit (§ 12 LärmVibrationsArbSchV) erarbeitet hat, vom BMAS amtlich bekannt gemacht worden. Die zwei TRLV bestehen aus je vier Teilen. Der Inhalt der TRLV wird in den folgenden Erläuterungen zur LärmVibrationsArbSchV berücksichtigt.

- TRLV Lärm, Ausg. Januar 2010 (GMBl. Nr. 18-20 vom 23.3.2010)
  - Teil: Allgemeines
  - Teil 1: Beurteilung der Gefährdung durch Lärm
  - Teil 2: Messung von Lärm
  - Teil 3: Lärmschutzmaßnahmen
- TRLV Vibrationen, Ausg. Januar 2010 (GMBl. Nr. 14-15 vom 10.3.2010)
  - Teil: Allgemeines
  - Teil 1: Beurteilung durch Gefährdung durch Vibrationen
  - Teil 2: Messung von Vibrationen
  - Teil 3: Vibrationsschutzmaßnahmen

1.2.2 Bildschirmarbeitsverordnung

Nach Anh. Nr. 17 der **Bildschirmarbeitsverordnung** (BildscharbV)[14] vom ist bei der Gestaltung des Bildschirmarbeitsplatzes dem Lärm, der durch die zum Bildschirmarbeitsplatz gehörenden Arbeitsmittel verursacht wird, Rechnung zu tragen, insbesondere um eine Beeinträchtigung der Konzentration und der Sprachverständlichkeit zu vermeiden.

1.2.3 Bauordnungsrecht

In den neueren Bauordnungen der Länder findet sich nur nur noch der knappe Hinweis, dass Gebäude ihrer Lage und Nutzung entsprechenden Schallschutz haben müssen, der auch den Besonderheiten ihrer Lage, z. B. zu Verkehrswegen, Rechnung trägt. Ferner müssen Geräusche, die von ortsfesten Anlagen und Einrichtungen in baulichen Anlagen oder auf Grundstücken ausgehen, so gedämmt werden, dass Gefahren oder unzumutbare Belästigungen nicht

---

[14] BildscharbV vom 4.12.1996 (BGBl. I S. 1843), zul. geänd. durch Art. 7 V vom 18.12.2008 (BGBl. I S. 2768).

entstehen (s. z. B. § 18 Abs. 2 BauO NW; § 15 Abs. 2 BauO SN). Die Konkretisierung dieser Forderung erfolgt durch technische Baubestimmungen, z. B. DIN-Normen, die durch Verwaltungsvorschrift oder Runderlass von den obersten Bauordnungsbehörden der Länder eingeführt sind (s. z. B. § 3 Abs. 3 BauO NW i. V. m. RdErl v. 8.11.2006 geänd. am 28.2.2008 Liste der techn. Baubestimmungen – MBL. NRW 2006 S. 582, 2008 S. 130).

1.2.4 Maschinenverordnung (9. GPSGV)

Die **Lärm- und Vibrationskennzeichnung der Maschinen und Geräte** regelt § 2 (Sicherheitsanforderungen) der **Maschinenverordnung 9. GPSGV**[15], die direkt Bezug nimmt auf die EG-Maschinenrichtlinie 89/392/EWG. In der Richtlinie heißt es: „Maschinen oder Sicherheitsbauteile dürfen nur in den Verkehr gebracht werden, wenn sie den grundlegenden Sicherheits- und Gesundheitsanforderungen des Anhangs I der Richtlinie 89/392/EWG entsprechen ...".

Als Nachfolgerichtlinie der mehrfach geänderten Richtlinie 89/392/EWG gilt aktuell die EG-Richtlinie 2006/42/EG.[16] Diese Neufassung der Maschinenrichtlinie fordert in Anh. I Nr. 1.7.4.2. u) sowohl in der Betriebsanleitung als auch ab 29.12.2009 in jeder technischen Informationsbroschüre für Maschinen die Angabe

- des A-bewerteten Emissionsschalldruckpegels an den Arbeitsplätzen, sofern er 70 dB(A) übersteigt; ist dieser Pegel kleiner oder gleich 70 dB(A), so ist dies anzugeben[17],
- des Höchstwertes des momentanen C-bewerteten Emissionsschalldruckpegels an den Arbeitsplätzen, sofern er 63 Pa (130 dB bezogen auf 20 µPa) übersteigt,
- des A-bewerteten Schallleistungspegels der Maschine, wenn der A-bewertete Emissionsschalldruckpegel an den Arbeitsplätzen 80 dB(A) übersteigt[18],

---

[15] 9. GPSGV vom 12.5.1993 (BGBl. I S. 3758).
[16] Richtlinie 2006/42/EG des europäischen Parlaments und des Rates vom 17. Mai 2006 über Maschinen und zur Änderung der Richtlinie 95/16/EG (EG-Maschinenrichtlinie; Amtsbl. EU Nr. 157 vom 9.6.2006 S. 24)
[17] Ist der Emissions-Schalldruckpegel < 70 dB, so wird in der Betriebsanleitung L_{pA} = 70 dB angegeben.
[18] Die Angabe dieser Werte wird als Einzahlangabe bezeichnet. Geräuschemissionswerte sollten nach DIN EN ISO 4871 Akustik - Angabe und Nachprüfung von Geräuschemissionswerten von Maschinen und Geräten, Ausg. 2009-11 als Zweizahlangabe auch die entsprechenden Unsicherheiten K enthalten (L_{pA} und K_{pA}, L_{WA} und K_{WA}, $L_{pC, peak}$ und $K_{pC, peak}$).

Vorbemerkungen

und für Vibrationen in Nr. 3.6.3.1. die Angabe

- des Schwingungsgesamtwertes, dem die oberen Körpergliedmaßen ausgesetzt sind, falls der Wert 2,5 m/s^2 übersteigt. Beträgt dieser Wert nicht mehr als 2,5 m/s^2, so ist dies anzugeben,
- des höchsten Effektivwertes der gewichteten Beschleunigung, dem der gesamte Körper ausgesetzt ist, falls der Wert 0,5 m/s^2 übersteigt. Beträgt dieser Wert nicht mehr als 0,5 m/s^2, ist dies anzugeben,
- der Messunsicherheiten.

1.2.5 Technische Regel für Arbeitsstätten ASR A1.3 Sicherheits- und Gesundheitsschutzkennzeichnung

Die **ASR A1.3 Sicherheits- und Gesundheitsschutzkennzeichnung** am Arbeitsplatz enthält in der Anl. 1 zur Kennzeichnung eines Lärmbereichs das Gebotszeichen M003 „Gehörschutz benutzen".

1.2.6 Arbeitsschutzgesetz

Das **Arbeitsschutzgesetz (ArbSchG)**[19], das die Grundpflichten des Arbeitgebers regelt (§ 3), verpflichtet auch die Beschäftigten (§ 15),

- für ihre Sicherheit und Gesundheit bei der Arbeit Sorge zu tragen,
- für Sicherheit und Gesundheit der Personen zu sorgen, die von ihren Handlungen oder Unterlassungen bei der Arbeit betroffen sind,
- Maschinen, Geräte, Werkzeuge, Arbeitsstoffe, Transportmittel und sonstige Arbeitsmittel sowie Schutzvorrichtungen und die ihnen zur Verfügung gestellten **persönlichen Schutzausrüstungen bestimmungsgemäß zu verwenden**.

Diese Forderungen gelten sowohl in Bezug auf den Lärm als auch die Vibrationen.

---

[19] ArbSchG vom 7.8.1996 (BGBl. I S. 1246), zul. geänd. durch Art. 15 Abs. 89 G vom 5.2.2009 (BGBl. I S. 160).

Vorbemerkungen

1.2.7 Mutterschutzgesetz und -verordnung

§ 4 Abs. 1 des **Mutterschutzgesetzes (MuSchG)**[20] fordert in allgemeiner Form, werdende Mütter keiner schädlichen Einwirkung durch Lärm und Erschütterungen auszusetzen. Grenzwerte werden jedoch nicht angegeben. Der Begriff „Erschütterungen" wird hier als Synonym für „mechanische Schwingungen" oder auch für „**Vibrationen**" gebraucht. Darunter sind sowohl Ganzkörper-Schwingungen (s. Kap. 2.18.6 Ermittlung, Messung und Bewertung der Exposition gegenüber Ganzkörper-Vibrationen) als auch Hand-Arm-Schwingungen (s. Kap. 2.18.2 Ermittlung, Messung und Bewertung der Exposition gegenüber Hand-Arm-Vibrationen) zu verstehen.

Die **Verordnung zum Schutz der Mütter am Arbeitsplatz** (MuSchArbV)[21] nennt in Anl. 1 Nr. 3c Lärm und in Nr. 3a physikalische Schadfaktoren, die zu Schädigungen des Fötus führen und/oder eine Lösung der Plazenta verursachen können, insbesondere Stöße, Erschütterungen oder Bewegungen. Sie enthält damit bezüglich der Vibrationen ebenfalls keine klaren Angaben (s. Kap. 2.9.2 Mutterschutz bei Vibrationsexposition).

1.2.8 Jugendarbeitsschutzgesetz

Ebenso verbietet § 22 Abs. 1 Nr. 5 des **Jugendarbeitsschutzgesetzes** (JArbSchG)[22] ohne Angabe von Grenzwerten schädliche Einwirkung durch Lärm und Vibrationen (dort Erschütterungen genannt).

1.2.9 IAO-Übereinkommen 148

Das **IAO-Übereinkommen 148**[23] fordert die Staaten, die das Übereinkommen – wie die Bundesrepublik Deutschland – ratifiziert haben, auf,

---

[20] MuSchG i.d.F. der Bek. vom 20.6.2002 (BGBl.I S. 2318), zul. geänd. durch Art. 14 G vom 17.3.2009 (BGBl. I S. 550).
[21] MuSchArbV vom 15.4.1997 (BGBl. I S. 782), zul. geänd. durch Art. 440 der Verordnung vom 31.10.2006 (BGBl. I S. 2407).
[22] JArbSchG vom 12.4.1976 (BGBl. I S.965), zul. geänd. durch Art. 3 Abs. 2 G vom 31.10.2008 (BGBl. I S. 2149).
[23] IAO-Übereinkommen 148 der Internationalen Arbeitsorganisation vom 20.6.1977 über den Schutz der Arbeitnehmer gegen Berufsgefahren infolge von Luftverunreinigung, Lärm und Vibrationen an den Arbeitsplätzen

Vorbemerkungen

- Maßnahmen zur Verhütung und Bekämpfung von Berufsgefahren infolge ... Lärm und Vibrationen an den Arbeitsplätzen ... zu ergreifen ...,
- durch technische Normen, Sammlungen praktischer Richtlinien oder in anderer geeigneter Form die Durchführung der Maßnahmen sicher zu stellen,
- die Arbeitgeber für die Maßnahmen verantwortlich zu machen und
- Kriterien für die Bestimmung der Gefahren und gegebenenfalls Expositionsgrenzwerte aufzustellen.

1.2.10 IAO-Empfehlung 156

Die **IAO-Empfehlung 156**[24] sieht vor, dass die zuständige Stelle die Art, die Häufigkeit und die anderen Einzelheiten der Überwachung von ... Lärm und Vibrationen an den Arbeitsplätzen ... vorschreiben sollte.

Das wird mit der LärmVibrationsArbSchV berücksichtigt.

1.3 Allgemeine Einführung zum Lärm[25]

1.3.1 Schall, Schallpegel, Lärm

Als **Schall** werden Dichteschwankungen in der Luft bezeichnet[26], gemessen als Schalldruck in Pascal (Pa). Während „Schall" als physikalischer Oberbegriff die Gesamtheit aller akustischen Ereignisse umfasst, wird die Bezeichnung **Lärm** nur auf solche Schallereignisse angewandt, die eine negative Wirkung auf den Menschen haben.

Aus dem Schalldruck wird der **Schalldruckpegel L** in Dezibel berechnet, abgekürzt „dB".

$$L = 20 \lg (p/p_0)$$

---

[24] IAO-Empfehlung 156 der Internationalen Arbeitsorganisation betreffend den Schutz der Arbeitnehmer gegen Berufsgefahren infolge von Luftverunreinigung, Lärm und Vibrationen an den Arbeitsplätzen vom 20.6.1977
[25] Weiterführende Informationen zu den akustischen Grundbegriffen und zur quantitativen Erfassung von Schall s. die umfassenden Ausführungen bei Maue J.H.: 0 Dezibel + 0 Dezibel = 3 Dezibel, Berlin 2009, S. 43ff.
[26] Dichteschwankungen können auch in Flüssigkeiten und Festkörpern auftreten, was aber hier nur eine untergeordnete Rolle spielt.

Vorbemerkungen

p = der gemessene Schalldruck

p_0 = Schalldruck der menschlichen Hörschwelle ($2 \cdot 10^{-5}$ Pa entsprechend 0 dB)

Der Tages-Lärmexpositionspegel $L_{EX,8h}$ nach §§ 6 (Auslösewerte bei Lärm) und 8 (Gehörschutz) LärmVibrationsArbSchV ist der über die Zeit gemittelte Schalldruckpegel bezogen auf eine Achtstundenschicht (s. § 2 Abs. 2). Er entspricht dem Beurteilungspegel in Anh. Nr. 3.7 ArbStättV und in § 2 Abs. 2 der bisherigen BG-Vorschrift BGV B3 Lärm.

$L_{EX,8h}$ ist entsprechend dem Hinweis in der EG-Richtlinie Lärm auf ISO 1999:1990[27] der **äquivalente Dauerschallpegel L_{eq}** (s. Kap. 2.2.3 Wochen-Lärmexpositionspegel).

$$L_{eq} (dB(A)) = 10 \lg \left(\frac{1}{T} \cdot \sum_{i=1}^{m} t_i \cdot 10^{0.1 \cdot L_{i,max}} \right)$$

Dabei bedeuten:

t_i = Dauer der i-ten Teiltätigkeit (i = 1, 2, 3, ..., m)

T = Dauer aller m Teiltätigkeiten

$L_{i,max}$ = maximaler Schalldruckpegel während der i-ten Teiltätigkeit

Den Wochen-Lärmexpositionspegel ($L_{EX,40h}$) erhält man, wenn über eine Woche mit fünf Achtstundentagen gemittelt wird (s. Kap. 2.2.3 Wochen-Lärmexpositionspegel und Kap. 2.15.2 Ausnahmsweise Anwendung des Wochen-Lärmexpositionspegels).

Der **Schalldruckpegel L** ist eine ungewohnte logarithmische Größe, für die die gewohnten **Additionsregeln** nicht gelten:

Zwei gleiche Maschinen nebeneinander gestellt erhöhen den Schalldruckpegel nur um 3 dB(A).[28] Z. B. erhöht sich der Pegel, wenn zwei Maschinen nebeneinander stehen, von denen jede 80 dB abstrahlt, auf 83 dB.

---

[27] ISO 1999, Acoustics – Determination of occupational noise exposure and estimation of noise-induced hearing impairment, Second edition 1990-01-15.

[28] Maue J. H.: 0 Dezibel + 0 Dezibel = 3 Dezibel, Berlin 2009, S. 69-72

Vorbemerkungen

Einen Unterschied von **3 dB** zwischen zwei Geräuschen kann das menschliche Gehör gerade noch unterscheiden.

Ein Unterschied von **10 dB** zwischen zwei Geräuschen empfindet das menschliche Gehör, obwohl es sich um die 10fache Intensität handelt, nur als Verdopplung der Lautstärke.

In der folgenden Tabelle sind einige Beispiele für Schalldruckpegel in dem ungewohnten logarithmischen Maßstab zusammengestellt.

Tab. 1   Beisepiele für Schalldruckpegel

30 dB(A)	ruhige Umgebung, Nachtruhe, entspricht etwa dem eigenen Atemgeräusch[29]
50 dB(A)	Bürogeräusche
85 dB(A)	keine gute Sprachverständigung mehr möglich[30] Grenze für Gehörschädigung
120 dB(A)	Schmerzgrenze

Auf **Gerätebeschreibungen** werden vom Maschinenhersteller auf Grund der Maschinenverordnung (s. Kap. 1.2.4 Maschinenverordnung (9.GPSGV)) Pegel angegeben, die von den Geräten und Maschinen ausgehen (**Emissionspegel**).

Es handelt sich hierbei einmal um den Schallleistungspegel, den Emissions-Schalldruckpegel und den 1-m-Messflächenschalldruckpegel.

Der **Schallleistungspegel** L_{WA} ist ein Summenmaß für die in alle Richtungen abgegebene akustische Leistung einer Schallquelle und damit ein Gerätemerkmal, unabhängig von den akustischen Eigenschaften des umgebenden Raumes und der Entfernung von der Maschine. Die Angabe des Schallleistungspegels ist für Konstrukteure, Architekten und Projektanten wichtig. Beispielsweise können mit Hilfe des Schallleistungspegels bei Einrichtung eines neuen Arbeitsplatzes und Einsatz verschiedener Maschinen die Lärmverhältnisse im voraus abgeschätzt werden.

---

[29] Fremerey, F.: Phonkost, Sinn und Unsinn von Normen in der Lärmbeurteilung; www.heise.de (2008)
[30] Dieser Wert ist zur subjektiven Beurteilung geeignet.

Neben dem Schalldruckpegel findet sich in Gerätebeschreibungen zusätzlich der **Emissions-Schalldruckpegel L_{pA}**. Hierbei handelt es sich um die Geräuschabstrahlung einer Maschine auf den ihr zugeordneten Arbeitsplatz. Der Emissions-Schalldruckpegel wird unter den gleichen Betriebs- und Aufstellungsbedingungen wie der Schallleistungspegel L_{WA} ermittelt.

Ersatzweise dafür wird gelegentlich der **1m-Messflächenschalldruckpegel** $L_{pA, m\,1}$ angegeben. Das ist der Mittelungspegel des abgestrahlten A-bewerteten Schalldruckpegels auf eine Messfläche in 1 Meter Abstand von der Maschinenoberfläche. Es wird nur der Schall einer Maschine berücksichtigt. Es handelt sich nicht um den Schalldruckpegel im Arbeitsraum, in den auch die Pegel der übrigen Lärmquellen eingehen

Im Raum oder am Ohr werden Immissionspegel gemessen. Diese Schalldruckpegel setzen sich aus allen Schallanteilen zusammen, die möglicherweise von verschiedenen Schallquellen ausgehend am Messpunkt einfallen. Auch die Immissionspegel werden in dB(A) angegeben.

Der **Lärmexpositionspegel $L_{pA\,eq}$** kann auf Grund der vom Hersteller angegebenen Emissionsschalldruckpegel aller im Raum befindlicher Lärmquellen, z.B. der Schallleistungspegel L_{WA}, oder mit Hilfe von Vergleichsdaten der Lärmimmission, der an ähnlichen Arbeitsplätzen in der Branche einfallenden Lärmimmissionspegel $L_{pA\,eq}$, **berechnet** werden. Dabei werden die Schallreflexionen im Aufstellungsraum, der Einfluss der anderen Schallquellen (z. B. Maschinen) und die von außen in den Raum eindringenden Geräusche sowie die von der Norm abweichenden Betriebsbedingungen mit geeigneten Rechenprogrammen berücksichtigt.

Mit der Einwirkungsdauer T kann zusätzlich zum momentanen Pegel auch der Tages-Lärmexpositionspegel $L_{EX,\,8h}$ vorausberechnet werden.

$$L_{EX,\,8h} = L_{pAeq,T} + 10 \log \frac{T}{8\,h} dB$$

1.3.2 Schallausbreitung, -absorption und -dämmung

Lärmentstehung (s. Kap. 2.7.3.2 Auswahl und Einsatz neuer oder bereits vorhandener Arbeitsmittel) und Lärmausbreitung (Abnahme mit dem Abstand

Vorbemerkungen

zur Lärmquelle, mit der Schallabsorption und der Schalldämmung) sind die wesentlichen Voraussetzungen, wo und wie mit der Lärmbekämpfung anzusetzen ist.

Schallausbreitung

Im Freien breitet sich der Schall in alle Richtungen gleichmäßig aus und nimmt mit zunehmendem Abstand von der Schallquelle ab. In Räumen bilden sich zwei Bereiche, das **Direktschallfeld**, in dem der Schall der Lärmquelle überwiegt, und das **Diffusschallfeld**, in dem der von den Wänden und sonstigen Oberflächen im Raum reflektierte Schall überwiegt.

Abb. 1   Schallausbreitung im Raum

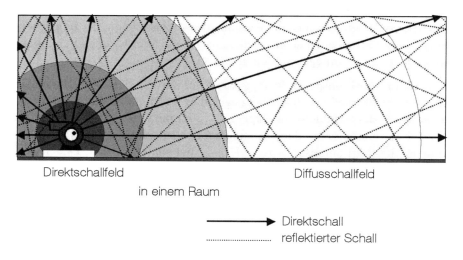

Direktschallfeld   Diffusschallfeld
  in einem Raum

⟶ Direktschall
.... reflektierter Schall

Mit größer werdendem Abstand von einer Schallquelle nimmt der Schalldruckpegel auch in Räumen zunächst schnell (quadratisch) ab. **Im Freien** und näherungsweise innerhalb des **Direktschallfeldes** in Räumen sinkt der Schalldruckpegel L_p um 6 dB je Abstandsverdoppelung.

Vorbemerkungen

Abb. 2 Schallausbreitung im Freifeld

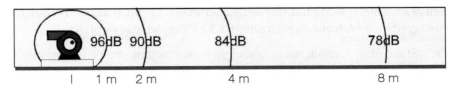

Im Freifeld (näherungsweise im Direktschallfeld) sinkt der Pegel bei Abstandsverdoppelung um 6 dB

Im **Diffusschallfeld** bestimmt die Energie des Reflexionsschalls die Pegelhöhe wesentlich. Die Schalldruckpegelhöhe bleibt unabhängig vom Abstand zur Schallquelle konstant. Ein höheres Schallabsorptionsvermögen des Raumes verringert den Schallpegel praktisch nur im Diffusschallfeld, dagegen wenig im Direktschallfeld.

Der Stand der Technik kann als eingehalten gelten, wenn die Schallpegelabnahme im Abstandsbereich von 0,75 m bis 6 m in den Oktavbändern mit den Mittenfrequenzen von 500 bis 4000 Hz mindestens 4 dB beträgt.[31]

Die **Nachhallzeit** T_N ist ein Maß dafür, wie lange ein wesentlicher Teil der Schallenergie im Diffusschallfeld eines Raumes hin und her reflektiert wird, bevor er absorbiert wird. Als Nachhallzeit T wird diejenige Zeit bezeichnet, in welcher der Schalldruckpegel, nachdem er z. B. bei einer Messung abgeschaltet wurde, um 60 dB abnimmt.

Schallabsorption

Der **Schallabsorptionsgrad** α ist eine Materialeigenschaft, die angibt, wie viel der Energie des Lärmes absorbiert, also in Wärme umgewandelt wird. Der Schallabsorptionsgrad z. B. von Kacheln beträgt α = 0,02 (es wird fast kein Schall absorbiert), von Mineralfaser-Matten 50 mm α = 0,99 (es wird fast aller Schall absorbiert).

Nachhallzeit und Schallabsorptionsvermögen eines Raumes hängen voneinander ab. Je größer das Schallabsorptionsvermögen der Wände und

---

[31] TRLV Lärm, Teil 3: Lärmschutzmaßnahmen, Ausg. Januar 2010, Nr. 4.3.2 Abs. 1

Vorbemerkungen

Einrichtungsgegenstände eines Raumes ist, um so kürzer wird die Nachhallzeit. Der Schallabsorptionsgrad eines Raumes kann aus der gemessenen Nachhallzeit bestimmt werden, näherungsweise auch aus den Absorptionsgraden der 6 Raumbegrenzungsflächen abgeschätzt werden.

Der Stand der Technik kann als eingehalten gelten, wenn der mittlere Schallabsorptionsgrad α in den Oktavbändern mit den Mittenfrequenzen von 500 Hz bis 4000 Hz mindestens 0,3 beträgt.[32]

Schalldämmung

Schall wird auch verringert, wenn er Wände (Wände von Räumen) oder z. B. Gehörschutzkapseln durchdringt. Das **Schalldämmmaß** R wird mit der Schallintensität I, der Energie pro Fläche (W/m²), gebildet:

$$R = 10 \lg \frac{I_1}{I_2} dB = 10 \lg \frac{p_1^2}{p_2^2} dB$$

Das Schalldämmmaß R ist das Verhältnis der auf eine Wand auftreffenden Schallintensität I_1 zur durch die Wand dringenden Schallintensität I_2. Da von diesem Verhältnis der Logarithmus gebildet wird, wird das Schalldämmmaß in dB angegeben und kann leicht in Rechnungen mit Lärmpegeln einbezogen werden (s. Kap. 2.8.2.2 Schalldämmung von Gehörschutz).

Die Schalldämmung, z. B. durch eine Schallschutzhaube, ein Gebäudebauteil oder Gehörschutz, wird üblicherweise von den Herstellern angegeben.

1.3.3 Wirkungen von Lärm auf den Menschen

Das menschliche **Gehör** ist ein sehr empfindlicher Empfänger für Schall. Es kann Töne in einem breiten Bereich von leise bis laut hören, Tonhöhen und Geräusche unterscheiden und den Ort ermitteln, woher der Schall kommt.

Eine wichtige Rolle spielt dabei die **Frequenz** des Schalls. Sie wird in Hertz (Hz; Anzahl der Schwingungen je Sekunde) gemessen. Ein gesundes Ohr kann Frequenzen von 16 Hz bis 16.000 Hz wahrnehmen (Hörschall). Darun-

---

[32] TRLV Lärm, Teil 3: Lärmschutzmaßnahmen, Ausg. Januar 2010, Nr. 4.3.2 Abs. 1

ter spricht man vom Infraschall, darüber von Ultraschall. Solche niedrigen bzw. hohen Frequenzen sind nicht hörbar.

Abb. 3 Frequenbewertungen für Schall

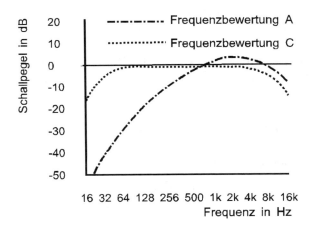

In der Abbildung ist die **Frequenzbewertungskurve (A)**, eine technische Näherung für Frequenzempfindlichkeit des menschlichen Ohres, für die Lautstärken dargestellt, die üblicherweise bei der Arbeit auftreten (s. $L_{EX,8h}$ in dB(A) in § 6 Auslösewerte bei Lärm und § 8 Gehörschutz LärmVibrationsArbSchV). Die zusätzliche Kennzeichnung des Pegels mit einem A dB(A) bedeutet, dass bei der Messung die unterschiedliche Empfindlichkeit des Ohres für tiefe, mittlere und hohe Töne berücksichtigt wurde.

Bei hohen Lautstärken verändert sich der Schalleindruck des Ohres. Deshalb wird der **Spitzenpegel** $L_{pC,peak}$, (s. § 2 Abs. 4), der Höchstwert des momentanen Schalldruckpegels, mit einer anderen Frequenzbewertungskurve (C) bewertet (s. § 2 Abs. 4 Begriffsbestimmungen sowie §§ 6 und 8).

Selbst erzeugter Lärm wird wesentlich weniger störend empfunden als Lärm, den andere verursachen. Zur Kategorie des selbst erzeugten Lärms gehört auch solcher, dem sich der Mensch freiwillig aussetzt, z. B. Geräusche bei handwerklicher Arbeit im privaten Bereich oder in Diskotheken.

Selbst bei Verwendung von Kopfhörern, die auf 100 dB(A) begrenzt sind, können Gehörschäden entstehen, wenn die Expositionszeit zu lang wird.

Vorbemerkungen

- Ein auf seine maximale Lautstärke von 100 dB(A) begrenzter Kopfhörer sollte bei voller Lautstärke auf keinen Fall länger als eine Stunde pro Woche (!) verwendet werden, um Gehörschäden zu vermeiden.
- Eine Diskothek, in der nur ein Schalldruckpegel von höchstens 95 dB(A) herrscht, sollte nur einmal pro Woche für vier Stunden besucht werden, um bleibende Gehörschäden zu vermeiden.[33]

Es wird zwischen **auralen** und **extraauralen** Wirkungen störender Geräusche unterschieden (s. Kap. 1.3.4 Wirkungen von Lärm auf die Sicherheit und Gesundheit sowie Kap. 2.2.1 Begriff Lärm).

1.3.4 Wirkungen von Lärm auf die Sicherheit und Gesundheit

Mittelbare Wirkungen von Lärm

Beschäftigte sind unter dem Einfluss von Lärm einer erhöhten **Gefährdung ihrer Sicherheit,** z. B. durch Verdecken von Warnsignalen oder Störung der Konzentration, ausgesetzt.

Mittelbare Wirkungen durch Lärm werden in § 3 Abs. 3 Satz 4 ausdrücklich erwähnt (s. Kap. 2.3.10 Mittelbare Wirkungen von Lärm und Vibrationen).

Unmittelbare Beeinträchtigungen der Gesundheit durch Lärm

Wenn Lärm unmittelbar auf das Gehör einwirkt, spricht man von **auralen Wirkungen**; wenn Lärm dagegen den gesamten Organismus und nicht unmittelbar das Gehör betrifft, spricht man von **extraauralen Wirkungen**. Bei auralen und extraauralen Wirkungen durch Lärm wird unterschieden zwischen akuten Beeinträchtigungen, die plötzlich, z. B. innerhalb einer Schicht, eintreten, und chronischen Beeinträchtigungen, die sich langsam, oft über mehrere Jahre entwickeln.

---

[33] Dem Pegel $L_{EX,8h}$ = 85 dB(A) entspricht die Dosis von 88 dB(A) für 4 Stunden, von 91 dB(A) für 2 Stunden und von 94 dB(A) für 1 Stunde.

Vorbemerkungen

Aurale Wirkungen[34]

Zu den **akuten Wirkungen** von Lärm gehört die nach der Einwirkung von extrem hohen Spitzenpegeln (s. Kap. 2.2.4 Spitzenschalldruckpegel) eintretende Gehörschädigung (Knalltrauma).

Die Lärmschwerhörigkeit ist dagegen eine typische **chronische Wirkung**. Bei langjähriger Exposition und Schalldruckpegeln über 85 dB(A) muss mit einer Schädigung des Gehörs gerechnet werden. Der Vorgang selbst ist kompliziert und verläuft über Jahre, oft 10 Jahre und mehr.

Der Schalldruck multipliziert mit der Dauer der Einwirkungszeit wird als **Lärmdosis** bezeichnet. Eine Lärmschwerhörigkeit entwickelt sich, wenn die Dosis zu groß wird. Alle Schallereignisse werden lebenslang vom Körper aufsummiert.

Jährlich werden ca. 10.000 neue Fälle der Berufskrankheit **Lärmschwerhörigkeit** (Anl. 1 Liste der Berufskrankheiten Nr. 2301 BKV[35]) angezeigt. Es handelt sich dabei nur um die von der beruflichen Tätigkeit verursachte Schwerhörigkeit. Der unvermeidbare Geräuschpegel der technisierten Umwelt und zusätzliche lärmintensive Freizeitbeschäftigungen verstärken die schädliche Wirkung auf das Gehör.

Lärmschwerhörigkeit ist unheilbar.

Im Innenohr erfolgt die Wandlung des Schalldrucks in ein Nervensignal. Dabei spielen die inneren und äußeren Haarzellen eine zentrale Rolle. Die Haarzellen werden bei Lärmeinwirkung geschädigt. Man unterscheidet verschiedene **Arten der Gehörschädigung**.

Altersschwerhörigkeit: Im Laufe des Lebens können die bioakustischen Wandler auch ohne äußere Einwirkungen ermüden bzw. werden in ihrer Regenerationsfähigkeit eingeschränkt.

Knalltrauma: Einmalig hoher Lärmpegel (Explosionsknall) kann das Innenohr mechanisch schädigen.

---

[34] Eine allgemeinverständliche umfassende Beschreibung der durch Lärm verursachten Effekte findet sich in: Safe and Sound, Ratgeber zur Gehörerhaltung in der Musik- und Entertainementbranche, Hrsg. Bundesanstalt für Arbeitsschutz und Arbeitsmedizin Dortmund, 2008
[35] Berufskrankheiten-Verordnung (BKV) vom 31.10.1997 (BGBl. I S. 2623), zul. geänd. durch VO vom 11.06.2009 (BGBl. I S. 1273).

Vorbemerkungen

Irreversible Schäden: Durch jahrelange Lärmexposition kommt es zu bleibenden Hörschäden.

Eine nach kurzem Aufenthalt unter Lärmeinwirkung eingetretene Vertäubung, die sich innerhalb weniger Stunden zurückbildet, wird als reversible Schädigung bezeichnet.

Zunächst wird durch einen beginnenden Hörschaden nur die Lebensqualität beeinträchtigt, z. B. klingt Musik nicht mehr wie vorher. Da der Schaden sehr langsam über mehrere Jahre eintritt, wird das oft nicht bemerkt.

Wenn sich der Gehörschaden auf die tieferen Frequenzen ausdehnt, wird auch die **Sprachverständigung** schwierig.

Mit gesundem Gehör kann man einem Gesprächspartner auch in unruhiger Umgebung gut folgen. Mit zunehmendem Hörschaden wird das Gespräch mit einem bestimmten Partner durch das Umgebungsgeräusch, z. B. im Stimmengewirr einer Versammlung, gestört. Es verschwimmt im allgemeinen Geräuschpegel. Diese Erscheinung wird auch als „Partyeffekt" bezeichnet.

Eine Sonderform der Erkrankung des Ohrs ist der Tinnitus; es handelt sich um unangenehme Ohrgeräusche (z. B. Pfeifen oder Rauschen), die ohne äußere Ursache ständig wahrgenommen werden. Tinnitus ist häufig die Folge eines Knalltraumas.

Extraaurale Wirkungen

Die Mehrzahl der **extraauralen Wirkungen** erfolgen akut. Bei längeren Expositionszeiten oder häufiger Wiederholung der Geräusche ist mit verstärkter Wirkung zu rechnen.

Schon geringe Geräusche können stören, z. B. (insbesondere tonale) Geräusche der technischen Gebäudeausrüstungen, wie der Heizung, Lüftung, Beleuchtung. Bei mittleren Lautstärken kommt es zur Leistungsminderung, zu vorzeitiger Ermüdung und zu messbaren Reaktionen des Körpers. Man spricht von **vegetativen Reaktionen**. Kreislaufparameter wie Herzschlagfrequenz und Blutdruck[36] ändern sich, Stresshormone werden vermehrt ausgeschüttet, die Signalverarbeitung im Gehirn wird verzögert. Es kann zu

---

[36] Ising H. u. a.: Blutdrucksteigerung durch Lärm am Arbeitsplatz, BAU Fb 225.

Störungen des Verdauungstraktes, Schlafstörungen,[37] Steigerung des Stoffwechsels und damit verbunden Stresswirkungen[38] kommen.

Kombinationswirkungen

Zu **Kombinationswirkungen von Lärm** und anderen Einflüssen am Arbeitsplatz siehe Kap. 2.3.6 Wechsel- oder Kombinationswirkungen durch Lärm und Vibrationen und Kap. 2.3.7 Ototoxische Substanzen als Verstärkung der Lärmbelastung.

1.4 Allgemeine Einführung zu Vibrationen

1.4.1 Arten und Beschreibung von Vibrationen

Vibrationen oder mechanische Schwingungen[39] sind Oszillationen eines Körpers um seine Ruhelage. Am Arbeitsplatz handelt es sich in seltenen Fällen (z. B. an Turbinenfundamenten) um harmonische (sinusförmige) Schwingungen, fast immer dagegen um zufällige, stochastische Schwingungen, z. B. an praktisch allen Fahrzeugen und handgeführten schwingenden Geräten.

Abb. 4 Beispiel einer stochastischen Schwingung

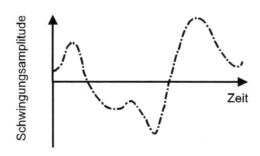

Vibrationen werden dargestellt durch die **Amplitude** oder Schwinggröße, harmonische Schwingungen durch ihre **Frequenz** (Anzahl der Lageänderun-

---

[37] Siehe im Einzelnen Schwarze S.: Langjährige Lärmbelästigung und Gesundheit, BAU Fb 136.
[38] Halle-Tischendorf F.: Leitsätze zur medizinischen Lärmbeurteilung, Baden-Baden 1979, S. 8.
[39] Die LärmVibrationsArbSchV verwendet beide Begriffe synonym.

Vorbemerkungen

gen der Schwingungen pro Sekunde, gemessen in Hertz [Hz]), zufällige Schwingungen durch das darin enthaltene **Frequenzgemisch**.

Eine Schwingung kann durch drei gleichwertige Größen beschrieben werden.

- Bei Schwingungen, z. B. eines Pendels, wird die **Auslenkung** vom linken zum rechten Umkehrpunkt in m angegeben.
- Die Änderung der Auslenkung mit der Zeit, die **Geschwindigkeit,** wird in m/s angegeben. Sie dient auch zur Charakterisierung bestimmter Vibrationen.[40]
- Die **Beschleunigung**, gemessen in m/s^2, ist die Änderung der Geschwindigkeit mit der Zeit. Expositionsgrenzwerte und Auslösewerte werden als Beschleunigungswerte angegeben. Diese Werte können als Maß für die gesundheitliche Beeinträchtigung durch Vibration verwendet werden. Beschleunigungen lassen sich leichter messen als Geschwindigkeit und Auslenkung.

Abb. 5 Zusammenhang zwischen Auslenkung, Geschwindigkeit und Beschleunigung

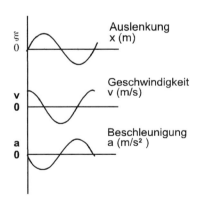

---

[40] Geschwindigkeit des Pendels ist Null in den Umkehrpunkten und erreicht das Geschwindigkeitsmaximum beim Durchgang durch den Ruhepunkt.

Abb. 6 Frequenzbewertungen für GKV und HAV

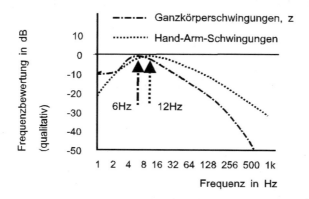

Schwingende Körper pendeln um ihren Ruhepunkt, die Nulllage. Abb. 7 zeigt punktiert eine Periode der Amplituden einer sinusförmigen Schwingung mit der Schwingungsdauer T und ausgezogen das Quadrat dazu. Der Mittelwert des Quadrates der Schwingungsamplituden heißt **Effektivwert**. Der Effektivwert der Beschleunigung wird zur Bewertung von Schwingungen herangezogen.[41] Die Effektivwerte der frequenzbewerteten Beschleunigungen werden im Anhang der LärmVibrationsArbSchV unter Nr. 1.1 und 2.1 für **Ganzkörper-Vibrationen** mit a_{wx}, a_{wy}, a_{wz} und für **Hand-Arm-Vibrationen** mit a_{hwx}, a_{hwy}, a_{hwz} bezeichnet.[42]

---

[41] Da die Schwingungsamplituden abwechselnd positiv und negativ sind, würde ihr Mittelwert immer Null werden und deshalb nicht zur Beschreibung der Intensität von Schwingungen geeignet sein. Der quadratische Mittelwert ist immer eine von Null verschiedene positive Größe und proportional zur Leistung, was bei der Beschreibung der Wirkung auf den Menschen ein weiterer Vorteil ist.

[42] In Veröffentlichungen werden die Amplituden der Beschleunigung auch mit a bezeichnet und die Effektivwerte mit a_{eff} oder ã zusätzlich gekennzeichnet.

Vorbemerkungen

Abb. 7 Schwingungsamplitude (punktiert) und dazugehöriger Effektivwert

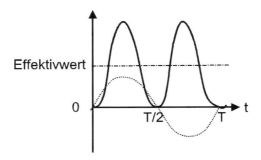

Effektivwerte können für beliebige Zeiträume bestimmt werden. Bei sinusförmigen Schwingungen reicht eine Schwingungsperiode zur Bestimmung des Effektivwertes. Die **Tagesexposition A(8)** nach Anh. Nr. 1.1 und 2.1 LärmVibrationsArbSchV wird für einen Zeitraum von acht Stunden angegeben. Dieser Zeitraum dient zur Kontrolle an den Arbeitsplätzen.

Eine länger als einen Tag andauernde Schwingungsbelastung, insbesondere die Belastung über mehrere Berufsjahre, kann durch eine **Gesamtdosis** ausgedrückt werden, die für die Beurteilung von möglicherweise durch Vibrationen verursachter Berufskrankheiten (Anl. 1 Liste der Berufskrankheiten Nr. 2103, 2104, 2110 BKV) genutzt werden kann. Für die Vibrationsdosis enthält die LärmVibrationsArbSchV keine Grenzwerte.[43]

1.4.2 Wirkungen von Vibrationen auf den Menschen

Für mechanische Schwingungen besitzt der Mensch kein spezielles Organ. Er kann Schwingungen im hier interessierenden Intensitätsbereich nicht subjektiv einschätzen.

Die Schwingungen werden in den menschlichen Körper geleitet durch unmittelbaren Kontakt von Körperteilen mit festen Körpern, in denen Schwingungen auftreten.

---

[43] Siehe dazu VDI 2057 Bl. 1 Einwirkung mechanischer Schwingungen auf den Menschen – Ganzkörper-Schwingungen, Ausg. 2002-09.

Vorbemerkungen

Beim Einleiten der Schwingungen über Fuß, Gesäß oder den Rücken wirken sich die Schwingungskräfte auf den gesamten Körper des Menschen aus; man spricht von **Ganzkörper-Schwingungen (GKV)**. Schädliche Ganzkörper-Schwingungen treten hauptsächlich auf beim Führen schwerer Fahrzeuge im unebenen Gelände (z. B. auf Baustellen, in der Land- und Forstwirtschaft, in Tagebauen) oder wenn mit Gabelstaplern auf unebener Fahrbahn gefahren wird.

Hände und Arme können durch handgeführte, vibrierende Arbeitsgeräte mechanischen Schwingungen ausgesetzt werden. Solche Geräte sind beispielsweise Druckwerkzeuge, wie Schlagbohrhämmer und Druckluftnagler, oder elektrisch bzw. mit Verbrennungsmotoren angetriebene Maschinen, wie Trennschleifer, Schwingschleifer, Stichsägen, Kettensägen und Rüttler. Die Schwingungsbelastungen können auch beim manuellen Führen von Werkstücken zur Bearbeitung an Maschinen auftreten. Die Schwingungskräfte wirken sich hier nur auf einen Teil des Menschen, das Hand-Arm-System, aus. Dementsprechend werden sie als **Hand-Arm-Schwingungen** oder auch als **Teil-Körper-Schwingungen** bezeichnet[44].

Abb. 8 Um die Ruhelage pendelndes schwingungsfähiges System

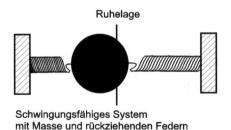

Ruhelage

Schwingungsfähiges System
mit Masse und rückziehenden Federn

Körper können schwingen, wenn sie durch eine Kraft, z. B. eine Feder, in ihre Ruhelage zurückgezogen werden. Wird ein schwingungsfähiger Körper einmalig angestoßen, so schwingt er in seiner **Eigenfrequenz** weiter. Wird er in seiner Eigenfrequenz (wiederholt) angeregt, so kommt es zur **Resonanz**, zum Aufschaukeln der Schwingungsamplituden.

---

[44] Siehe z. B. TGL 32628/02 Arbeitshygiene, Wirkung mechanischer Schwingungen auf den Menschen; Grenzwerte für Teilkörperschwingungen am Arbeitsplatz, Berlin 1983

Vorbemerkungen

Der menschliche Körper und seine Teile (insbesondere Wirbelsäule oder Hand und Arm) sind besonders dann gefährdet, wenn mit deren Eigenfrequenzen die einwirkende Schwingung übereinstimmt und es deshalb zu Resonanzen kommen kann.

Tab. 2 Eigenfrequenzen von Körperteilen:[45]

Körper im Stehen	4–7 Hz
Körper (Rumpf) im Sitzen	3–6 Hz
Brustkorb	4–6 Hz
Wirbelsäule	3–5 Hz
Schulter	2–6 Hz
Magen	4–5 Hz
Hand-Arm-System	10–30 Hz
Auge	20–25 Hz

Diese Eigenfrequenzen werden in den **Bewertungsfiltern** der Messgeräte am höchsten eingestuft. Die bewerteten Effektivwerte der Schwingbeschleunigung für Ganzkörper-Schwingungen (whole-body vibrations, Frequenzbereich 0,1 Hz bis 80 Hz) werden in § 9 LärmVibrationsArbSchV mit a_w, die für Hand-Arm-Schwingungen (hand-arm vibrations, Frequenzbereich 8 Hz bis 1000 Hz) mit a_{hw} bezeichnet.[46]

1.4.3 Wirkungen von Vibrationen auf die Sicherheit und Gesundheit

Mittelbare Einwirkungen durch Ganzkörper-Vibration (GKV)

Zu den **mittelbaren Wirkungen von GKV** ist die Einschränkung der visuellen Wahrnehmung zu rechnen, insbesondere bei Schwingungen im Resonanzbereich des Auges. Dabei nehmen vor allem Sehschärfe und

---

[45] Dupuis H., Zerlett G.: Forschungsbericht Ganz-Körper-Schwingungen, Schriftenreihe des Hauptverbandes der Gewerblichen Berufsgenossenschaften, 1984, S. 48.
[46] Die Indices w und hw sind aus dem Englischen übernommen; w steht für „frequency-weighted acceleration" und bezieht sich stillschweigend auf Ganzkörper-Vibrationen, hw steht für „frequency-weighted hand-transmitted acceleration" (ISO 2631-1: 1997 Mechanical vibration and shock-evaluation of human exposure to whole body vibration und ISO 5349-1: 2001 Mechanical vibration – Measurement and evaluation of human exposure to hand-transmitted vibration).

Vorbemerkungen

optische Auffassungszeit ab, was sich beispielsweise beim Ablesen von Anzeigeinstrumenten ungünstig auswirken kann.

Ebenso sind bei Gebäudeschwingungen, angeregt z. B. durch Pressen oder Stanzen, eine erhöhte Fehlerhäufigkeit bei feinmotorischen Tätigkeiten und eine Verminderung der Aufmerksamkeit beobachtet worden. Auch die Stabilität von Gebäudestrukturen, Rohrleitungen und die Verbindung von Anlagen und Maschinen kann gefährdet werden. Monitordarstellungen können dadurch bedingt unscharf erscheinen.

Allgemeingültige Grenzwerte für mittelbare Wirkungen von Schwingungen sind nicht bekannt, es gibt jedoch Richtwerte für einige spezielle Tätigkeiten[47].

Mittelbare Wirkungen durch Vibrationen werden in § 3 Abs. 3 Satz 5 erwähnt. (s. Kap. 2.3.12 Mittelbare Wirkungen von Vibrationen; dort auch Richtwerte für die Schwingbeschleunigung bei bestimmten Tätigkeiten).

Unmittelbare Wirkungen von GKV auf die Gesundheit

Zu den **akuten Wirkungen von Ganzkörper-Vibrationen** auf den Menschen gehören Rücken- oder Nackenschmerzen, Ermüdungserscheinungen, allgemeine Störungen des Wohlbefindens (z. B. die Bewegungs- oder Reisekrankheit Kinetose) und bei starker Schwingungsbelastung sogar physiologische Reaktionen, die den Atem- und Blutkreislauf, die Sinnesorgane und Muskelfunktionen oder Funktionsstörungen der weiblichen Fortpflanzungsorgane betreffen können.

Im Frequenzbereich von weniger als 2,5 Hz, insbesondere unter 0,5–0,3 Hz, können mechanische Schwingungen zur akuten **Kinetose** führen; sie wird auch als See-, Luft- oder Autokrankheit bezeichnet und ist mit Schwindelgefühl, Übelkeit, Erbrechen und Apathie verbunden.[48]

Chronische Gesundheitsschäden durch Ganzkörper-Schwingungen sind vornehmlich bei Führern von Zugmaschinen, Nutzfahrzeugen, Erdbaumaschinen und anderen schweren Arbeitsmaschinen festgestellt worden. Im Vordergrund stehen hier Rückenschmerzen und vorzeitige Verschleißerscheinungen der Wirbelsäule. Die Liste der Berufskrankheiten (Anl. 1 BKV) berücksichtigt

---

[47] TRLV Vibrationen, Teil 1: Beurteilung der Gefährdung durch Vibrationen, Ausg. Januar 2010, Nr. 6.6 Tab. 1
[48] VDI 2057 Bl. 1 Einwirkung mechanischer Schwingungen auf den Menschen – Ganzkörper-Schwingungen, Ausg. 2002-09, Nr. 1.1 Allgemeines.

Vorbemerkungen

diese Schädigung unter Nr. 2110 Einwirkungen durch Ganzkörperschwingungen. Das Kaudasyndrom (neurologische Ausfälle in den unteren Gliedmaßen) kann als Folge von Degenerationserscheinungen hinzukommen.

Gesundheitliche Schädigungen durch **Ganzkörper-Schwingungen, die von Gebäuden** auf den Menschen übertragen werden, sind üblicherweise nicht zu erwarten.

Zur Beurteilung der Langzeitbelastung durch Schwingungen, die zu Erkrankungen, insbesondere der Lendenwirbelsäule, führen können, wird eine **Schwingungsdosis**[49] verwendet. Sie wird aus der Anzahl der Expositionstage und aus dem Tagesexpositionswert $A_z(8)$ berechnet. Der Arbeitsplatz wird ausschließlich anhand der Tagesexposition, also des Tagesexpositionswertes $A(8)$ bewertet.

Kombinationswirkungen mit GKV

Ganzkörper-Schwingungen und das **Heben oder Tragen** schwerer Lasten haben die gleiche Wirkung auf die Wirbelsäule.

Kombinationswirkungen werden in § 3 Abs. 3 Satz 2 ausdrücklich erwähnt (s. Kap. 2.3.8 Kombinationswirkungen bei Ganzkörper-Vibrationen mit Lastenhandhabung).

Mittelbare Wirkungen durch Hand-Arm-Vibrationen (HAV)

Hand-Arm-Schwingungen können als **mittelbare Wirkungen** die Sicherheit beeinträchtigen, wenn die Erfassung der Anzeige von Instrumenten gestört wird, mobile Maschinen nicht sicher bedient werden können oder die Stabilität von Verbindungen (z. B. von Maschinen oder Anlagen) beeinträchtigt wird. Mittelbare Wirkungen werden in § 3 Abs. 3 Satz 5 ausdrücklich erwähnt (s. Kap. 2.3.12 Mittelbare Wirkungen von Vibrationen).

Unmittelbare Wirkungen durch HAV auf die Gesundheit

Als **akute Wirkungen von Hand-Arm-Vibrationen** können Befindlichkeitsstörungen, Schmerzwahrnehmungen, biomechanische und physiologische Reaktionen sowie akute Knochen-/Gelenkschäden und Durchblutungs-/Gefühlsstörungen auftreten.

---

[49] VDI 2057 Bl. 1 Einwirkung mechanischer Schwingungen auf den Menschen – Ganzkörper-Schwingungen, Ausg. 2002-09, Nr. 6.4.

Vorbemerkungen

Bei den **chronischen Auswirkungen** von **Hand-Arm-Vibrationen**, wie sie durch Arbeiten mit Druckluftwerkzeugen und ähnlichen Werkzeugen mit gleichartigen Rückstoßerschütterungen im Niederfrequenzbereich verursacht werden, handelt es sich um Abnutzungserscheinungen und Veränderungen der Hand-, Ellbogen- und Schultergelenke. Zum anderen sind es Durchblutungsstörungen an den Fingern durch Werkzeuge mit höheren Schwingungsfrequenzen (Weißfingerkrankheit) oder neurologische Erkrankungen sowie Veränderungen an den Sehnenscheiden.[50]

Diese Erkrankungen sind in der Liste der Berufskrankheiten (Anl. 1) zur Berufskrankheitenverordnung ausgewiesen (Nr. 2103 „Erkrankungen durch Erschütterungen bei Arbeit mit Druckluftwerkzeugen und gleichartig wirkenden Werkzeugen oder Maschinen"; Nr. 2104 „Vibrationsbedingte Durchblutungsstörungen an den Händen, die zur Unterlassung aller Tätigkeiten gezwungen haben, die für die Entstehung, die Verschlimmerung oder das Wiederaufleben der Krankheit ursächlich waren oder sein können").

Zur Beurteilung der Langzeitbelastung durch Hand-Arm-Schwingungen, die unter bestimmten Umständen zu Erkrankungen führen können, wird die **Schwingungsdosis** verwendet. Sie wird aus der Anzahl der Expositionstage und für erwartete Schädigungen der Knochen und Gelenke aus dem **Mittelwert** des frequenzbewerteten Effektivwertes der Beschleunigung in Richtung des Unterarmes sowie für Durchblutungsstörungen der Hände aus dem Schwingungsgesamtwert berechnet. Der Arbeitsplatz wird ausschließlich nach der Tagesexposition bewertet, also anhand des Tagesexpositionswertes $A(8)$.

Kombinationswirkungen mit HAV

Kombinationswirkungen, mit anderen Einflüssen, die zu einer erhöhten Gesundheitsgefährdung führen, insbesondere Kälte, sind möglich. Kombinationswirkungen werden allgemein in § 3 Abs. 3 Satz 2 erwähnt (s. Kap. 2.3.6 Wechsel- oder Kombinationswirkungen durch Lärm und Vibrationen) und der Schutz gegen Kälte speziell in § 10 Abs. 2 Nr. 9 (s. Kap. 2.10.11 Schutz vor Kälte und Nässe bei Exposition durch Hand-Arm-Vibrationen).

---

[50] VDI 2057 Bl. 2 Einwirkung mechanischer Schwingungen auf den Menschen – Hand-Arm-Schwingungen, Ausg. 2002-09, Nr. 1.1 Allgemeines.

2 Lärm- und Vibrations-Arbeitsschutzverordnung

2.1 § 1 Anwendungsbereich

> **§ 1**
> **Anwendungsbereich**
>
> (1) Diese Verordnung gilt zum Schutz der Beschäftigten vor tatsächlichen oder möglichen Gefährdungen ihrer Gesundheit und Sicherheit durch Lärm oder Vibrationen bei der Arbeit.
>
> (2) Diese Verordnung gilt nicht in Betrieben, die dem Bundesberggesetz unterliegen.
>
> (3) [1]Das Bundesministerium der Verteidigung kann für Beschäftigte, die Lärm und Vibrationen ausgesetzt sind oder ausgesetzt sein können, Ausnahmen von den Vorschriften dieser Verordnung zulassen, soweit öffentliche Belange dies zwingend erfordern, insbesondere für Zwecke der Landesverteidigung oder zur Erfüllung zwischenstaatlicher Verpflichtungen der Bundesrepublik Deutschland. [2]In diesem Fall ist gleichzeitig festzulegen, wie die Sicherheit und der Gesundheitsschutz der Beschäftigten nach dieser Verordnung auf andere Weise gewährleistet werden kann.

2.1.1 Von der Verordnung erfasste Arbeitsbereiche

§ 1 Abs. 1 fordert den Schutz der Beschäftigten bei der Arbeit **unabhängig von ihrem Aufenthaltsort** und schränkt die Gültigkeit der Forderungen nicht wie die ArbStättV auf die Arbeitsstätten i. S. d. Definition des § 2 Abs. 1 ArbStättV ein. Der Schutz gegen Lärm und Schwingungen ist auch bei Arbeiten mit Fahrzeugen immer zu gewährleisten. Die Vorschriften der Verordnung finden ferner Anwendung auf Tätigkeiten auf oder an öffentlichen Verkehrswegen und Plätzen, in Sportstätten, auf Messen und Märkten, die vom Geltungsbereich der ArbStättV ausgenommen sind (dort § 1 Abs 2).

Die LärmVibrationsArbSchV bezieht sich auf die Vermeidung von Gefährdungen der Gesundheit und der Sicherheit der Beschäftigten. Sie gilt auch dann, wenn Gefährdungen nach dem Stand der Arbeitsmedizin nur vermutet werden und noch **kein endgültiger Beweis für die Ursache-Wirkungs-**

Beziehung zwischen Lärm oder Schwingungen und einer Schädigung der Beschäftigten vorliegt. Die Verordnung gilt ferner für Kombinationswirkungen von Lärm und Vibrationen, die zu einer Verstärkung der gesundheitlichen Gefährdung hiervon bei ihrer Tätigkeit betroffener Beschäftigter führen können. Auch ein möglicher, die gesundheitsgefährdende Wirkung durch Lärm und/oder Vibrationen verstärkender Einfluss bestimmter Gefahrstoffe wird von der Verordnung erfasst (s. Kap. 2.3.6 Wechsel- oder Kombinationswirkungen durch Lärm und Vibrationen und Kap. 2.3.7 Ototoxische Substanzen als Verstärkung der Lärmbelastung).

Der **Gesundheitsbegriff** wird weder in der LärmVibrationsArbSchV noch im Arbeitsschutzgesetz näher bestimmt. Nach allgemeiner Auffassung ist er **weit auszulegen**. Dies wird durch das Urteil des OVG NW vom 30.4.1987 (AZ: 6A 2578/84) bestätigt. Das Gericht verknüpft die Gesundheit mit dem körperlichen Wohlbefinden. Der Gesundheitsschutz erfasst nach Fitting „alle Maßnahmen, die dazu dienen, die physische und psychische Integrität des Arbeitnehmers zu erhalten, der arbeitsbedingten Beeinträchtigungen ausgesetzt ist, die zu medizinisch feststellbaren Verletzungen oder Erkrankungen führen können." Der Gesundheitsschutz erstreckt sich danach auch auf die vorbeugenden technischen, medizinischen und organisatorischen Maßnahmen, wozu nicht zuletzt die menschengerechte Gestaltung der Arbeit rechnet[51].

Der **Europäische Gerichtshof** definiert in seinem Urteil vom 12.11.1996 (Rs. C – 84/95) die Gesundheit als den „Zustand des vollständigen körperlichen, geistigen und sozialen Wohlbefindens" und nicht nur als Freisein von Krankheiten und Gebrechen.[52]

Nach Art. 3 des **IAO-Übereinkommens 155** vom 22.6.1981 über Arbeitsschutz und Arbeitsumwelt umfasst die Gesundheit darüber hinaus auch die physischen und geistig-seelischen Faktoren, die sich auf die Gesundheit auswirken und die in unmittelbarem Zusammenhang mit der Sicherheit und der Gesundheit bei der Arbeit stehen. Diese Auffassung wird durch eine Entscheidung des BVerwG (s. Begründung zum Urteil vom 31.1.1997 – 1C 2095) gestützt, wonach der Schutz der Gesundheit der Beschäftigten nicht

---

[51] Fitting K., Engel G. u. a.: Betriebsverfassungsgesetz, Handkommentar, München 2008, § 87 RdNr. 262, s. dort Verweis auf Münchner Handbuch zum Arbeitsrecht, 2. Aufl. 2000, Wlotzke O. – § 206 RdNr. 35.
[52] Siehe hierzu im Einzelnen Kollmer N. F.: Praxiskommentar Arbeitsschutzgesetz, München 2001, B 2 RdNr. 52; C 2 § 1 RdNr. 17ff., § 2 RdNr. 31; F 1.2 RdNr. 45.

auf rein körperliche Funktionen reduziert werden darf, sondern auch die durch Arbeitsbedingungen beeinflussbaren psychischen Befindlichkeiten, insbesondere psychosomatische Zustände, einbezieht.[53]

Gefährdungen für die Gesundheit der Beschäftigten beinhalten mithin neben der Möglichkeit einer Erkrankung auch eine **erkennbare, nachvollziehbare Belästigung,** die wiederum eng mit der Beeinträchtigung des körperlichen Wohlbefindens verknüpft ist. Eine derartige Belästigung liegt zwar unterhalb einer unmittelbaren Gesundheitsschädigung, beeinträchtigt aber die Lebensqualität am Arbeitsplatz und entspricht damit nicht den nach § 4 Nr. 3 ArbSchG zu beachtenden **gesicherten arbeitswissenschaftlichen Erkenntnissen;** diese erfassen als Ziel u. a., dass die Beschäftigten „schädigungslose, ausführbare, erträgliche und beeinträchtigungsfreie Arbeitsbedingungen vorfinden sollen".[54]

Andererseits kann der **Gesundheitsbegriff i. S. des Arbeitsschutzgesetzes** nicht so weit ausgedehnt werden, dass auch solche Belästigungen erfasst werden, die nicht mit einer messbaren Schädigung der Gesundheit von Beschäftigten verbunden sind und die allein subjektiv wahrgenommene, aber objektiv nicht nachvollziehbare Störungen des körperlichen Wohlbefindens betreffen.[55] Vielmehr müssen „funktionelle oder morphologische Veränderungen des menschlichen Organismus auftreten, die die natürliche Variationsbreite überschreiten".[56]

Mit dem Begriff **Sicherheit** wird ein Zustand umschrieben, der **frei von jeglicher Gefährdung** für die Beschäftigten ist.[57] Lärmeinwirkungen können sich auf die Sicherheit z. B. dahingehend auswirken, dass akustische Warn-/Gefahrensignale nicht oder zu spät erkannt werden und dadurch Arbeitsunfälle verursacht werden, z. B. durch mechanische, elektrische, chemische (stoffspezifische), biologische Gefährdungen, durch Brand oder Explosion, Panik infolge zu späten Verlassens von Gefahrenbereichen. Auch unvorher-

---

[53] Siehe hierzu auch Kohte W.: Arbeitsschutzrahmenrichtlinie, in Europäisches Arbeits- und Sozialrecht EAS, Heidelberg, München, Landsberg 1994, 2007, B 6100 RdNr. 38.
[54] Siehe Fitting K., Engel G. u. a.: Betriebsverfassungsgesetz, Handkommentar, München 2000, § 90 RdNr. 42.
[55] Ebenso wohl auch Koll M., Janning R., Pinter H.: Arbeitsschutzgesetz, Kommentar für die betriebliche und behördliche Praxis, Stuttgart 2005, B 1 § 1 RdNr. 3; Kollmer N. F.: Arbeitsschutzgesetz, Kommentar, München 2010, § 1 RdNr. 18.
[56] Schmatz/Nöthlichs zitiert bei Kollmer N. F.: Praxiskommentar Arbeitsschutzgesetz, München 2001, C 2 § 1 RdNr. 20.
[57] Siehe auch Skiba R.: Taschenbuch Arbeitssicherheit, Bielefeld 1997, S. 588.

gesehene, starke Vibrationen können die Sicherheit der Beschäftigten gefährden und die Ursache von Arbeitsunfällen sein, z. B. durch Herabfallen von Gegenständen, Umstürzen von Lagereinrichtungen.

Sicherheit wird auch als **integraler Bestandteil des Gesundheitsschutzes** angesehen,[58] da sich eine Gefährdung der Sicherheit auf die Gesundheit der betroffenen Beschäftigten auswirken kann (z. B. bei einem Arbeitsunfall).

Die Verordnung berücksichtigt auch solche Expositionen, die **äußere Ursachen** haben, also nicht unmittelbare Folge von Tätigkeiten sind. Dies ist dadurch begründet, dass eine Gesundheitsgefährdung durch Lärm oder Vibrationen bei der Arbeit unabhängig von der Quelle besteht und dass auch bei Messungen nicht zwischen Lärm aus unterschiedlichen Quellen unterschieden werden kann.[59]

2.1.2 Ausnahmen vom Geltungsbereich (§ 1 Abs. 2 und 3)

In Betrieben, die dem **Bundesberggesetz** unterliegen, wird der Einfluss von Lärm und Schwingungen in der Gesundheitsschutz-Bergverordnung geregelt (§§ 11 und 12), die durch Art. 2 der Verordnung vom 10.8.2005 (BGBl. I S. 2452) an die EG-Richtlinien Lärm und Vibrationen angepasst worden ist.

Das Bundesministerium der Verteidigung kann für Beschäftigte seines Zuständigkeitsbereichs, die Lärm und Vibrationen ausgesetzt sind oder ausgesetzt sein können, Ausnahmen von den Vorschriften dieser Verordnung zulassen. In § 17 Abs. 2 wurde z. B. für Wehrmaterial der Bundeswehr eine solche Ausnahme zugelassen. Die in diesem Bereich auch angewendeten Militärstandards (z. B. MIL-STD 810F Vibration) lassen höhere Expositionen für Einzelfälle in Extremsituationen zu, sind jedoch nicht für Belastungen über ein ganzes Berufsleben gedacht, wie die LärmVibrationsArbSchV. So beinhaltet z. B. die Eurofighter-Tauglichkeit eine detaillierte Untersuchung der Wirbelsäule für die extremen Belastungen mit G-Kräften bis zum Neunfachen des

---

[58] Kollmer N. F.: Arbeitsschutzgesetz, Kommentar, München 2005, § 1 RdNr. 22; ähnlich Koll M., Janning R., Pinter H.: Arbeitsschutzgesetz, Kommentar für die betriebliche und behördliche Praxis, Stuttgart 2010, B 1 § 1 RdNr. 3, die Sicherheit als Unterfall der Gewährleistung und Verbesserung des Gesundheitsschutzes der Beschäftigten bezeichnen.

[59] Begründung der Bundesregierung zur Verordnung zur Umsetzung der EG-Richtlinien 2002/44/EG und 2003/10/EG zum Schutz der Beschäftigten vor Gefährdungen durch Lärm und Vibrationen, www.bmas.bund.de/BMAS (Juli 2007).

§ 2 Begriffsbestimmungen

eigenen Körpergewichts, die beim Einsatz von Schleudersitzen auftreten können.[60]

Ergänzend zu § 1 Abs. 2 und 3 LärmVibrationsArbSchV wird darauf hingewiesen, dass sich alle geforderten Maßnahmen auf Bereiche oberhalb eines äquivalenten Dauerschallpegels von 80 dB(A) beziehen (s. Kap. 2.7.1 Vorbemerkungen; Zusammenstellung der Maßnahmen) und extraaurale Wirkungen unterhalb von 80 dB(A) damit praktisch ausgeschlossen werden. Diese Wirkungen sind auch nicht Gegenstand der TRLV Lärm. Ebenso gehören die Wirkungen von Infraschall (unter 16 Hz) und Ultraschall (über 16 Hz) nicht zum Geltungsbereich der LärmVibrationsArbSchV (s. Kap. 2.6.1 Auslösewerte; Pegel im Raum).

2.2 § 2 Begriffsbestimmungen

> **§ 2**
> **Begriffsbestimmungen**
>
> (1) Lärm im Sinne dieser Verordnung ist jeder Schall, der zu einer Beeinträchtigung des Hörvermögens oder zu einer sonstigen mittelbaren oder unmittelbaren Gefährdung von Sicherheit und Gesundheit der Beschäftigten führen kann.
>
> (2) [1]Der Tages-Lärmexpositionspegel ($L_{EX,8h}$) ist der über die Zeit gemittelte Lärmexpositionspegel bezogen auf eine Achtstundenschicht. [2]Er umfasst alle am Arbeitsplatz auftretenden Schallereignisse.
>
> (3) Der Wochen-Lärmexpositionspegel ($L_{EX,40h}$) ist der über die Zeit gemittelte Tages-Lärmexpositionspegel bezogen auf eine 40-Stundenwoche.
>
> (4) Der Spitzenschalldruckpegel ($L_{pC,peak}$) ist der Höchstwert des momentanen Schalldruckpegels.
>
> (5) [1]Vibrationen sind alle mechanischen Schwingungen, die durch Gegenstände auf den menschlichen Körper übertragen werden und zu einer mittelbaren oder unmittelbaren Gefährdung von Sicherheit und Gesundheit der Beschäftigten führen können. [2]Dazu gehören insbesondere

---

[60] Quelle: http://www.luftwaffe.de/ (Juni 2007).

§ 2 Begriffsbestimmungen

1. mechanische Schwingungen, die bei Übertragung auf das Hand-Arm-System des Menschen Gefährdungen für die Gesundheit und Sicherheit der Beschäftigten verursachen oder verursachen können (Hand-Arm-Vibrationen), insbesondere Knochen- oder Gelenkschäden, Durchblutungsstörungen oder neurologische Erkrankungen, und
2. mechanische Schwingungen, die bei Übertragung auf den gesamten Körper Gefährdungen für die Gesundheit und Sicherheit der Beschäftigten verursachen oder verursachen können (Ganzkörper-Vibrationen), insbesondere Rückenschmerzen und Schädigungen der Wirbelsäule.

(6) Der Tages-Vibrationsexpositionswert A(8) ist der über die Zeit nach Nummer 1.1 des Anhangs für Hand-Arm-Vibrationen und nach Nummer 2.1 des Anhangs für Ganzkörper-Vibrationen gemittelte Vibrationsexpositionswert bezogen auf eine Achtstundenschicht.

7) [1]Der Stand der Technik ist der Entwicklungsstand fortschrittlicher Verfahren, Einrichtungen oder Betriebsweisen, der die praktische Eignung einer Maßnahme zum Schutz der Gesundheit und zur Sicherheit der Beschäftigten gesichert erscheinen lässt. [2]Bei der Bestimmung des Standes der Technik sind insbesondere vergleichbare Verfahren, Einrichtungen oder Betriebsweisen heranzuziehen, die mit Erfolg in der Praxis erprobt worden sind. [3]Gleiches gilt für die Anforderungen an die Arbeitsmedizin und die Arbeitshygiene.

((8) Den Beschäftigten stehen Schülerinnen und Schüler, Studierende und sonstige in Ausbildungseinrichtungen tätige Personen, die bei ihren Tätigkeiten Lärm und Vibratonen ausgesetzt sind, gleich.

2.2.1 Begriff Lärm (§ 2 Abs. 1)

Lärm nach der allgemeinen umfassenden Definition ist störender Schall[61] (in seltenen Fällen auch unter 45 dB[A])[62]. Nach der **Definition der LärmVibrationsArbSchV** handelt es sich um einen äquivalenten Dauer-

---

[61] Als **Lärm** werden den Menschen störende, belästigende oder gesundheits-(gehör)-schädigende Geräusche bezeichnet, die von einer Schallquelle ausgehen (s. auch DIN 1320 Akustik – Begriffe, Ausg. 1997-06).
VDI 2058 Bl. 3 Beurteilung von Lärm am Arbeitsplatz unter Berücksichtigung unterschiedlicher Tätigkeiten, Ausg. 1999-02, definiert unter Nr. 2.1 Lärm als die Summe der Geräuschimmissionen, die zur Beeinträchtigung der Gesundheit, der Arbeitssicherheit und der Leistungsfähigkeit führen können.

[62] Siehe hierzu das Fachausschuss-Informationsblatt Nr. 018 Fachinformation „Lärm-Stress" am Arbeitsplatz – Nicht das Innenohr betreffende Lärmwirkungen – „Extra-aurale Lärmwirkungen" des FA Maschinenbau, Fertigungssysteme, Stahlbau.

§ 2 Begriffsbestimmungen

schallpegel ab 80 dB(A)[63]. Mittelbare Wirkungen und unmittelbare Wirkungen (akute und chronische Wirkungen) auf das Gehör sind eingeschlossen (s. Kap. 1.3.4 Wirkungen von Lärm auf die Sicherheit und Gesundheit).

Lärm i. S. d. Begriffsbestimmung des § 2 Abs. 1 erfasst die Auswirkungen sowohl auf das Hörvermögen (s. Kap. unter 1.3.4 „Aurale Wirkungen") als auch auf den Gesamtorganismus (s. Kap. unter 1.3.4 „Extraaurale Wirkungen"). Zu den extraauralen Wirkungen rechnen lärmbedingte psychosoziale wie auch physiologische und vegetative Einflüsse sowie Leistungsminderung, die zu erhöhter Unfallgefährdung führen kann.[64] Hinsichtlich des Regelungsumfangs geht die LärmVibrationsArbSchV damit über die bisherige BG-Vorschrift BGV B3 Lärm hinaus; diese enthält Vorschriften insbesondere zur Vermeidung einer Gehörgefährdung oder einer erhöhten Unfallgefährdung, die durch Lärm verursacht werden.

2.2.2 Tages-Lärmexpositionspegel (§ 2 Abs. 2)

Der **Tages-Lärmexpositionspegel** $L_{EX,8h}$ (s. Kap. 1.3 Allgemeine Einführung zum Lärm) ist entsprechend ISO 1999:1990 [65] der äquivalente Dauerschallpegel. Er entspricht dem **Beurteilungspegel** in Anh. Nr. 3.7 ArbStättV, der im Rahmen der Prävention als Grundlage zur Ermittlung des Tages-Lärmexpositionspegels herangezogen werden kann[66]. Es handelt sich um den Mittelwert aller Pegel über einen Zeitraum von 8 Stunden.[67]

Der Tages-Lärmexpositionspegel wird, auch bei beliebiger Schichtdauer T, immer auf 8 Stunden bezogen, also selbst bei Messung über eine Zehnstundenschicht gemäß ISO 1999 wird der Pegel auf die Beurteilungszeit von 8 Stunden bezogen und nach DIN 45645-2[68] berechnet.

$$L_{eq,8h} = L_{eq,T} + 10 \lg \frac{T}{8} \, dB$$

---

[63] TRLV Lärm, Teil: Allgemeines, Ausg. Januar 2010, Nr. 1 Abs. 2
[64] Siehe Fachausschuss-Informationsblatt Nr. 018: Fachinformation Lärm-Stress am Arbeitsplatz – Nicht das Innenohr betreffende Lärmwirkungen – Extra-aurale Lärmwirkungen; FA Maschinenbau, Fertigungssysteme, Stahlbau (Hrsg.), Ausg. 10/2005.
[65] ISO 1999, Acoustics – Determination of occupational noise exposure and estimation of noise-induced hearing impairment, Second edition 1990-01-15.
[66] So auch Hecker C., Christ E. u. a.: Lärm- und Vibrations-Arbeitsschutzverordnung, Praxiskommentar, Berlin 2008, S. 47.
[67] Art. 2b der EG-Richtlinie Lärm
[68] DIN 45645-2 Ermittlung von Beurteilungspegeln aus Messungen, T. 2 Geräuschimmissionen am Arbeitsplatz, Ausg. 1997-07.

§ 2 Begriffsbestimmungen

Der als Bezugsschalldruck verwendete Wert von 20 μPa ist der Schalldruck an der Hörschwelle für Einzeltöne in Abhängigkeit von der Frequenz. Es handelt sich hier um den niedrigsten noch hörbaren Schallpegel.[69]

Bei einer Stichprobenerhebung können die **verschiedenen Lärmpegel** einzelner Teiltätigkeiten $L_{eq,i}$ für die (auch unterschiedlich langen) Zeitintervalle t_i nach folgender Formel **zusammengefasst** werden:[70] [71]

$$L_{eq} = 10 \lg \left(\frac{1}{T} \cdot \sum_{i=1}^{n} 10^{L_{eq,i}/10} \cdot t_i \right)$$

T = Beobachtungszeit, Expositionszeit, z. B. eine Schicht
$L_{eq,i}$ = Schalldruckpegel für die einzelnen Teiltätigkeiten in dB(A)
t_i = Dauer der einzelnen Teiltätigkeiten

2.2.3 Wochen-Lärmexpositionspegel (§ 2 Abs. 3)

Der **Wochen-Lärmexpositionspegel** $L_{EX,40h}$ (s. Kap. 2.15.2 Ausnahmsweise Anwendung des Wochen-Lärmexpositionspegels) ist der über eine Woche mit fünf Achtstundentagen gemittelte äquivalente Dauerschallpegel, den die bisherige BG-Vorschrift BGV B3 in ihrem Anh. 1 als wöchentlichen Mittelwert L_{Arw} der einzelnen Tageswerte L_{Ard} bezeichnete.

Der **Wochen-Lärmexpositionspegel** wird nach folgender Formel berechnet:

$$L_{eq\,Woche} = 10 \lg \left(\frac{1}{5} \cdot \sum_{i=1}^{n} 10^{L_i/10} \right)$$

L_i = äquivalenter Dauerschalldruckpegel für die fünf Schichten in der Woche in dB(A)

Der bei der Berechnung des Wochen-Lärmexpositionspegels verwendete **äquivalente Dauerschallpegel** wird gebildet, weil die Höhe eines Gehörschadens vom mittleren Lärmpegel abhängt und bei schwankenden Schall-

---

[69] Näheres hierzu s. Maue J. H.: 0 Dezibel + 0 Dezibel = 3 Dezibel, Berlin 2009, Nr. 5.2 S. 91 ff.
[70] Ein Beispiel dazu findet sich in der bisherigen BG-Vorschrift BGV B3 Lärm Anl. 1.
[71] Zu den Messmethoden s. auch DIN 45645-2 Ermittlung von Beurteilungspegeln aus Messungen, T. 2 Geräuschimmissionen am Arbeitsplatz, Ausg. 1997-07.

§ 2 Begriffsbestimmungen

ereignissen die Anzeige am Messgerät schwankt und ein Ablesen der Messwerte unmöglich machen kann. Bei typischen Industriegeräuschen schwankt der äquivalente Dauerschallpegel oft schon nach einer Stunde (am Messgerät ersichtlich) kaum noch. Wochen-Lärmexpositionspegel berücksichtigen extreme Schwankungen der Schallpegel und werden z. B. für Musiker (s. Kap. 2.17.1 Musik- und Unterhaltungssektor) zugelassen, bei denen sich Tage mit Proben, Tage mit Vorführungen und Zeiten ohne Lärm unregelmäßig abwechseln. Eine Mittelung über längere Zeiten als eine Woche bringt in der Regel keine wesentliche Veränderung des äquivalenten Dauerschallpegels mehr.

2.2.4 Spitzenschalldruckpegel (§ 2 Abs. 4)

Der Spitzenschalldruck wird in der LärmVibrationsArbSchV als Schalldruckpegel in dB(C) angegeben (s. Kap. 1.3 Allgemeine Einführung Lärm)[72]. Der Messzeitraum innerhalb einer Arbeitsschicht ist so zu wählen, dass die lautesten Schallereignisse erfasst werden. Der Spitzenschalldruckpegel, dessen Bestimmung TRLV Lärm Teil 1 und Teil 2[73] vorgibt, wird mit einem Schallpegelmesser nach DIN EN 61672-1[74] und DIN EN 61672-2 mit der Zeitbewertung „peak" („Spitze") und in der Frequenzbewertung C gemessen. Die C-Bewertung ist, im Gegensatz zur sonst üblichen A-Bewertung, für lauten Schall besser geeignet.

Die Zeitbewertung „peak" ist nicht zu verwechseln mit der früher üblichen Zeitbewertung „Impuls", bei der die Anstiegszeit deutlich länger ist und die Abklingzeit nach einem Impuls zusätzlich verlängert wird.

---

[72] Der Spitzenschalldruckpegel ist nicht identisch mit dem Emissions-Spitzenschalldruckpegel ($L_{pC,peak}$) nach EG-Maschinenrichtlinie bzw. 9. GPSGV
[73] TRLV Lärm, Teil 2: Messung von Lärm, Ausg. Januar 2010, Nr. 5.5.2 Abs. 2
[74] Die bisherigen Normen DIN EN 60651 Schallpegelmesser und DIN EN 60804 Integrierende mittelwertbildende Schallpegelmesser wurden aktualisiert durch die Normen DIN EN 61672-1 Elektroakustik – Schallpegelmesser, T. 1 Anforderungen, Ausg. 2003-10 und DIN EN 61672-2 Elektroakustik – Schallpegelmesser, T. 2 Baumusterprüfungen, Ausg. 2004-08.

Abb. 9 Anstiegszeit kurz im Vergleich zu einem Impuls wie bei Zeitbewertung „peak"

Abb. 10 Anstiegszeit lang im Vergleich zu einem Impuls wie bei allen anderen üblichen Zeitbewertungen (S = slow, F = fast; I = Impuls)

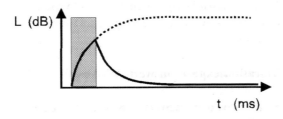

Die Kurven zeigen, wie ein idealisierter Impuls von einem Messgerät bei unterschiedlichen Zeitbewertungen erfasst wird.

In weiten Bereichen ist die Wirkung von Lärm auf das Ohr ein **Dosiseffekt**. Für kürzere Expositionszeiten sind höhere Lärmpegel tolerierbar. Ein Lärmschaden entwickelt sich im Verlaufe vieler Jahre chronisch. Sehr hohe Lärmpegel, z. B. knallartige Geräusche, können das Ohr jedoch akut schädigen. Deshalb werden in § 6 LärmVibrationsArbSchV zusätzlich zu dem oberen und dem unteren Auslösewert, jeweils bezogen auf den Tages-Lärmexpositionspegel, noch Grenzwerte für Spitzenpegel angegeben ($L_{pC,peak}$). Die dort genannten Spitzenschalldruckpegel von mehr als 137 dB sind jedoch nur an sehr wenigen Arbeitsplätzen zu erwarten, so dass die praktische Wirksamkeit dieses zusätzlichen Grenzwertes nicht bedeutsam sein dürfte.

Impulse sind sehr kurze Schallereignisse. Das ist der Grund, weshalb bei Messgeräten zur Impulsmessung die Zeitbewertung „peak" mit einer Zeit-

§ 2 Begriffsbestimmungen

konstante von < 0,1 ms gefordert wird. Mit einer Anstiegszeitkonstante von 35 ms wie bei der Zeitbewertung „Impuls", die der Reaktionsgeschwindigkeit des Ohres angepasst ist, würde das Messergebnis nur einige Prozent des tatsächlichen Pegels des kurzen Impulses betragen.

2.2.5 Begriff Vibrationen (§ 2 Abs. 5)

Die Verordnung berücksichtigt als Vibrationen alle mechanischen Schwingungen, die zu mittelbaren und unmittelbaren Gefährdungen führen können, insbesondere Ganzkörper- und Hand-Arm-Vibrationen (s. Kap. 2.18 Anh. Vibrationen und Kap. 1.4 Allgemeine Einführung zu Vibrationen), grenzt dies jedoch insofern ein, als nur diejenigen zu berücksichtigen sind, die zu einer Gefährdung von Sicherheit oder Gesundheit führen können. Für Vibrations-Belästigungen bei der Arbeit und Beeinträchtigungen der Feinmotorik werden von der LärmVibrationsArbSchV keine Grenzwerte genannt.

2.2.6 Tages-Vibrationsexpositionswert (§ 2 Abs. 6)

Der **Tages-Vibrationsexpositionswert** $A(8)$ wird analog zum Tages-Lärmexpositionspegel (§ 2 Abs. 2) definiert. Er ist der auf einen Bezugszeitraum von acht Stunden normierte mittlere Effektivwert der frequenzbewerteten Beschleunigungen (s. Anh. Vibrationen Nr. 1.1 und 2.1 LärmVibrationsArbSchV).

2.2.7 Stand der Technik (§ 2 Abs. 7)

Der **Stand der Technik** ist in Analogie zum Bundes-Immissionsschutzgesetz und zur Gefahrstoffverordnung aufgenommen. Er kann über die in allgemein anerkannten technischen Regeln getroffenen Festlegungen hinausgehen, wenn neue und weitergehende technische Lösungen entwickelt worden sind und sich in der Praxis bewährt haben. Spezielle Angaben zum Stand der Technik siehe Kap. 2.18.2 unter „Stand der Technik bei HAV" und Kap. 2.18.6 unter „Stand der Technik bei GKV".[75]

---

[75] Näheres zum Stand der Technik s. Koll M., Janning R., Pinter H.: Arbeitsschutzgesetz, Kommentar für die betriebliche und behördliche Praxis, Stuttgart 2010, B2 § 4 ArbSchG RdNr. 12-15

2.2.8 Weitere von der Verordnung erfasste Personen (§ 2 Abs. 8)

§ 2 Abs. 8 ist mit der Änderung der LärmVibrationsArbSchV vom 19. Juli 2010 hinzugefügt worden. Damit werden Schüler, Studierende und sonstige in Ausbildungseinrichtungen tätige Personen den Beschäftigten gleichgestellt und gegen Lärm oberhalb von 80 bzw. 85 dB(A) nach Maßgabe der LärmVibrationsArbSchV geschützt. Nach der bisherigen Regelung fielen nur Lehrer und sonstige Beschäftigte an Schulen unter den Geltungsbereich der LärmVibrationsArbSchV, Schüler waren nur mittelbar bei Anwesenheit von Vertretern dieses Personenkreises geschützt.

Mit Schalldruckpegeln über 80 dB(A) ist in Schulen durchaus in einigen Fällen zu rechnen, z.B. wenn viele Schüler gleichzeitig in einer nicht schallgedämmten Turnhalle Sport treiben. Auch wenn das unter Aufsicht eines nicht an der Schule Beschäftigten geschieht, besteht nun die Pflicht, die Auslösewerte bei Lärm einzuhalten. Allerdings können so die für Schulen wesentlichen Lärmprobleme nicht gelöst werden, da die für den Unterricht empfohlenen Höchstwerte deutlich unter 80 dB(A) liegen.[76] Dieser Bereich wird aber in der ArbStättV geregelt, die für Schüler nicht gilt.

2.3 § 3 Gefährdungsbeurteilung

§ 3
Gefährdungsbeurteilung

(1) [1]Bei der Beurteilung der Arbeitsbedingungen nach § 5 des Arbeitsschutzgesetzes hat der Arbeitgeber zunächst festzustellen, ob die Beschäftigten Lärm oder Vibrationen ausgesetzt sind oder ausgesetzt sein können. [2]Ist dies der Fall, hat er alle hiervon ausgehenden Gefährdungen für die Gesundheit und Sicherheit der Beschäftigten zu beurteilen. [3]Dazu hat er die auftretenden Expositionen am Arbeitsplatz zu ermitteln und zu bewerten. [4]Der Arbeitgeber kann sich die notwendigen Informationen beim Hersteller oder Inverkehrbringer von Arbeitsmitteln oder bei anderen ohne weiteres zugänglichen Quellen beschaffen. [5]Lässt sich die Einhaltung der Auslöse- und

---

[76] DIN 18041: Hörsamkeit in kleinen bis mittelgroßen Räumen, Ausg. 2004-05
Schönwälder H.-G., Bernt J. u.a.: Lärm in Bildungsstätten, Dortmund, Berlin, Dresden 2004 (Schriftenreihe der Bundesanstalt für Arbeitsschutz und Arbeitsmedizin: Forschungsbericht, Fb 1030).

§ 3 Gefährdungsbeurteilung

Expositionsgrenzwerte nicht sicher ermitteln, hat er den Umfang der Exposition durch Messungen nach § 4 festzustellen. [6]Entsprechend dem Ergebnis der Gefährdungsbeurteilung hat der Arbeitgeber Schutzmaßnahmen nach dem Stand der Technik festzulegen.

(2) Die Gefährdungsbeurteilung nach Absatz 1 umfasst insbesondere

1. bei Exposition der Beschäftigten durch Lärm
   a) Art, Ausmaß und Dauer der Exposition durch Lärm,
   b) die Auslösewerte nach § 6 Satz 1 und die Expositionswerte nach § 8 Abs. 2,
   c) die Verfügbarkeit alternativer Arbeitsmittel und Ausrüstungen, die zu einer geringeren Exposition der Beschäftigten führen (Substitutionsprüfung),
   d) Erkenntnisse aus der arbeitsmedizinischen Vorsorge sowie allgemein zugängliche, veröffentlichte Informationen hierzu,
   e) die zeitliche Ausdehnung der beruflichen Exposition über eine Achtstundenschicht hinaus,
   f) die Verfügbarkeit und Wirksamkeit von Gehörschutzmitteln,
   g) Auswirkungen auf die Gesundheit und Sicherheit von Beschäftigten, die besonders gefährdeten Gruppen angehören, und
   h) Herstellerangaben zu Lärmemissionen sowie
2. bei Exposition der Beschäftigten durch Vibrationen
   a) Art, Ausmaß und Dauer der Exposition durch Vibrationen, einschließlich besonderer Arbeitsbedingungen, wie zum Beispiel Tätigkeiten bei niedrigen Temperaturen,
   b) die Expositionsgrenzwerte und Auslösewerte nach § 9 Abs. 1 und 2,
   c) die Verfügbarkeit und die Möglichkeit des Einsatzes alternativer Arbeitsmittel und Ausrüstungen, die zu einer geringeren Exposition der Beschäftigten führen (Substitutionsprüfung),
   d) Erkenntnisse aus der arbeitsmedizinischen Vorsorge sowie allgemein zugängliche, veröffentlichte Informationen hierzu,
   e) die zeitliche Ausdehnung der beruflichen Exposition über eine Achtstundenschicht hinaus,
   f) Auswirkungen auf die Gesundheit und Sicherheit von Beschäftigten, die besonders gefährdeten Gruppen angehören, und
   g) Herstellerangaben zu Vibrationsemissionen.

(3) [1]Die mit der Exposition durch Lärm oder Vibrationen verbundenen Gefährdungen sind unabhängig voneinander zu beurteilen und in der Gefährdungsbeurteilung

zusammenzuführen. [2]Mögliche Wechsel- oder Kombinationswirkungen sind bei der Gefährdungsbeurteilung zu berücksichtigen. [3]Dies gilt insbesondere bei Tätigkeiten mit gleichzeitiger Belastung durch Lärm, arbeitsbedingten ototoxischen Substanzen oder Vibrationen, soweit dies technisch durchführbar ist. [4]Zu berücksichtigen sind auch mittelbare Auswirkungen auf die Gesundheit und Sicherheit der Beschäftigten, zum Beispiel durch Wechselwirkungen zwischen Lärm und Warnsignalen oder anderen Geräuschen, deren Wahrnehmung zur Vermeidung von Gefährdungen erforderlich ist. [5]Bei Tätigkeiten, die eine hohe Konzentration und Aufmerksamkeit erfordern, sind störende und negative Einflüsse infolge einer Exposition durch Lärm oder Vibrationen zu berücksichtigen.

(4) [1]Der Arbeitgeber hat die Gefährdungsbeurteilung unabhängig von der Zahl der Beschäftigten zu dokumentieren.[2]In der Dokumentation ist anzugeben, welche Gefährdungen am Arbeitsplatz auftreten können und welche Maßnahmen zur Vermeidung oder Minimierung der Gefährdung der Beschäftigten durchgeführt werden müssen.[3]Die Gefährdungsbeurteilung ist zu aktualisieren, wenn maßgebliche Veränderungen der Arbeitsbedingungen dies erforderlich machen oder wenn sich eine Aktualisierung auf Grund der Ergebnisse der arbeitsmedizinischen Vorsorge als notwendig erweist.

2.3.1 Abschätzung der Exposition (§ 3 Abs. 1 Sätze 1 bis 3)

Der Arbeitgeber ist für die Durchführung der **Gefährdungsbeurteilung**, einer systematischen Ermittlung und Bewertung der Gefährdungen für die Gesundheit und für die Sicherheit der Beschäftigten verantwortlich. Er muss alle Gefährdungen durch Lärm und/oder Vibrationen erfassen. In speziellen Fällen können das auch solche sein, die in der LärmVibrationsArbSchV nicht besonders erwähnt werden. Die Bewertung wird, soweit das möglich ist, mit Hilfe der Auslöse- und Grenzwerte vorgenommen. Eine Zuordnung zu den Bereichen nach dem Ampelprinzip (s. Kap. 2.6.2 Expositionswerte; Pegel am Ohr unter Gehörschutz) ist zur Bestimmung der Rangfolge erforderlicher Maßnahmen nützlich.

Tätigkeiten unter besonderen Lärm- oder Vibrationsbelastungen, die nicht täglich durchgeführt, aber in bestimmten Zeitabständen wiederholt werden (z. B. Saisonarbeit, Instandhaltungsarbeiten), sind gesondert zu beurteilen, und dafür sind auf die jeweilige Tätigkeit abgestellte technische und/oder organisatorische Maßnahmen zu ergreifen.

§ 3 Gefährdungsbeurteilung

Bei gleichartigen Arbeitsbedingungen ist die Beurteilung nur eines repräsentativen Arbeitsplatzes ausreichend (§ 5 Abs. 2 ArbSchG)[77].

Die Beschäftigten dürfen die Tätigkeit erst aufnehmen, nachdem eine Gefährdungsbeurteilung vorgenommen wurde und die daraus resultierenden Maßnahmen veranlasst worden sind.

An vielen Arbeitsplätzen ist nicht von vornherein mit Lärm oder mit Vibrationen i. S. d. LärmVibrationsArbSchV zu rechnen. Zunächst sollte z. B. ein Betriebsarzt oder eine Fachkraft für Arbeitssicherheit subjektiv feststellen, ob an den Arbeitsplätzen Lärm und/oder Vibrationen gesundheitsschädliche oder die Sicherheit beeinträchtigende Größen erreichen können. Ist das der Fall, so ist die Gefährdungsbeurteilung von **fachkundigen Personen**[78] durchzuführen (s. Kap 2.5.1 Fachkundige Personen für die Gefährdungsbeurteilung). Zur Gefährdungsbeurteilung gehört im Rahmen einer aus anderen Gründen ggf. erforderlichen arbeitsmedizinischen Vorsorge auch die arbeitsmedizinische Beurteilung einer möglichen lärm- und vibrationsbedingten Beeinträchtigung der Gesundheit.

2.3.2 Expositionsermittlung (§ 3 Abs. 1 Satz 4)

Die am Arbeitsplatz auftretenden Expositionen sollen zunächst „ermittelt" werden. Dazu ist nicht unbedingt eine Messung erforderlich. Oft enthalten die Betriebsanleitungen und die Konformitätserklärungen der Hersteller sowie branchen- oder tätigkeitsbezogene Informationen zu typischen Schallimmissionspegeln, z. B. der Bundesanstalt für Arbeitsschutz und Arbeitsmedizin (BAuA), der gesetzlichen Unfallversicherungsträger oder des Länderausschusses für Arbeitsschutz und Sicherheitstechnik (LASI), ausreichende Hinweise, um die Einwirkung von Lärm und Vibrationen zu bewerten. Hilfestellung geben auch Kataloge mit Lärm- und Vibrationsdaten an repräsentativen Arbeitsplätzen.[79] Erkenntnisse aus der arbeitsmedizinischen Vorsorge sowie allgemein zugängliche Informationen, z.B. aus fachlichen Veröffentlichungen, sind hierzu zu berücksichtigen.

---

[77] Das gilt auch bei räumlich getrennten Arbeitsplätzen, wie sie häufig bei Vibrationsexposition anzutreffen sind.
[78] Fachkundige für die Durchführung von Gefährdungsbeurteilungen haben nicht automatisch auch die Fachkunde für Lärm- oder Vibrationsmessungen.
[79] http://www.las-bb.de/karla/ oder http://bb.osha.de/de/gfx/good_practice/fdb.php#5.

§ 3 Gefährdungsbeurteilung

Eine vereinfachte **Bestimmung der Lärmexposition** kann

- branchen- und tätigkeitsspezifische Informationen verwenden, die bei vergleichbarer Arbeitssituation in der jeweiligen Branche eine gute Annäherung an die durch direkte Messung ermittelten Lärmimmissionswerte gewährleisten,
- Erfahrungswerte von vergleichbaren Arbeitsplätzen verwenden und
- als Abschätzung des ungünstigsten Falles mit den höchsten ortsbezogenen Lärmeinwirkungen und ohne Berücksichtigung kürzerer, von einer Schicht abweichender Expositionszeiten anhand
  - der Kennzeichnung von Arbeitsmitteln,
  - schon vorhandener Kennzeichnungen von Arbeitsbereichen als Lärmbereich oder
  - der ortsbezogen ermittelten Lärmeinwirkung

durchgeführt werden.

Eine vereinfachte **Bestimmung der Vibrationsexposition** kann, wenn keine repräsentativen Vibrationsmesswerte vorliegen, anhand der

- Ergebnisse orientierender Verfahren (z. B. für den Arbeitsplatz repräsentative Messungen mit einfachen Dosimetermessungen für Ganzkörper-Vibrationen),
- Vibrationsimmissionswerte[80] für den eingesetzten Maschinentyp (gemessen an anderen Arbeitsplätzen) unter Beachtung der Vergleichbarkeit,
- vom Hersteller angegebenen Vibrationsemissionswerte, die jedoch in den seltensten Fällen mit dem Einsatz der Maschinen in der Praxis vergleichbar sind und deshalb nur mit Korrekturfaktoren angewendet werden sollten[81],

vorgenommen werden.

2.3.3 Messung (§ 3 Abs. 1 Satz 5)

Arbeitsplatz-/Tätigkeitsspezifische Ergebnisse von **Messungen** der Lärm- oder Vibrationsexposition (s. Kap. 2.4 § 4 Messungen, Kap. 2.18.2 Ermittlung, Messung und Bewertung der Exposition gegenüber HAV und Kap. 2.18.6 Ermittlung, Messung und Bewertung der Exposition gegenüber GKV) bilden

---

[80] Aktualisierte Angaben unter http://www.baua.de/TRLV
[81] Korrekturfaktoren (zwischen 0,8 und 2,0) für Maschinen (elektrisch angetrieben, druckluftbetrieben und mit Verbrennungsmotor) und verschiedene Arbeitsaufgaben enthält TRLV Vibrationen, Teil 1: Beurteilung der Gefährdung durch Vibrationen, Ausg. Januar 2010

die beste Grundlage für die Gefährdungsanalyse. Sie gestatten immer die Entscheidung, ob die Auslöse- oder Grenzwerte eingehalten wurden.

2.3.4 Festlegung der Schutzmaßnahmen (§ 3 Abs. 1 Satz 6)

Die nach Satz 6 festzulegenden **Schutzmaßnahmen** sind im Einzelnen in

- § 7 Maßnahmen zur Vermeidung und Verringerung der Lärmexposition
- § 8 Gehörschutz
- § 10 Maßnahmen zur Vermeidung und Verringerung der Exposition durch Vibrationen

aufgeführt und werden dort im Zusammenhang behandelt.

2.3.5 Inhalt der Gefährdungsbeurteilung (§ 3 Abs. 2)

§ 3 Abs. 2 enthält eine beispielhafte und nicht abschließende („insbesondere") Inhaltsangabe für die vorgeschriebene Gefährdungsbeurteilung beim Vorliegen einer Exposition gegenüber Lärm und/oder Vibrationen i. S. d. Definitionen in § 2 Abs. 1 und Abs. 5.

Zu den in Abs. 2 Nr. 1 a bis h genannten Beurteilungsvoraussetzungen, die im Hinblick auf eine **Lärmexposition** bei der Gefährdungsanalyse zu berücksichtigen sind, werden folgende Erläuterungen gegeben:

- Zur Art der Exposition durch Lärm ist anzuführen, ob es sich um gleichmäßigen oder schwankenden Lärm handelt und ob der Lärm impulshaltig ist.
- Das Ausmaß der Exposition durch Lärm wird in dB angegeben. Um die Werte mit den Auslöse- und Expositionswerten vergleichen zu können, sind Mittelwerte über eine Schicht bzw. eine Woche zu ermitteln.
- Zur Dauer der Exposition durch Lärm ist zu berücksichtigen, ob diese in einem oder in verschiedenen Arbeitsbereichen zu erwarten ist. Auf der Grundlage einer sorgfältigen Arbeitsanalyse sind die Dauer der Lärmbelastung pro Schicht[82] und die Anzahl der lärmbelasteten Schichten pro Jahr anzugeben.

---

[82] Die Dauer pro Schicht wird bereits berücksichtigt, wenn ein Schichtmittelwert bestimmt wurde.

§ 3 Gefährdungsbeurteilung

- Die Verfügbarkeit alternativer Arbeitsmittel und Ausrüstungen zur Verringerung der Lärmexposition wird in § 7 Abs. 2 behandelt.
- Hinsichtlich der Erkenntnisse aus der arbeitsmedizinischen Vorsorge ist es wichtig zu wissen, ob an dem betreffenden Arbeitsplatz bereits Lärmschwerhörigkeiten aufgetreten sind, die als Berufskrankheit angezeigt wurden. Daraus können z. B. Rückschlüsse auf die Wirksamkeit technischer Schallschutzmaßnahmen sowie der eingesetzten persönlichen Gehörschutzmittel gezogen werden. Zu beachten ist ferner, ob persönlicher Gehörschutz zur Verfügung gestellt und vorschriftsmäßig verwendet wird.
- Falls eine Exposition gegenüber Lärm über eine Achtstundenschicht hinaus vorliegt oder zu erwarten ist, wird der gleiche Schutz erreicht, wenn der äquivalente Dauerschallpegel $L_{eq} < 85$ dB(A) während der gesamten Expositionszeit bleibt und nach Schichtende eine Pause von 10 Stunden bis zur nächsten Lärmexposition gewährleistet ist.[83]
- Mehrere Arbeitgeber müssen sich bezüglich der Dauer und Höhe der Lärmexposition ihrer Beschäftigten abstimmen.[84]
- Eine Lärmexposition von Beschäftigten während der Freizeit fällt nicht in die Verantwortung des Arbeitgebers.
- Zu den **besonders gefährdeten Personengruppen** bei einer Lärmexposition gehören
  - alle Beschäftigten, die bei Lärm mit hoher Impulshaltigkeit arbeiten, auch wenn der äquivalente Dauerschallpegel unter 85 dB(A) bleibt,[85]
  - alle Beschäftigten, die an Arbeitsplätzen mit Ausnahmegenehmigung nach § 15 LärmVibrationsArbSchV tätig sind,
  - Jugendliche und Schwangere (s. Kap. 1.2 Ergänzende Vorsschriften),
  - Beschäftigte mit Vorschädigungen, insbesondere solche mit Gehörschäden, und Beschäftigte mit einer speziellen individuellen Disposition, was sich aus einer arbeitsmedizinischen Untersuchung ergeben kann,
  - Auszubildende, Berufsanfänger, Praktikanten und Leiharbeitnehmer.[86]

---

[83] Auslegung analog zur bisherigen BG-Vorschrift BGV B3 Lärm, DA zu Anl. 1.
[84] § 8 ArbSchG
[85] Bisherige BG-Vorschrift BGV B3 Lärm, DA zu § 8.
[86] Die genannten, vielfach noch unerfahrenen Personen kennen sich oft nicht mit den sie gefährdenden Wirkungen des Lärms aus und verwenden z. B. den Gehörschutz nicht oder nicht vorschriftsgemäß.

§ 3 Gefährdungsbeurteilung

Zu den in Abs. 2 a bis g genannten Beurteilungsvoraussetzungen, die im Hinblick auf eine **Exposition gegenüber Vibrationen** bei der Gefährdungsanalyse zu berücksichtigen sind, werden folgende Erläuterungen gegeben:

- Hinsichtlich der Art der Exposition gegenüber Vibrationen ist anzugeben, ob Ganzkörper- oder Hand-Arm-Schwingungen vorliegen und unter welchen Bedingungen gearbeitet wird. (Niedrige Temperaturen können z. B. Tätigkeiten mit Hand-Arm-Vibrationen ungünstig beeinflussen, ungünstige Arbeitshaltungen den Einfluss von Ganzkörper-Vibrationen verstärken.)
- Hinsichtlich des Ausmaßes der Exposition gegenüber Vibrationen, ausgedrückt in m/s^2, sind Mittelwerte über eine Schicht anzugeben, um die Werte mit den Auslöse- und Expositionswerten vergleichen zu können.
- Hinsichtlich der Exposition gegenüber Vibrationen pro Schicht ist deren Dauer[87] anzugeben sowie auch die Anzahl der Schichten mit Vibrationen pro Jahr.
- Die Verfügbarkeit alternativer Arbeitsmittel und -verfahren ist in § 7 Abs. 2 angegeben.
- Hinsichtlich der Erkenntnisse aus der **arbeitsmedizinischen Vorsorge** ist es wichtig zu wissen, ob an dem betreffenden Arbeitsplatz bereits vibrationsbedingte Berufskrankheiten oder für die Einwirkung von Vibrationen typische Beschwerden aufgetreten sind. Daraus können Rückschlüsse auf die Wirksamkeit technischer Schutzmaßnahmen gezogen werden.
- Zur Exposition über eine Achtstundenschicht hinaus siehe Kap. 2.18.9 Ausdehnung der Exposition.
- **Als besonders gefährdete Personengruppen** sind anzusehen
  - alle Beschäftigten, die an Arbeitsplätzen mit Ausnahmegenehmigung nach § 15 LärmVibrationsArbSchV arbeiten;
  - Jugendliche und Schwangere (s. Kap. 1.2 Ergänzende Vorschriften);
  - Beschäftigte mit Vorschädigungen (§ 7 ArbSchG), darunter insbesondere die auch für Vibrationseinwirkungen typischen Beschwerden (s. Kap. 1.4.2 Wirkungen von Vibrationen auf den Menschen), die durch Vibrationen ungünstig beeinflusst werden könnten, und Beschäftigte

---

[87] Die Dauer pro Schicht wird durch den Schichtmittelwert bereits berücksichtigt.

mit einer speziellen individuellen Disposition, was sich aus einer arbeitsmedizinischen Untersuchung ergeben kann;
- Auszubildende, Berufsanfänger, Praktikanten und Leiharbeitnehmer, da die Beanspruchung durch Vibrationen[88] auch von den Kenntnissen, Fähigkeiten und Fertigkeiten der Beschäftigten abhängt.
- Die Herstellerangaben zu Vibrationsemissionen von Arbeitsmitteln ergeben sich aus der Kennzeichnung der Maschinen und Geräte nach der Maschinenverordnung (s. Kap. 1.2.4 Maschinenverordnung (9. GPSGV)).

2.3.6 Wechsel- oder Kombinationswirkungen durch Lärm und Vibrationen (§ 3 Abs. 3 Satz 1 und 2)

Zunächst sind die festgestellten Lärm- und Vibrationsexpositionswerte getrennt mit den Auslösewerten nach § 6 bzw. den Expositionsgrenzwerten nach § 9 zu vergleichen. Daraus ergibt sich, ob die Werte für Lärm und Vibrationen eingehalten oder überschritten werden. Danach sind mögliche **Kombinationswirkungen** zu berücksichtigen.

Maschinen und Geräte, die gesundheitsschädliche Vibrationen im Sinne der LärmVibrationsArbSchV auf den Menschen übertragen können, strahlen oft auch Lärm ab.[89] Untersucht wurden[90]

- für die Kombination von Lärm und Ganzkörper-Schwingungen Hörschwellenverschiebungen und deren Auswirkungen auf die subjektive Leistungsfähigkeit und die geistig psychomotorischen Leistungen sowie
- für die Kombination mit Hand-Arm-Schwingungen Hörschwellenverschiebungen und deren Auswirkungen auf die Fehlerquote bei Spurverfolgung und die Hauttemperatur als Maß für die Durchblutung der Hand.

Kombinierte Wirkungen von Lärm und Vibrationen sind wissenschaftlich nicht gesichert und bei Einhaltung der Auslösewerte für Vibrationen wenig wahrscheinlich, im psychischen Bereich aber nicht auszuschließen.

---

[88] Geräte vibrationsarm und mit geringen Andruckkräften zu betreiben, muss erlernt werden.
[89] Lärm ist allerdings aus energetischen Gründen nicht in der Lage, gesundheitsschädliche Vibrationen zu verursachen.
[90] Turna I.: Belastungssuperposition – eine Literaturanalyse zur Überlagerung der Belastungsarten Lärm und mechanische Schwingungen, Diplomarbeit, TU Berlin, Institut für Arbeitswissenschaft, 1991.

§ 3 Gefährdungsbeurteilung

Es empfiehlt sich, den ermächtigten Arzt auf kombinierte Belastungen von Lärm und Schwingungen hinzuweisen und im Sinne einer Frühdiagnose bei den arbeitsmedizinischen Vorsorgeuntersuchungen auf eventuell beginnende Veränderungen des Hörvermögens zu achten.

Bei Belastung durch Lärm und Vibrationen werden, wenn die unteren Auslösewerte erreicht werden, folgende präventive Schutzmaßnahmen empfohlen:

- Alternative Arbeitsverfahren zur Verringerung der Lärmexposition,
- Verringerung der Vibrationsexposition,
- Lärmminderung und persönlicher Gehörschutz,
- allgemeine arbeitsmedizinische Beratung,
- Arbeitsmedizinische Vorsorge.

2.3.7 Ototoxische Substanzen als Verstärkung der Lärmbelastung (§ 3 Abs. 3 Satz 3)

Die wissenschaftlichen Diskussionen haben auf internationaler Ebene dazu geführt, dass das Problem „Ototoxizität" Eingang in die EU-Gesetzgebung gefunden hat. Als ototoxisch werden Stoffe bezeichnet, die das Innenohr angreifen und seine Funktion zeitweilig oder dauernd schädigen (z. B. Hörschwellenverschiebung, Tinnitus). Es gibt Hinweise, dass **ototoxische Substanzen** die gehörschädigende Wirkung von Lärm verstärken können, insbesondere bei einer bereits vorhandenen Schädigung des Ohres oder der Nieren (verlangsamte Ausscheidung der ototoxischen Substanzen)[91].

Als ototoxisch gelten

- eine Reihe von Medikamenten (z.B. Gentamycin und andere Antibiotica, Zytostatica, Aspirin, Diuretika, Chinin, Sylicylate, Protonenpumpeninhibitoren, GHB (Gammahydroxybutyrat[92, 93])

---

[91] Siehe hierzu Näheres auch bei Hecker C., Christ E. u. a.: Lärm- und Vibrations-Arbeitsschutzverordnung, Praxiskommentar, Berlin 2008, S. 78, 79.
[92] Brandt T.: Vertigo: its multisensory syndromes, London, 1999.
[93] Hohe Dosen von Aspirin (Acetylsalicylsäure) können eine vorübergehende Hörschwellenverschiebung verursachen, und zwar mit dem Symptom eines Klingelns in den Ohren. Diese Effekte verschwinden, wenn man das Medikament Aspirin absetzt; Quelle: Listen while you work; SHAPE Safety & Health in Arts Production and Entertainment, 2001.

§ 3 Gefährdungsbeurteilung

- organische Lösemittel (z.b. Styrol,[94] Toluol,[95] Gemische von Lösemitteln, ...),
- Kohlenmonoxid, Schwefelkohlenstoff, Schwermetalle[96] (z. B. Blei, Quecksilber, Arsen), Blausäure und ihre Salze (Cyanide), n-Hexan1, Kohlenstoffdisulfid[97] aber auch
- Alkohol, Drogen und Tabak.

Untersucht wurden Arbeitsplätze in Branchen, in denen Lärm und ototoxische Stoffe gemeinsam auftreten, insbesondere bei der Herstellung von faserverstärktem Kunststoff in Kunststofffabriken und Yachtwerften.

Spezielle **Grenzwerte** für die ototoxische Wirkung und eine Dosis-Wirkungsbeziehung sind z. Z. nicht bekannt. Bei Einhaltung der derzeit gültigen Grenzwerte nach der Gefahrstoffverordnung für ototoxische Gefahrstoffe ist ein wesentlicher Hörverlust wenig wahrscheinlich.[98]

Die Forderung, dass der Arbeitgeber bei der **Risikobewertung** alle Auswirkungen auf die Gesundheit und Sicherheit der Beschäftigten durch Wechselwirkungen zwischen Lärm und betriebsbedingt eingesetzten ototoxischen Substanzen zu beachten hat, wird durch den Zusatz eingeschränkt „soweit dies technisch durchführbar ist". Es wird empfohlen, den ermächtigten Arzt auf kombinierte Belastungen von Lärm und bei der Arbeit auftretenden oder verwendeten ototoxischen Substanzen hinzuweisen und im Sinne einer Frühdiagnose bei den arbeitsmedizinischen Vorsorgeuntersuchungen auf eventuell beginnende Gehörschädigungen zu achten.

Bei Belastung durch Lärm und ototoxische Substanzen werden, wenn die unteren Auslösewerte erreicht werden, folgende präventive Schutzmaßnahmen empfohlen:

---

[94] Sass-Kortsak A. M. u. a.: An investigation of the association between exposure to styrene and hearing loss, Ann. Epidemiol. 1995, 5, S. 15–24; Morata T. C. u. a.: Ototoxic effects of styrene alone or in concert with other agents, Noise Health 2002, 4, S. 15–24.
[95] Sliwinska-Kowalska M. u. a.: Hearing loss among workers exposed to moderate concentrations of solvents, Journal of occupational and environmental medicine, Band 45, 2003, Heft 1, S. 15–24.
[96] Mehnert P. u. a.: Industrielle Lärmbelastung und ototoxisch wirkende Substanzen, Gesundh-Wes 54, Nr. 9, 1992, S. XVII.
[97] Verändert nach: Morata und Little, NIOSH, NoiseChem, EC Noise Guide, BK-Handbuch, 2002.
[98] Positionspapier der Arbeitskreise „Lärm" und „Gefahrstoffe" des Ausschusses Arbeitsmedizin beim HVBG zu ototoxischen Arbeitsstoffen, Sankt Augustin, 17.7.2006.

§ 3 Gefährdungsbeurteilung

- Substitution arbeitsbedingter ototoxischer Substanzen,
- Verringerung der Exposition gegenüber arbeitsbedingten ototoxischen Substanzen,
- Lärmminderung und persönlicher Gehörschutz,
- allgemeine arbeitsmedizinische Beratung,
- Arbeitsmedizinische Vorsorge.

2.3.8 Kombinationswirkungen bei Ganzkörper-Vibrationen mit Lastenhandhabung

Die Wirkung von Ganzkörper-Schwingungen kann bei bestimmten Tätigkeiten oder Umgebungseinflüssen verstärkt werden.

Das gilt für das

- **Heben und Tragen** schwerer Lasten oder
- bei der Arbeit in vorgebeugter oder verdrehter **Körperhaltung**

Hier kann die Entwicklung von Wirbelsäulenschäden bei Ganzkörper-Vibrationen begünstigt werden.

Daher sind die gesundheitliche Belastung bei solchen Tätigkeiten und die Einwirkung von Ganzkörper-Schwingungen (Anl. 1, Liste der Berufskrankheiten Nr. 2110 BKV) zusammen zu bewerten.[99]

2.3.9 Kombinationswirkungen von Hand-Arm-Vibrationen mit Kälte

Kälte kann Durchblutungsstörungen bei der Einwirkung von Hand-Arm-Vibrationen verstärken (s. Kap. 2.10.2.9 Schutz vor Kälte und Nässe bei Exposition durch HAV). Kalte Handgriffe sind zu vermeiden, Abluft pneumatischer Geräte darf nicht über die Hände geleitet werden.

---

[99] Schäfer K., Hartung E.: Mainz-Dortmunder Dosismodell (MDD) zur Beurteilung der Belastung der Lendenwirbelsäule durch Heben oder Tragen schwerer Lasten oder durch Tätigkeiten in extremer Rumpfbeugehaltung bei Verdacht auf Berufskrankheit Nr. 2108, Teil 3: Vorschlag zur Beurteilung der arbeitstechnischen Voraussetzungen im Berufskrankheiten-Feststellungsverfahren bei kombinierter Belastung mit Ganzkörper-Schwingungen, Z. Arbeitsmed. Sozialmed. Umweltmed. 34 (1999), S. 143–147.

§ 3 Gefährdungsbeurteilung

2.3.10 Mittelbare Wirkungen von Lärm und Vibrationen (§ 3 Abs. 3 Satz 4)

Mittelbare Gefährdungen durch Lärm

Beschäftigte sind unter dem Einfluss von Lärmeinwirkungen einer erhöhten **Gefährdung ihrer Sicherheit** und damit einer erhöhten Unfallgefährdung ausgesetzt, wobei einzelne oder mehrere Einflüsse eine Rolle spielen können.[100, 101] Zu nennen sind

- Behinderung der sprachlichen Kommunikation (Warnrufe werden nicht gehört),
- Verdecken (Maskierung) von Warnsignalen (Alarmglocke, Sirene) oder von alarmierenden Maschinengeräuschen (eine Gefährdung ankündigenden Geräuschen), akustischen Befehlen, Warnrufen,
- Störung der Konzentration, Verminderung der Aufmerksamkeit, Erhöhung der Unachtsamkeit mit der Folge erhöhter Fehlerquoten,
- verändertes Klangbild bei der Verwendung persönlicher Gehörschutzmittel.

Bei **Lärm** können **akustische Warnsignale** nur schnell und richtig erkannt werden, wenn sie mindestens 10 dB über dem allgemeinen Lärmpegel liegen. Sie sind dann i. d. R. auch unter Gehörschutz (eventuell im Klang etwas verändert) zu erkennen.[102] Wiederholte, nicht erwartete Impulsschalleffekte vermindern die Wachsamkeit gegenüber Warnsignalen und können dadurch die Arbeitssicherheit beeinträchtigen.

2.3.11 Tätigkeiten mit hohen Konzentrationsanforderungen (§ 3 Abs. 3 Satz 5)

§ 3 Abs. 3 Satz 5 verlangt bei Tätigkeiten, die eine **hohe Konzentration und Aufmerksamkeit** erfordern, auch „störende und negative" Einflüsse infolge einer Exposition durch Lärm im Rahmen der Gefährdungsbeurteilung zu

---

[100] BIA-Report 5/97: Lärmarbeitsplätze in und auf Fahrzeugen im öffentlichen Straßenverkehr: Der Einfluss von Gehörschützern auf die Hörbarkeit von Verkehrssignalen.
[101] Schwarze S.: Langjährige Lärmbelästigung und Gesundheit, BAU Fb 136, S. 86.
[102] Siehe auch § 12 der bisherigen BG-Vorschrift BGV B3 Lärm,
DIN 33404-3 Gefahrensignale für Arbeitsstätten; Akustische Gefahrensignale, Ausg. 1982-05 und
DIN EN 981 Sicherheit von Maschinen – System akustischer und optischer Gefahrensignale und Informationssignale, Ausg. 1997-01.

§ 3 Gefährdungsbeurteilung

berücksichtigen und nach § 3 Abs. 4 zu dokumentieren, ob bzw. welche Maßnahmen im Einzelfall notwendig sind. In VDI 2058 Bl. 3 [103] wird unter Nr. 5.1 für überwiegend geistige Tätigkeiten ein Beurteilungspegel von 55 dB(A) angegeben.[104] Überwiegend geistige Tätigkeiten sind danach durch „hohe Komplexität mit entsprechenden Schwierigkeiten, schöpferisches Denken, Entscheidungsfindung, Problemlösungen, einwandfreie Sprachverständlichkeit" gekennzeichnet. In Fußnote 7 zur VDI 2058 Bl. 3 wird hierzu ergänzend ausgeführt, dass für Tätigkeiten mit besonders hohen geistigen Anforderungen oder mit direkter Sprachkommunikation über mehrere Meter ein Beurteilungspegel von 55 dB(A) zu hoch sein kann.[105] DIN EN ISO 11690-1[106] empfiehlt für Tätigkeiten, die besondere Konzentration verlangen, einen Schalldruckpegel von weniger als 45 dB(A). Eine vergleichbare Zielsetzung ergibt sich aus den Arbeitswissenschaftlichen Erkenntnissen Nr. 124 Bildschirmarbeit – Lärmminderung in Mehrpersonenbüros Ausg. 2003 der BAuA, in denen für Bildschirmarbeitsplätze im Bürobereich ein Beurteilungspegel am jeweiligen Arbeitsplatz von über 40-45 dB(A) als gut, von über 30-40 dB(A) als sehr gut und von bis zu 30 dB(A) als optimal bezeichnet wird.[107] Es sei hier aber auch angemerkt, dass das eigene Atemgeräusch bereits bei 30 dB(A) liegt[108]. I.Ü. ist darauf hinzuweisen, dass Beurteilungspegel von weniger als 80 dB(A) in den Geltungsbereich der ArbStättV (dort Anh. Nr. 3.7) fallen (s. Kap. 2.2.1 Begriff Lärm).

2.3.12 Mittelbare Wirkungen von Vibrationen

Zu den **mittelbaren Wirkungen von Ganzkörper-Vibrationen** (s. auch Kap. 1.4.3 unter „Mittelbare Wirkungen durch Ganzkörper-Vibrationen") ist die Einschränkung der visuellen Wahrnehmung zu rechnen, insbesondere bei Schwingungen im Resonanzbereich des Auges. Dabei nehmen vor allem

---

[103] VDI 2058 Bl. 3 Beurteilung von Lärm am Arbeitsplatz unter Berücksichtigung unterschiedlicher Tätigkeiten, Ausg. 1999–02
[104] Siehe hierzu auch Opfermann R., Streit W. u.a.: Arbeitsstätten, Heidelberg 2010, OZ 3100 Anh. Nr. 3.7 RdNr. 55-59.
[105] Siehe DA zu § 1 der bisherigen BG-Vorschrift BGV B3 Lärm.
[106] DIN EN ISO 11690-1 Akustik – Richtlinien für die Gestaltung lärmarmer maschinenbestückter Arbeitsstätten T. 1 Allgemeine Grundlagen, Ausg. 1997-02
[107] Siehe Arbeitswissenschaftliche Erkenntnisse Nr. 124 der BAuA: Bildschirmarbeit – Lärmminderung in Mehrpersonenbüros, Tab. 1, Ausg. 2003.
[108] Fremerey F.: Phonkost, Sinn und Unsinn von Normen bei der Lärmbeurteilung; www.heise.de (2008)

§ 3 Gefährdungsbeurteilung

Sehschärfe und optische Auffassungszeit ab, was sich beispielsweise beim Ablesen von Anzeigeinstrumenten ungünstig auswirken kann.

Ebenso sind bei Gebäudeschwingungen, angeregt z. B. durch Pressen oder Stanzen, eine erhöhte Fehlerhäufigkeit bei feinmotorischen Tätigkeiten und eine Verminderung der Aufmerksamkeit beobachtet worden. Die Stabilität der Strukturen oder die Festigkeit von Verbindungen (z. B. von Gebäuden, Maschinen oder Anlagen) können beeinträchtigt werden. Monitordarstellungen können unscharf erscheinen.

Allgemeingültige **Grenzwerte** für mittelbare Wirkungen von Schwingungen sind nicht bekannt. Für die maximale Exposition durch **Ganzkörper-Vibrationen** bei speziellen, z. B. feinmotorischen oder geistig anspruchsvollen Tätigkeiten, sollten bei der Gefährdungsbeurteilung nach § 3 Abs. 3 Satz 5 die folgenden Richtwerte herangezogen werden.[109]

Tab. 3 Richtwerte der freuenzbewerteten GK-Schwingbeschleunigung

Richtwerte der frequenzbewerteten GK-Schwingbeschleunigung in m/s² für x-, y- und z-Richtung			
Einwirkungsort	a_{we} für die jeweilige Einwirkungsdauer	A(8) für 8 Stunden	max{$a_{wF(t)}$} Maximalwert des gleitenden Effektivwerts
Erholungsräume, Ruheräume, Sanitätsräume (evtl. auch Aufenthaltsräume)	0,01		0,03
Arbeitsplätze mit hohen Anforderungen an die Feinmotorik (z. B. Forschungslabor)	0,015		0,015
Arbeitsplätze mit überwiegend geistiger Tätigkeit (z. B. Schaltwarten, Büroräume)		0,015	0,045

---

[109] TRLV Vibrationen Teil 1: Beurteilung der Gefährdung durch Vibrationen, Ausg. Januar 2010, Nr. 6.6 Tab. 1

§ 3 Gefährdungsbeurteilung

		0,04	0,12
Arbeitsbereiche mit erhöhter Aufmerksamkeit (z. B. Werkstätten)			
Arbeitsbereiche mit einfachen und überwiegend mechanischen Tätigkeiten (z. B. Steuer- und Überwachungstätigkeiten)		0,08	
Sonstige Arbeitsbereiche		0,15	

Der DDR-Standard TGL 32 628/01, Ausg. Mai 1983, Arbeitshygiene; Einwirkungen mechanischer Schwingungen auf den Menschen; Grenzwerte für Ganzkörper-Schwingungen am Arbeitsplatz enthielt folgende Werte:

Tab. 4   Grenzwerte für Ganzkörper-Schwingungen (DDR-Standard TGL 32 628/01)

Art der Arbeit Einwirkungsorte	Grenzwerte der Ganzkörper-Schwingbeschleunigung, frequenzbewertet in Z-Richtung für 8 Stunden a (m/s^2)
Kategorie 2: Schwingungsbedingte Aufmerksamkeits- und Leistungsminderung ausgeschlossen (z. B. Führen von Kraftfahrzeugen, Bedienen von Maschinen mit komplizierter Bedientechnik wie Krane)	0,19
Kategorie 3: Schwingungsbedingte Belästigungen ausgeschlossen (z. B. Schaltwarten, Kontrollräume, Büroräume)	0,06
Kategorie 4: Beeinträchtigung der Feinmotorik ausgeschlossen (z. B. Forschungslaboratorien, Konstruktionsbüros)	0,035

Hand-Arm-Vibrationen können mittelbar einen negativen Einfluss auf die Konzentration bei der Lösung schwieriger Aufgaben haben, feinmotorische Tätigkeiten behindern und das Ablesen von Instrumenten sowie mikroskopische Arbeiten stören (s. auch Kap. 1.4.3 unter „Mittelbare Wirkungen durch Hand- Arm-Vibrationen").

2.3.13 Dokumentation der Gefährdungsbeurteilung (§ 3 Abs. 4)

Im Hinblick auf die Dokumentation der Gefährdungsanalyse konkretisiert und erweitert § 3 Abs. 4 die Vorschriften des § 6 ArbSchG und fordert die **Dokumentation** der Gefährdungsbeurteilung unabhängig von der Anzahl der Beschäftigten durchzuführen, während § 6 Abs. 1 ArbSchG lediglich die Dokumentation bei mehr als zehn Beschäftigten verlangt, aber in einer Öffnungsklausel Abweichungen dazu in anderen Rechtsvorschriften zulässt.

Kann die Gefährdungsbeurteilung die tatsächlichen Verhältnisse nicht mehr widerspiegeln, weil Maschinen durch neue ersetzt wurden, neue Arbeitsverfahren eingeführt wurden, die Arbeitsorganisation oder der Stand der Technik geändert wurde oder es neue Ergebnisse der arbeitsmedizinischen Vorsorge gibt, ist die Gefährdungsbeurteilung zu aktualisieren.

Die Dokumentation für Lärm oder Vibrationen muss mindestens enthalten

- die Ergebnisse der Ermittlungen und gegebenenfalls der Messungen,
- eine Zusammenstellung der Arbeitsplätze, die wegen der gleichartigen Arbeitsbedingungen[110] zu Gruppen zusammengefasst wurden unter Angabe der Gründe
- die Ergebnisse der eingeleiteten Maßnahmen mit dem Ziel der Unterschreitung der maximal zulässigen Expositionswerte.

---

[110] Die Beurteilung eines Arbeitsplatzes oder einer Tätigkeit reicht auch bei räumlich getrennten Arbeitsplätzen mit gleichartigen Arbeitsbedingungen aus.

2.4 § 4 Messungen

> **§ 4**
> **Messungen**
> (1) ¹Der Arbeitgeber hat sicherzustellen, dass Messungen nach dem Stand der Technik durchgeführt werden. ²Dazu müssen
> 1. Messverfahren und -geräte den vorhandenen Arbeitsplatz- und Expositionsbedingungen angepasst sein; dies betrifft insbesondere die Eigenschaften des zu messenden Lärms oder der zu messenden Vibrationen, die Dauer der Einwirkung und die Umgebungsbedingungen und
> 2. die Messverfahren und -geräte geeignet sein, die jeweiligen physikalischen Größen zu bestimmen, und die Entscheidung erlauben, ob die in den §§ 6 und 9 festgesetzten Auslöse- und Expositionsgrenzwerte eingehalten werden.
>
> ³Die durchzuführenden Messungen können auch eine Stichprobenerhebung umfassen, die für die persönliche Exposition eines Beschäftigten repräsentativ ist. ⁴Der Arbeitgeber hat die Dokumentation über die ermittelten Messergebnisse mindestens 30 Jahre in einer Form aufzubewahren, die eine spätere Einsichtnahme ermöglicht.
>
> (2) Messungen zur Ermittlung der Exposition durch Vibrationen sind zusätzlich zu den Anforderungen nach Absatz 1 entsprechend den Nummern 1.2 und 2.2 des Anhangs durchzuführen.

2.4.1 Messverfahren und -geräte für Lärm und Vibrationen (§ 4 Abs. 1 Sätze 1 und 2)

§ 4 regelt die Messung von **Lärm und Vibrationen**. Zur messtechnischen Ermittlung der Exposition gegenüber **Vibrationen** enthält der Anhang zur LärmVibrationsArbSchV die erforderlichen ergänzenden Hinweise (s. Kap. 2.18 Anhang Vibrationen).

Art der Lärmmessverfahren

Voraussetzung für eine erfolgreiche Bestimmung der Lärmexposition für einen repräsentativen Arbeitstag ist die Erfassung der typischen Arbeitsabläufe.

Lärmexpositionspegel können **ortsbezogen** oder **personenbezogen** gemessen werden.

§ 4 Messungen

Der **ortsbezogene Lärmexpositionspegel** beschreibt die Lärmeinwirkung auf einen Ort (Arbeitsplatz), unabhängig davon, ob und wie lange sich Beschäftigte dort aufhalten.

Personenbezogene Lärmexpositionspegel beschreiben die Lärmeinwirkung auf einen Beschäftigten, auch wenn er sich während der Arbeitsschicht in verschiedenen Bereichen innerhalb und außerhalb der Arbeitsstätte aufhält.

Lärmexpositionspegel werden in der Regel als Tages-Lärmexpositionspegel (bezogen auf 8 Stunden) ermittelt; Wochen-Expositionspegel (s. Kap. 2.2.3 Wochen-Lärmexpositionspegel und Kap. 2.15.2 Ausnahmsweise Anwendung des Wochen-Lärmexpositionspegels) sind in Ausnahmefällen gem. § 15 Abs. 2 LärmVibrationsArbSchV zugelassen.

Der **personenbezogene Lärmexpositionspegel** kann mit einem mitgeführten Mikrofon (mindestens 10 cm Abstand zum Ohr und 4 cm über der Schulter) erfasst und mit einem am Körper getragenen Personenschallexposimeter aufgezeichnet werden. Er lässt sich aber auch aus den an verschiedenen Einsatzorten ortsfest gemessenen Lärmpegeln berechnen.

Der **ortsbezogene Lärmexpositionspegel** wird mit einem Mikrofon an der üblichen Position des Kopfes während der Tätigkeit in Höhe der Augen gemessen (Richtwerte: 1,55 m über dem Boden für stehende Personen und 0,8 m über der Sitzfläche für sitzende Personen).

DIN EN ISO 9612[111] beschreibt die Verfahren zur Ermittlung von Lärm.

Die Funktionsfähigkeit der Messgeräte ist vor und nach einer Messreihe durch eine Kalibrierung, deren Ergebnisse höchstens 0,5 dB Unterschied aufweisen dürfen, zu kontrollieren.

Messgeräte

Zur Messung werden Schallpegelmesser nach DIN EN 61672-1 sowie DIN EN 61672-2[112] mit der Zeitbewertung „Spitze" („peak") und den Frequenzbewertungen „A" bzw. „C" benötigt.

---

[111] DIN EN ISO 9612 Akustik - Bestimmung der Lärmexposition am Arbeitsplatz - Verfahren der Genauigkeitsklasse 2 (Ingenieurverfahren), Ausg. 2009-09
[112] DIN EN 61672-1 Elektroakustik – Schallpegelmesser, T. 1 Anforderungen, Ausg. 2003-10

§ 4 Messungen

Wenn, wie an den meisten Arbeitsplätzen, Spitzenschalldruckpegel in der Größenordnung von 137 dB nicht zu erwarten sind, reichen Schallpegelmesser mit der Frequenzbewertung A und den Zeitbewertungen S (slow) und F (fast) aus. Die ISO-Norm 1999[113] empfiehlt unter Nr. 4.4.4.2 und 4.4.5.2 für sich langsam verändernde Geräusche die Zeitbewertung S und für Stichprobenmessungen bei zeitlich veränderlichen Geräuschen die Zeitbewertung F. Auf Grund der messtechnischen Entwicklung ist davon auszugehen, dass bei integrierender Messung die Impulshaltigkeit eines Geräusches bereits berücksichtigt wird.[114] Die bisher übliche Zeitbewertung I (Impuls) ist in den EG-Richtlinien Lärm und Vibrationen (s. Kap. 1.1.1 Ziel der Verordnung) nicht vorgesehen. Die in DIN 45645-2 Ermittlung von Beurteilungspegeln aus Messungen, T. 2 Geräuschimmissionen am Arbeitsplatz, Ausg. 1997-07 und in der bisherigen UVV BGV B3 enthaltene Berücksichtigung der Impulshaltigkeit kann entfallen.

Für personenbezogene Messungen werden **Personen-Lärmexposimeter** nach DIN EN 61 252 eingesetzt.

Die Genauigkeit der Messgeräte muss den Klassen 1 oder 2 nach DIN EN 61 672 entsprechen.[115] Personen-Lärmexposimeter entsprechen etwa der Genauigkeitsklasse 2[116].

Messgeräte müssen in regelmäßigen Abständen von einem Fachlabor daraufhin überprüft werden, ob sie die Normen DIN EN 61672-1 und 61672-2 noch einhalten.

Messunsicherheit, Ungenauigkeit von Lärmmessungen

Die Messergebnisse müssen die Entscheidung erlauben, ob Auslöse- oder Grenzwerte eingehalten oder überschritten sind. Dazu muss ihre Genauigkeit bekannt sein.

---

[113] ISO 1999: Akustik; Bestimmung der berufsbedingten Lärmexposition und Einschätzung der lärmbedingten Hörschädigung, Ausg. 1990-01
[114] Nationale Umsetzung der EG-Richtlinie Lärm (2003/10/EG) – Positionspapier, Fachausschuss Maschinenbau, Fertigungssysteme, Stahlbau der berufsgenossenschaftlichen Zentrale für Sicherheit und Gesundheit, Mainz, 6.11.2003.
[115] Vgl. dazu das Beispiel zur Bestimmung des Gesamtfehlers einer Lärmmessung nach DIN 45645-2 (S. 81).
[116] TRLV Lärm, Teil 2: Messung von Lärm, Ausg. Januar 2010

§ 4 Messungen

Es sind insbesondere zu berücksichtigen

- die **Merkmale des zu messenden Schalls**
  (Schallfelder sind nur in wenigen Fällen zeitlich (während einer Schicht oder bei aufeinanderfolgenden Schichten) und räumlich konstant; es handelt sich also um die Messung zufälliger (stochastischer) Vorgänge),
- die **Dauer der Einwirkung**
  (Dauer von Teiltätigkeiten, von acht Stunden abweichende Schichtdauer),
- die **Umgebungsbedingungen**
  (Einflüsse des Schallfeldes auf das Messergebnis, Art der Messung (raum- oder personenbezogen) und der Umgebungseinflüsse auf das Messgerät[117]) und
- die **Merkmale der Messgeräte**
  (z. B. mögliche Gerätefehler, wartungstechnischer Zustand des Messgerätes und die am Messgerät vorhandenen Frequenz- und Zeitbewertungen).

Ziel der Messung ist üblicherweise die Bestimmung des Tages-Lärmexpositionspegels. Die Messdauer wird nur selten 8 Stunden umfassen. Dadurch entstehen Unsicherheiten. Die nachstehende Tabelle[118] enthält Anhaltswerte zur Größe des zufälligen Messfehlers $\Delta L_{eq,\,zuf}$ für eine Schicht bei verkürzter Messdauer.

Tab. 5 Anhaltswerte zur Größe des zufälligen Messfehlers

Messzeit (Minuten)	zufälliger Fehler $\Delta L_{eq,\,zuf}$ dB
30	5
45	4
60	3
75	2
90	1,5
120	1
480	0

---

[117] Schallfelder in Räumen werden wesentlich durch die Reflexionen an den Wänden beeinflusst. Es können in der Nähe von Wänden und in Ecken örtlich 3 bis 6 dB höhere Schallpegel auftreten (s. Safe and Sound, Ratgeber zur Gehörerhaltung in der Musik- und Entertainmentbranche, Hrsg. BAuA, Dortmund, 2008, S. 54)

[118] Arbeitshygienische Komplexanalyse, Spezielle Analysen, Berlin 1981, S. 30.

§ 4 Messungen

Messwerte sind immer mit gewissen Unsicherheiten behaftet. Um zu entscheiden, ob ein Grenzwert überschritten ist, wird zum Messergebnis L eine Fehlerangabe ΔL ermittelt[119]. Für die Überschreitung bzw. Einhaltung eines Grenzwertes gilt:

- Überschreitung liegt vor, wenn (L − ΔL) > Expositionsgrenzwert,
- Einhaltung liegt vor, wenn (L + ΔL) < Expositionsgrenzwert,
- Im Bereich (L − ΔL) ≤ Expositionsgrenzwert ≤ (L + ΔL) ist für eine endgültige Entscheidung der Fehlerbereich durch weitere Messungen zu verringern. Das Ergebnis wird zunächst als Überschreitung gewertet.

Diese Vorgehensweise ist vor allem dann unerlässlich, wenn die Messergebnisse in unmittelbarer Nähe des Grenzwertes liegen.

Abb. 11 Einhaltung und Überschreitung des Grenzwertes

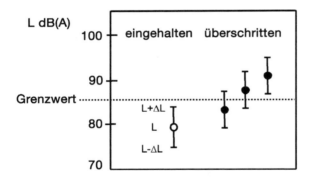

Die Standardunsicherheit des Messergebnisses u[120] setzt sich aus folgenden Anteilen zusammen:

Zufällige Fehler

u_{1a} ~ Unsicherheit der Messung der längerfristigen typischen Lärmexposition,

---

[119] Als garantierter Schallleistungspegel, der nach der Geräte- und Maschinenlärmschutz-Verordnung (32. BImSchV) vom 29.8.2002 (BGBl. I S. 3478), zul. geänd. durch Art. 5 der VO vom 6.3.2007 (BGBl. I S. 261) außen auf dem Maschinengehäuse anzugeben ist, wird die Summe aus dem gemessenen Schallleistungspegel und der entsprechenden Messunsicherheit bezeichnet.
[120] Kombinierte Standardunsicherheit u nach DIN EN ISO 9612

u_{1b} ~ Unsicherheit der Dauer der Exposition,

Systematische Fehler

u_2 ~ Unsicherheit des Messgerätes und seiner Kalibrierung,

u_3 ~ Unsicherheit der Mikrophonposition.

Die **Standardunsicherheit** des Messgerätes u_2 für die Bestimmung des äquivalenten Dauerschallpegels in Abhängigkeit von der Genauigkeitsklasse der Geräte (Angabe des Herstellers) beträgt nach DIN EN ISO 9612[121] für

- Schallpegelmesser der Klasse 1 (DIN EN 61672-1[122]) $u_2 = 0{,}5$ dB
- Schallpegelmesser der Klasse 2 (DIN EN 61672-1) $u_2 = 1{,}0$ dB
- Personenschallexposimeter (DIN EN 61252[123]) $u_2 = 1{,}0$ dB

Nach ISO 9612 darf als Unsicherheit wegen einer möglichen, nicht idealen **Mikrophonposition** $u_3 = 1{,}0$ dB zu Grunde gelegt werden.

Die Bestimmung der Unsicherheit des Messergebnisses erfordert spezielle Kenntnisse und kann bei betrieblichen Messungen zu Schwierigkeiten führen. Um trotzdem eine Bewertung der Einhaltung oder Überschreitung der Grenzwerte zu ermöglichen, wurden vereinfachte Verfahren erarbeitet, für die im Folgenden einige Rechenbeispiele angegeben werden.

Statistische Absicherung des zufälligen Fehlers einer Lärmmessung

Der **zufällige Fehler** einer Lärmmessung, der in vielen Fällen größer ist als der systematische, wird durch die Schwankungen der Messgröße Lärm selbst und gelegentlich durch unterschiedlich lange Expositionszeiten verursacht.

Der äquivalente Dauerschallpegel L_{eq} wird beim heutigen Stand der Technik in der Regel mit integrierenden Schallpegelmessern bestimmt. Je länger die Messdauer ist, desto geringer wird der durch die Schwankungen des Lärms bedingte zufällige Messfehler $\Delta L_{eq,\,zuf.}$

---

[121] DIN EN ISO 9612 Akustik - Bestimmung der Lärmexposition am Arbeitsplatz - Verfahren der Genauigkeitsklasse 2 (Ingenieurverfahren), Ausg. 2009-09
[122] DIN EN 61672-1 Elektroakustik - Schallpegelmesser - Teil 1: Anforderungen, Ausg. 2003-10
[123] DIN EN 61252 Elektroakustik - Anforderungen an Personenschallexposimeter, Ausg. 2003-05

§ 4 Messungen

Als Mindestwert für die Messdauer werden

- bei konstanter Schalleinwirkung 15 s,
- bei periodisch schwankenden Schalleinwirkungen mehrere vollständige Zyklen und
- bei zeitlich zufällig schwankenden Schalleinwirkungen der gesamte Geräuschabschnitt[124]

empfohlen.

Die Messung kann beendet werden, wenn sich der äquivalente Dauerschallpegel L_{pAeq} nicht mehr nennenswert ändert.

Erst mehrere Messwerte, z. B. die fünf Schichtmessungen zur Ermittlung eines Wochenpegels, gestatten eine Bestimmung des zufälligen Fehlers durch Berechnung des **Mittelwertes** L_{eq}, der **Standardabweichung** S und eines **Vertrauensbereiches** zum Mittelwert.

$$\overline{L}_{eq} - \frac{S \cdot t}{\sqrt{n}} \leq \overline{L}_{eq} \leq \overline{L}_{eq} + \frac{S \cdot t}{\sqrt{n}}$$

mit

$$\overline{L}_{eq} = \frac{1}{n} \cdot \sum_{i=1}^{n} L_{eq,\,i}$$

$$S = \sqrt{\frac{\sum (L_i - L)^2}{n - 1}}$$

n = Anzahl der Einzelmessungen

t = t (α = 5 %, n)

t-Verteilung nach Student, Zahlenwerte in der folgenden Tabelle

---

[124] TRLV Lärm, Teil 2: Messung von Lärm, Ausg. Januar 2010, Nr. 5.5.1 Abs. 2.

§ 4 Messungen

Tab. 6   t-Verteilung nach Student, Zahlenwerte

Anzahl n der Einzelmessungen	5	6	10	15	20	30	40	60
$\dfrac{t}{\sqrt{n}}$	1,15	1,00	0,71	0,55	0,47	0,37	0,32	0,26

Bei zufälligen Größen, wie sie bei betrieblichem Lärm üblich sind, werden zu unterschiedlichen Zeiten durchgeführte Messserien in Abhängigkeit von den gerade erfassten unterschiedlichen Betriebszuständen immer ein wenig voneinander abweichende Mittelwerte ergeben. Eine vollständige messtechnische Erfassung des Lärms für längere Zeiträume wie eine Woche oder ein Berufsleben ist nicht möglich und auch nicht erforderlich. Stichprobenmessungen und Vertrauensbereiche für den Mittelwert dieser Stichprobenmessungen helfen bei der Bewertung. In der obigen Tabelle wurde eine Irrtumswahrscheinlichkeit $\alpha = 5\,\%$ gewählt. Innerhalb des so berechneten Vertrauensbereiches liegen dann 95 % aller gemessenen Mittelwerte (und nur 5 % außerhalb). Der Mittelwert aus einer Messserie ist mit anderen Worten zu 95 % richtig. Das reicht für Lärmmessungen aus, da die individuelle Reaktion einzelner lärmexponierter Beschäftigter keinesfalls genauer bestimmt werden kann.

Nach der ersten Schichtmessung ist keine Aussage möglich, ob zufällig im Rahmen der normalen Schwankungen ein großer oder kleiner Mittelwert bestimmt wurde.

Beispiel 1:

An einem Arbeitsplatz schwanken die Lärmpegel von Schicht zu Schicht stark. Es wird deshalb der Wochenpegel aus fünf L_{eq}-Schichtmessungen zu je 8 Stunden bestimmt. Es ergeben sich in den messtechnisch erfassten Schichten folgende äquivalente Dauerschallpegel: 80 dB(A), 73 dB(A), 75 dB(A), 72 dB(A), 76 dB(A).

Als mittlerer Pegel ergibt sich

$$\bar{L}_{eq} = \frac{80 + 73 + 75 + 72 + 76}{5}$$

$$\bar{L}_{eq} = 75\ dB$$

§ 4 Messungen

als Standardabweichung

$$S = \sqrt{\frac{(80-75)^2 + (73-75)^2 + (75-75)^2 + (72-75)^2 + (76-75)^2}{4}}$$

$$S = 3 \text{ dB}$$

und schließlich als Unsicherheit des Pegels (gerechnet mit dem nicht abgerundeten Wert S=3,1)

$$\Delta L_{zuf} = \frac{S \cdot t}{\sqrt{n}}$$

$$\Delta L_{zuf} = 4 \text{ dB}$$

mit dem Tabellenwert für n = 5

$$\frac{t}{\sqrt{5}} = 1,15$$

Als Messergebnis ergibt sich L_{eq} = 75 dB(A) ± 4 dB(A). Da die obere Grenze des Fehlerbereiches bei 79 dB(A), also unterhalb des Expositionsgrenzwertes von 85 dB(A) liegt (s. Kap. 2.4.1 unter „Messunsicherheit, Ungenauigkeit von Lärmmessungen"), kann das Ergebnis als „Einhaltung" angesehen werden.

Dieses Beispiel berücksichtigt zwar die Regeln der Fehlerrechnung, ist jedoch nur anwendbar, wenn außer den Pegelwerten keine wesentlichen Unsicherheiten (z. B. durch die verwendeten Messgeräte oder durch die Expositionszeit) auftreten.

Bestimmung der systematischen Fehler der Messung einer Lärmmessung

Die **systematischen Fehler** werden im Wesentlichen von **Gerätefehlern** (Bestimmung nach Angaben des Herstellers) und durch die **Anordnung des Messgerätes** verursacht.

§ 4 Messungen

ISO 1999[125] und DIN 45645-2[126] lassen stationäre und personengebundene Messungen je nach dem Ziel der Messung zu. Bei beiden Verfahren sind Fehler durch die Position des Mikrophons möglich. So kann bei einer stationären Messung die Position des Mikrophons von der des Ohres abweichen, bei einer personengebundenen Messung kann es zur Abschirmung des Mikrophons von der Schallquelle kommen.

Bestimmung des Gesamtfehlers einer Lärmmessung

Der **Fehler eines aus mehreren Messwerten berechneten Pegels** (z. B. Tages-Lärmexpositionspegel, Wochen-Lärmexpositionspegel und zusammengesetzte Pegel nach Stichprobenmessungen) ist nach den üblichen Regeln der Fehlerfortpflanzung zu berechnen. Für die exakte Berechnung der Messfehler für den Fall, dass mehrere systematische Fehler und zufällige Fehler betrachtet werden, wird auf die Fachliteratur verwiesen.[127]

Es sind Verfahren erarbeitet worden, die eine vereinfachte Bestimmung des Gesamtfehlers einer Lärmmessung gestatten. Die so erreichbare Abschätzung der Ungenauigkeit der Messwerte reicht aus, da andere Einflussgrößen der Einwirkung von Lärm auf den Menschen (z. B. Unsicherheiten beim Einsatz von individuellem Gehörschutz (s. Kap. 2.8.2 Auswahl von Gehörschutz) und die unterschiedliche Wirkung von Lärm auf einzelne Beschäftigte) ebenfalls nicht genauer erfasst werden können.

Bestimmung des Gesamtfehlers einer Lärmmessung mit Hilfe von Genauigkeitsklassen nach DIN 45645-2[128]

In diesem ingenieurtechnisch angepassten Verfahren werden Elemente der statistischen Fehlerbetrachtung mit Erfahrungswerten kombiniert, um eine praktikable Abschätzung der Ungenauigkeit zu ermöglichen. Das Verfahren berücksichtigt nur

---

[125] ISO 1999 Akustik; Bestimmung der berufsbedingten Lärmexposition und Einschätzung der lärmbedingten Hörschädigung, Ausg. 1990-01
[126] DIN 45645-2 Ermittlung von Beurteilungspegeln aus Messungen, T. 2 Geräuschimmissionen am Arbeitsplatz, Ausg. 1997-07
[127] Odin G.: Studienmaterial für die Weiterbildung, Akustische Messtechnik, Heft 1, Hrsg. Technische Universität Dresden 1973.
[128] DIN 45645-2 Ermittlung von Beurteilungspegeln aus Messungen, T. 2 Geräuschimmissionen am Arbeitsplatz, Ausg. 1997-07

§ 4 Messungen

- die Unsicherheit der Messung der längerfristigen typischen Lärmexposition (zufälliger Fehler) und
- die Unsicherheit des Messgerätes und seiner Kalibrierung (systematischer Fehler).

Aus den einzelnen Messwerten wird die Unsicherheit bei der Erfassung des Lärmpegels berechnet:

$$\Delta L_{zuf} = \frac{S \cdot t}{\sqrt{n}}$$

Aus ΔL_{zuf} wird eine Genauigkeitsklasse bestimmt:

Tab. 7 Genauigkeitsklasse

Berechneter Wert ΔL_{zuf}	≤ 1,5 dB	≤ 3 dB	≤ 6 dB
ΔL_{zuf} wird eine Klasse zugeordnet	1	2	3

Die Genauigkeit der Messgeräte wird nach DIN EN 61 672 in die Klassen 1 oder 2 eingeteilt. Personen-Lärmexposimeter entsprechen etwa der Genauigkeitsklasse 2[129].

Als zweite Einflussgröße wird die Klasse für das Messgerät verwendet (nicht die durch das Messgerät verursachte Ungenauigkeit in dB!).

Tab. 8 Klasse für das Messgerät

Verwendetes Messgerät	Klasse 1	Klasse 2 oder Personen-Schallexposimeter
Dem Messgerät wird eine Klasse zugeordnet	1	2

Die ungünstigste der ΔL_{zuf} und dem Messgerät zugeordneten Klassen wird als Genauigkeitsklasse des Lärmexpositionspegels angesetzt. Dieser Klasse wird im letzten Schritt wieder ein Wert für ΔL in dB zugeordnet:

---

[129] TRLV Lärm, Teil 2: Messung von Lärm, Ausg. Januar 2010, Nr. 4 Abs. 1, 8 Abs. 3, 9 Abs. 1.

§ 4 Messungen

Tab. 9 Genauigkeitsklasse des Lärmexpositionspegels

Genauigkeitsklasse des Lärmexpositionspegels	1	2	3
Zugeordnet Unsicherheit ΔL	0 dB	3 dB	6 dB

Messergebnisse nach Genauigkeitsklasse 1 sind auf eine Stelle nach dem Komma zu runden, Messergebnisse nach den Genauigkeitsklassen 2 und 3 auf volle dB.

DIN 45645-2 räumt die Möglichkeit ein, die oben aus dem zufälligen Messfehler ΔL_{zuf} bestimmte Klasse der Unsicherheit bei der Erfassung des Lärmpegels zu schätzen. Eine solche Schätzung erfordert viel Erfahrung. Für weniger geübtes Messpersonal wird empfohlen, nach dieser Methode vorsichtshalber die größtmögliche Unsicherheit von 6 dB anzusetzen.

Die Technische Regel Lärm Teil 2[130] empfiehlt, zusätzlich den Einfluss der **Ungenauigkeit der Teilzeiten** der einzelnen Tätigkeiten abzuschätzen. Dazu kann der Lärmexpositionspegel für verschiedene Tätigkeitsdauern, z. B. für die größte und die kleinste mögliche Expositionszeit, berechnet und geprüft werden, in welchem Maße sich die Tätigkeitsdauer auf das Ergebnis auswirkt.

Beispiel 2

Fünf Lärmmessungen während einer Schicht sollen in diesem Beispiel wieder die gleichen Zahlenwerte wie in Beispiel 1 ergeben haben

80 dB(A), 73 dB(A), 75 dB(A), 72 dB(A), 76 dB(A).

Für den Mittelwert, die Standardabweichung und die Unsicherheit des Lärmpegels ergeben sich:

$$\bar{L}_{eq} = 75 \text{ dB}$$

$$S = 3 \text{ dB}$$

---

[130] TRLV Lärm, Teil 2: Messung von Lärm, Ausg. Januar 2010, Nr. 8.3 Abs. 4.

§ 4 Messungen

und

$$\Delta L_{zuf} = 4 \text{ dB}$$

ΔL_{zuf} liegt zwischen 3 und 6 dB und wird deshalb der Klasse 3 zugeordnet.

Das Messgerät hatte die Genauigkeitsklasse 2. Für die Abschätzung der Ungenauigkeit wird ihm deshalb die Klasse 2 zugeordnet.

Die gesamte Ungenauigkeit erhält die schlechteste der beiden Klassen, also Klasse 3.

Die Klasse 3 zugeordnet Unsicherheit beträgt $\Delta L = 6$ dB.

Der Gesamtfehler beträgt $\Delta L_{gesamt} = 75$ dB $\pm$ 6 dB.

Der obere Auslösewert ist eingehalten, der untere Auslösewert jedoch überschritten.

Die Expositionszeit in einer typischen Schicht betrage 4 Stunden. Diese Zeit sei mit einer Unsicherheit von ± 1 Stunde behaftet, die maximal mögliche Expositionszeit beträgt also 5 Stunden. Dann wird zunächst der auf 8 Stunden normierte Pegel berechnet:

$$L_{EX,\,8h} = L_{pAeq,\,T_e} + 10 \log \frac{T_e}{8\,h} dB$$

$$L_{EX,\,8h} = (75 + 6)dB + 10 \log \frac{4\,h}{8\,h} dB =$$

$$81 \text{ dB} - 3 \text{ dB} = 78 \text{ dB}$$

Der auf 8 Stunden normierte Pegel reduziert sich auf 78 dB und hält auch den unteren Auslösewert ein.

Vorsichtshalber wird der maximal mögliche Acht-Stunden-Pegel abgeschätzt, der auch die Unsicherheit der Expositionszeit berücksichtigt:

$$L_{EX, 8h, max} = 81 \text{ dB} + 10 \log \frac{(4 \text{ h} + 1 \text{ h})}{8 \text{ h}} \text{dB} =$$
$$81 \text{ dB} - 2 \text{ dB} = 79 \text{ dB}$$

Mit Berücksichtigung der Unsicherheit der Expositionszeit bleibt der untere Auslösewert gerade noch eingehalten.

Bestimmung des Gesamtfehlers einer Lärmmessung nach DIN EN ISO 9612

DIN ISO 9612[131] beschreibt ein Verfahren, wie die Unsicherheit der Messung der längerfristigen typischen Lärmexposition, die Unsicherheit der Dauer der Exposition, die Unsicherheit des Messgerätes und die Unsicherheit der Mikrophonposition gemeinsam berücksichtigt werden können. Die erforderlichen Rechnungen sind aufwendig. Auf der Internetseite der ISO wird ein Tabellenkalkulationsprogramm dazu angeboten.

2.4.2 Stichprobenerhebung bei Lärm- und Vibrationsmessungen (§ 4 Abs. 1 Satz 3)

In vielen Fällen ist es unzweckmäßig oder sogar unmöglich, Lärm oder Vibrationen während der gesamten Expositionszeit zu messen. **Stichprobenartige Messungen** werden deshalb ausdrücklich zugelassen. Sie müssen natürlich für die Exposition repräsentativ sein, worauf bei der Behandlung der Messunsicherheit eingegangen wurde.

2.4.3 Aufbewahrung der Messergebnisse von Lärm- und Vibrationsmessungen (zu § 4 Abs. 1 Satz 4)

Schon nach der bisherigen BG-Vorschrift BGV B3 Lärm hat der Arbeitgeber **Aufzeichnungen zu Bewertungen** und Messungen der Lärmexposition 30 Jahre **aufzubewahren**. Diese Mindestaufbewahrungszeit ist nach § 4 Abs. 1 Satz 4 weiterhin verbindlich vorgeschrieben. Vor dem Hintergrund, dass sich Lärmschäden im Verlaufe vieler Jahre entwickeln, ist allerdings die Aufbewahrung der Unterlagen über ein ganzes Berufsleben, also etwa

---

[131] DIN EN ISO 9612 Akustik - Bestimmung der Lärmexposition am Arbeitsplatz - Verfahren der Genauigkeitsklasse 2 (Ingenieurverfahren), Ausg. 2009-09

50 Jahre, zu empfehlen. Die Daten werden bei Verdacht, dass eine Berufskrankheit vorliegen könnte, benötigt und können sowohl bei der Anerkennung der Krankheit als auch bei der Abwehr unbegründeter Forderungen zugrunde gelegt werden. Die Papierform sollte einer elektronischen Speicherung vorgezogen werden, da nach 30 oder mehr Jahren nicht sicher ist, ob die alten Formate noch mit vertretbarem Aufwand gelesen werden können.

Die Forderung nach Speicherung der Daten enthält keine Ausnahmeregelung für Kleinbetriebe, § 6 Abs. 1 Satz 3 ArbSchG lässt dies zu.

2.4.4 Messung von Vibrationen; Hinweis auf den Anhang der Verordnung (§ 4 Abs. 2)

In Abs. 2 wird darauf hingewiesen, dass im Anhang zur LärmVibrationsArbSchV nähere Durchführungsbestimmungen enthalten sind. (s. hierzu Näheres in Kap. 2.18 Anhang Vibrationen).

2.5 § 5 Fachkunde

> **§ 5**
> **Fachkunde**
> ¹Der Arbeitgeber hat sicherzustellen, dass die Gefährdungsbeurteilung nur von fachkundigen Personen durchgeführt wird. ²Verfügt der Arbeitgeber nicht selbst über die entsprechenden Kenntnisse, hat er sich fachkundig beraten zu lassen. ³Fachkundige Personen können insbesondere der Betriebsarzt und die Fachkraft für Arbeitssicherheit sein. ⁴Der Arbeitgeber darf mit der Durchführung von Messungen nur Personen beauftragen, die über die dafür notwendige Fachkunde und die erforderlichen Einrichtungen verfügen.

2.5.1 Fachkundige Personen für die Gefährdungsbeurteilung (§ 5 Sätze 1 bis 3)

Gefährdungsbeurteilungen kann der Arbeitgeber selbst durchführen, wenn er über ausreichende fachspezifische Kenntnisse verfügt. Ansonsten hat er eine **fachkundige Person** hinzuzuziehen.[132] § 5 Abs. 1 Satz 3 nennt als

---

[132] Fachkundige für die Durchführung von Gefährdungsbeurteilungen haben nicht automatisch auch die Fachkunde für Lärm- oder Vibrationsmessungen.

fachkundige Personen beispielhaft den Betriebsarzt und die Fachkraft für Arbeitssicherheit[133]. Auch Sachverständige für Lärm und Vibrationen kommen für die Gefährdungsbeurteilung in Betracht.

Fachkundige Personen müssen[134]

- ausreichende **Kenntnisse** über Tätigkeiten mit Lärm- bzw. Vibrationsexposition und über Wirkungen von Lärm und Vibrationen haben,
- mit den **Vorschriften und Informationsquellen** soweit vertraut sein, dass sie die Arbeitsbedingungen vor Beginn der Tätigkeit beurteilen und die festgelegten technischen, organisatorischen und personenbezogenen Schutzmaßnahmen oder alternative Arbeitsverfahren bewerten und überprüfen können sowie
- die **Dokumentation** der Gefährdungsbeurteilung durchführen können.

2.5.2 Fachkundige Personen für die Durchführung von Messungen (§ 5 Satz 4)

Messungen von Lärm und Schwingungen dürfen nur von Personen mit ausreichender **Fachkunde** durchgeführt werden. Das müssen nicht die für Gefährdungsbeurteilungen als fachkundige Personen genannten Betriebsärzte und Fachkräfte für Arbeitssicherheit sein. Die LärmVibrationsArbSchV trifft diesbezüglich keine konkreten Festlegungen.

Ein Fachkundiger muss hinsichtlich seiner Ausbildung und messtechnischen Ausstattung in der Lage sein, unangreifbare Messergebnisse vorzulegen, die auch vor Gericht Bestand haben. Er muss über ausreichende Kenntnisse über die Messung von Lärm bzw. Vibrationen an Arbeitsplätzen und die erforderliche messtechnische Ausstattung verfügen. Insbesondere muss er[135]

- die Dokumentation der Messungen und
- erforderlichenfalls auch zur Erhebung von Daten zur Beurteilung möglicher Wechsel- oder Kombinationswirkungen

---

[133] Die fachlichen Anforderungen für diese ergeben sich aus dem Arbeitssicherheitsgesetz und hierzu erlassenen Festlegungen (Fachaufsichtsschreiben des BMAS vom 29.12.1997 und BGV A2 Betriebsärzte und Fachkräfte für Arbeitssicherheit.
[134] TRLV Lärm, Teil 1: Beurteilung der Gefährdung durch Lärm, Ausg. Januar 2010, Nr. 3.3; Teil 2: Messung von Lärm, Ausg. Januar 2010, Nr. 3 Abs. 5; TRLV Vibrationen, Teil 2: Messung von Vibrationen, Ausg. Januar 2010, Nr. 3 Abs. 6.
[135] TRLV Lärm, Teil 2: Messung von Lärm, Ausg. Januar 2010, Nr. 3 Abs. 8 und TRLV Vibrationen, Teil 2: Messung von Vibrationen, Ausg. Januar 2010, Nr. 3 Abs.9.

beherrschen sowie
- die Inhalte der LärmVibrationsArbSchV,
- die entsprechenden Regeln der Technik (z. B. Normen),
- Vorschriften im Betrieb, wie z. B. Bedienungsanleitungen oder Betriebsanweisungen,
- die zu bestimmenden Parameter von Randbedingungen,

für Lärm	für Vibrationen
die Messverfahren für Lärm nach DIN EN ISO 9612,	Messverfahren zu Ganzkörper-Vibrationen nach ISO 2631-1:1997 sowie zu Hand-Arm-Vibrationen nach DIN EN ISO 5349-1:2001 und DIN EN ISO 5349-2:2001
lärmrelevante Tätigkeiten und Arbeitsmittel sowie die dafür geltenden Vorschriften im Betrieb, wie z. B. Bedienungsanleitungen oder Betriebsanweisungen	vibrationsrelevante Tätigkeiten und Arbeitsmittel sowie die dafür geltenden Vorschriften im Betrieb, wie z. B. Bedienungsanleitungen oder Betriebsanweisungen

kennen.

2.6 § 6 Auslösewerte bei Lärm

§ 6
Auslösewerte bei Lärm

[1] Die Auslösewerte in Bezug auf den Tages-Lärmexpositionspegel und den Spitzenschalldruckpegel betragen:

1. Obere Auslösewerte: $L_{EX,8h}$ = 85 dB(A) beziehungsweise $L_{pC,peak}$ = 137 dB(C),
2. Untere Auslösewerte: $L_{EX,8h}$ = 80 dB(A) beziehungsweise $L_{pC,peak}$ = 135 dB(C).

[2] Bei der Anwendung der Auslösewerte wird die dämmende Wirkung eines persönlichen Gehörschutzes der Beschäftigten nicht berücksichtigt.

2.6.1 Auslösewerte; Pegel im Raum (§ 6 Satz 1)

Bei den Auslösewerten in § 6 handelt es sich um Grenzwerte[136] für Lärm, bei deren Überschreitung eine erhebliche Gefährdung der Sicherheit und ein bleibender Gesundheitsschaden (Lärmschwerhörigkeit ab 85 dB[A]) der betroffenen Beschäftigten (§ 2 Abs. 1) nicht mehr ausgeschlossen werden kann und Maßnahmen erforderlich werden. Für die Auslösewerte wird wie bisher der Schalldruckpegel im Raum zugrunde gelegt. Durch die Verwendung des unteren und des oberen Auslösewertes wird der Weg zu einer differenzierten Bewertung gewiesen. Zum Schutz der von Lärm betroffenen Beschäftigten bleibt der von diesen verwendete persönliche Gehörschutz bei der Anwendung der Auslösewerte außer Betracht.

Die Auslösewerte für Präventionsmaßnahmen nach der bisherigen BG-Vorschrift BGV B3 Lärm wurden um 5 dB abgesenkt.

Eine derartige Verschärfung im Interesse der Sicherheit und des Gesundheitsschutzes der Beschäftigten am Arbeitsplatz ist nach Art. 1 Abs. 3 der EG-Rahmenrichtlinie Arbeitsschutz 89/391/EWG (s. auch Art. 153 Abs. 4 zweiter Spiegelstrich des EG-Vertrags über die Arbeitsweise der EU vom 13.12.2007 (Abl. Nr. C115 vom 9.5.2002) zulässig.

2.6.2 Expositionswerte; Pegel am Ohr unter Gehörschutz (§ 6 Abs. 2)

Kann der obere Auslösewert, der im Raum, nicht am Ohr unter Gehörschutz gemesessen wird, nicht eingehalten werden, so sind zumindest die maximal zulässigen **Expositionswerte** (s. § 8 Abs. 2) einzuhalten. Es besteht dann allerdings auch und sogar vorrangig die Pflicht, ein Lärmminderungsprogramms nach § 7 Abs. 5 zu erarbeiten. Der maximal zulässige Expositionswert wird am Ohr, also unter dem Gehörschutz angegeben.

Durch die Auslösewerte und den Expositionsgrenzwert ist das „Ampelprinzip" sichergestellt (grün: Auslösewert eingehalten; gelb: Auslösewert überschritten; rot: Expositionsgrenzwert überschritten).

---

[136] Hecker C., Christ E. u.a.: Lärm- und Vibrations-Arbeitsschutzverordnung, Praxiskommentar, Berlin 2008, S. 105; hier werden die Auslösewerte als „Aktionswerte" und nicht als Grenzwerte bezeichnet.

§ 7 Maßnahmen bei Lärmexposition

Die nachstehende Tabelle enthält alle Grenzwerte der Verordnung:[137]

Tab. 10 Grenzwerte der Verordnung

		$L_{EX,8h}$	$L_{pC,peak}$	LärmVibrationsArbSchV
Untere Auslösewerte	**Ohne** Berücksichtigung der dämmenden Wirkung des persönlichen Gehörschutzes	80 dB(A)	135 dB(C)	§ 6 Nr. 2
Obere Auslösewerte	**Ohne** Berücksichtigung der dämmenden Wirkung des persönlichen Gehörschutzes	85 dB(A)	137 dB(C)	§ 6 Nr. 1
Maximal zulässige Expositionswerte	**Mit** Berücksichtigung der dämmenden Wirkung des persönlichen Gehörschutzes	85 dB(A)	137 dB(C)	§ 8 Abs. 2

2.7 § 7 Maßnahmen zur Vermeidung und Verringerung der Lärmexposition

§ 7
Maßnahmen zur Vermeidung und Verringerung der Lärmexposition
(1) [1]Der Arbeitgeber hat die nach § 3 Abs. 1 Satz 6 festgelegten Schutzmaßnahmen nach dem Stand der Technik durchzuführen, um die Gefährdung der Beschäftigten auszuschließen oder so weit wie möglich zu verringern. [2]Dabei ist folgende Rangfolge zu berücksichtigen:

---

[137] In Anlehnung an: Lärm- und Vibrations-Arbeitsschutzverordnung, Übersicht zu einigen Kernelementen, Fachausschuss Maschinenbau, Fertigungssysteme, Stahlbau der berufsgenossenschaftlichen Zentrale für Sicherheit und Gesundheit, 21.5.2007.

§ 7 Maßnahmen bei Lärmexposition

1. Die Lärmemission muss am Entstehungsort verhindert oder so weit wie möglich verringert werden. Technische Maßnahmen haben Vorrang vor organisatorischen Maßnahmen.
2. Die Maßnahmen nach Nummer 1 haben Vorrang vor der Verwendung von Gehörschutz nach § 8.

(2) Zu den Maßnahmen nach Absatz 1 gehören insbesondere:

1. alternative Arbeitsverfahren, welche die Exposition der Beschäftigten durch Lärm verringern,
2. Auswahl und Einsatz neuer oder bereits vorhandener Arbeitsmittel unter dem vorrangigen Gesichtspunkt der Lärmminderung,
3. die lärmmindernde Gestaltung und Einrichtung der Arbeitsstätten und Arbeitsplätze,
4. technische Maßnahmen zur Luftschallminderung, beispielsweise durch Abschirmungen oder Kapselungen, und zur Körperschallminderung, beispielsweise durch Körperschalldämpfung oder -dämmung oder durch Körperschallisolierung,
5. Wartungsprogramme für Arbeitsmittel, Arbeitsplätze und Anlagen,
6. arbeitsorganisatorische Maßnahmen zur Lärmminderung durch Begrenzung von Dauer und Ausmaß der Exposition und Arbeitszeitpläne mit ausreichenden Zeiten ohne belastende Exposition.

(3) In Ruheräumen ist unter Berücksichtigung ihres Zweckes und ihrer Nutzungsbedingungen die Lärmexposition so weit wie möglich zu verringern.

(4) [1]Der Arbeitgeber hat Arbeitsbereiche, in denen einer der oberen Auslösewerte für Lärm ($L_{EX,8h}$, $L_{pC,peak}$) überschritten werden kann, als Lärmbereich zu kennzeichnen und, falls technisch möglich, abzugrenzen. [2]In diesen Bereichen dürfen sich Beschäftigte nur aufhalten, wenn das Arbeitsverfahren dies erfordert und die Beschäftigten eine geeignete persönliche Schutzausrüstung verwenden; Absatz 1 bleibt unberührt.

(5) [1]Wird einer der oberen Auslösewerte überschritten, hat der Arbeitgeber ein Programm mit technischen und organisatorischen Maßnahmen zur Verringerung der Lärmexposition auszuarbeiten und durchzuführen. [2]Dabei sind insbesondere die Absätze 1 und 2 zu berücksichtigen.

§ 7 Maßnahmen bei Lärmexposition

2.7.1 Vorbemerkungen; Zusammenstellung der Maßnahmen

Die nach § 7 bei Erreichen oder Überschreiten des oberen bzw. unteren Auslösewertes (§ 6) vom Arbeitgeber zu treffenden **Maßnahmen** zur Vermeidung oder Verringerung der Lärmexposition seiner Beschäftigten werden der Übersichtlichkeit halber vorangestellt:

Tab. 11 Maßnahmen zur Vermeidung/Verringerung der Lärmexposition

Maßnahmen „Lärm" bei Erreichen bzw. Überschreiten der Auslösewerte[138]	Untere Auslösewerte $L_{EX,8h}$ $L_{pC,peak}$	Obere Auslösewerte $L_{EX,8h}$ $L_{pC,peak}$	LärmVibrations-ArbSchV
Lärmminderungs-programm		$L_{EX,8h} > 85$ dB(A) $L_{pC,peak} > 137$ dB(C)	§ 7 Abs. 5
Kennzeichnung/ Abgrenzung der Lärmbereiche		$L_{EX,8h} \geq 85$ dB(A) $L_{pC,peak} \geq 137$ dB(C)	§ 7 Abs. 4
Gehörschutz zur Verfügung stellen	$L_{EX,8h} > 80$ dB(A) $L_{pC,peak} > 135$ dB(C)		§ 8 Abs. 1
Unterweisungs-pflicht	$L_{EX,8h} \geq 80$ dB(A) $L_{pC,peak} \geq 135$ dB(C)		§ 11 Abs. 1
Vorsorgekartei		$L_{EX,8h} \geq 85$ dB(A) $L_{pC,peak} \geq 137$ dB(C)	§ 4 Abs. 3 und § 6 Abs. 3 ArbMedVV, Kap. 3.2.12 Vorsorgekartei

---

[138] In Anlehnung an: Lärm- und Vibrations-Arbeitsschutzverordnung, Übersicht zu einigen Kernelementen, Fachausschuss Maschinenbau, Fertigungssysteme, Stahlbau der berufsgenossenschaftlichen Zentrale für Sicherheit und Gesundheit, 21.5.2007.

§ 7 Maßnahmen bei Lärmexposition

Angebot arbeitsmedizinischer Vorsorgeuntersuchungen	$L_{EX,8h}$ > 80 dB(A) $L_{pC,peak}$ > 135 dB(C)		Anh. Teil 3 Abs. 2 Nr. 1 und 2 Arb MedVV, Kap. 3.2.5 Angebotsuntersuchungen
Veranlassung arbeitsmedizinischer Vorsorgeuntersuchungen		$L_{EX,8h}$ ≥ 85 dB(A) $L_{pC,peak}$ ≥ 137 dB(C)	Anh. Teil 3 Abs. 1 Nr. 3 und 4 Arb MedVV, Kap. 3.2.4 Pflichtuntersuchungen
Gehörschutz-Tragepflicht		$L_{EX,8h}$ ≥ 85 dB(A) $L_{pC,peak}$ ≥ 137 dB(C)	§ 8 Abs. 3

2.7.2 Stand der Technik; Rangfolge der Schutzmaßnahmen (§ 7 Abs. 1)

Schutzmaßnahmen nach dem Stand der Technik (s. Kap. 2.2.7 Stand der Technik) sichern den bestmöglichen Schutz der Beschäftigten.

Abs. 1 Satz 1 fordert vom Arbeitgeber, durch geeignete Maßnahmen eine Gefährdung der Sicherheit und Gesundheit der Beschäftigten durch Lärm auszuschließen, oder, falls dies nicht zu erreichen ist, die Gefährdung soweit wie möglich zu verringern.

Für den Fall, dass eine **Lärmexposition** der Beschäftigten nach dem Stand der Technik nicht verhindert werden kann, ergibt sich für den Arbeitgeber die Verpflichtung, den **Tages-Lärmexpositionspegel** bzw. den **Spitzenschalldruckpegel** möglichst weit, zumindest aber unter den oberen Auslösewert nach § 6 Nr. 2 abzusenken.[139]

Hierbei hat er die **Rangfolge der Schutzmaßnahmen** nach Abs. 1 Satz 2 einzuhalten, d. h.,

---

[139] Siehe hierzu auch BGI 675 Geräuschminderung im Betrieb – Lärmminderungsprogramm – Lärmschutzarbeitsblatt LSA 01–305, Ausg. 10/2008.

§ 7 Maßnahmen bei Lärmexposition

- vorrangig ist Lärm am Entstehungsort (Schallquelle), also an den eingesetzten Arbeitsmitteln (Maschinen und Geräten), zu vermeiden (**primäre Lärmschutzmaßnahmen**);
- wenn das nicht möglich ist, ist durch technische Maßnahmen die Ausbreitung des Schalls zu verhindern (**sekundäre Lärmschutzmaßnahmen**);
- wenn auch damit der Lärm nicht unter die Auslösewerte gesenkt werden kann, sind **organisatorische Maßnahmen** (z. B. Verringerung der Aufenthaltsdauer im Lärmbereich durch geänderte Arbeitsorganisation) einzuführen;
- wenn trotz Durchführung dieser Maßnahmen die unteren Auslösewerte nicht eingehalten werden können, besteht für den Arbeitgeber die Verpflichtung, den Beschäftigten als **letzte Schutzmöglichkeit** einen geeigneten **persönlichen Gehörschutz** zur Verfügung zu stellen (s. Kap. 2.8.1 Bereitstellung von persönlichem Gehörschutz).

Die in Abs. 2 (s.u.) beispielhaft aufgeführten Maßnahmen beziehen sich auf die Vermeidung von Gefährdungen der Sicherheit, wenn z. B. akustische Gefahrensignale nicht oder falsch verstanden werden,[140] sowie auf die Abwehr arbeitsmedizinisch nachweisbarer Gesundheitsgefährdungen, insbesondere bezüglich der Schädigung der Hörorgane und des Hörvermögens, also der **auralen Lärmwirkungen** (s. Kap. 1.3.4 unter „Aurale Wirkungen").

Die sich auf den Gesamtorganismus auswirkenden **extraauralen Lärmwirkungen** (s. Kap. 1.3.4 unter „Extraaurale Wirkungen") werden von der Vorschrift des § 7 Abs. 1 LärmVibrationsArbSchV zwar ebenfalls erfasst, für **Arbeitsstätten** und die dort Beschäftigten wird dieser Bereich aber bereits ausreichend durch die Vorschrift des **Anh. Nr. 3.7 Satz 1 ArbStättV** abgedeckt. Es heißt dort, dass in Arbeitsstätten der Schalldruckpegel so niedrig zu halten ist wie nach der Art des Betriebes möglich. Damit wird bezweckt, die in der Arbeitsstätte Beschäftigten vor Lärmeinwirkungen **innerhalb des hörbaren Frequenzbereiches** umfassend zu schützen, selbst wenn diese deutlich unterhalb der Auslösewerte nach § 6 LärmVibrationsArbSchV liegen. Somit sind auch alle Geräusche oberhalb der **Belästigungsschwelle** betroffen, sofern sie sich durch betriebliche Maßnahmen vermeiden lassen. Die Vorschrift des Anh. Nr. 3.7 Satz 1 ArbStättV geht insofern über die Forderungen der LärmVibrationsArbSchV hinaus. Wo die Belästigungsschwelle liegt, ist nicht

---

[140] Siehe hierzu Liedtke M.: Hören von Signalen im Arbeitslärm, BGIA-Handbuch Sicherheit und Gesundheitsschutz am Arbeitsplatz, Berlin 2010, Kennziff. 220210.

festgelegt. Sie hängt von der Art der Tätigkeit ab. Es steht bei Arbeiten, die höchste Konzentration erfordern, außer Frage, dass der Beurteilungspegel hier deutlich unter dem bisher für überwiegend geistige Tätigkeiten festgelegten höchstzulässigen Wert von 55 dB(A) liegen muss.

Anh. Nr. 3.7 Satz 1 ArbStättV erfasst die Arbeitsstätte in ihrer Gesamtheit mit **sämtlichen auf die Beschäftigten einwirkenden, Lärmimmissionen, unabhängig von ihrer Quelle** innerhalb oder außerhalb des betroffenen Raumes oder Verkehrsweges im Gebäude. Denn auch gegen Geräusche von außen kann betrieblicherseits Vorsorge getroffen werden.

Für die Abwehr extraauraler Lärmwirkungen auf Beschäftigte außerhalb von Arbeitsstätten sind, soweit hierfür eine Notwendigkeit besteht, die Vorschriften des § 7 LärmVibrationsArbSchV zu Grunde zu legen.

2.7.3 Beispiele für Schutzmaßnahmen (§ 7 Abs. 2)

In Abs. 2 werden beispielhaft sechs Möglichkeiten aufgezeigt, wie die Forderung des Abs. 1 Satz 2 Nr. 1 vollzogen werden kann. Zwischen den genannten alternativen Arbeitsverfahren und dem Einsatz lärmarmer Arbeitsmittel besteht ein enger Zusammenhang; sie sind gemeinsam zu betrachten.

2.7.3.1 Alternative Arbeitsverfahren zur Verringerung der Lärmexposition (§ 7 Abs. 2 Nr. 1)

Beispiele für alternative Verfahren sind[141]:

Tab. 12 Beispiele für alternative Verfahren

Ersatz von	durch
Abwerfen	Ablegen
Abblasen	Absaugen
Strömungstrocknung	Strahlungstrocknung
Stanzen	Bohren Laserstrahl-Schneiden

---

[141] TRLV Lärm, Teil 3: Lärmschutzmaßnahmen, Ausg. Januar 2010, Nr. 4.1 Tab. 1.

§ 7 Maßnahmen bei Lärmexposition

Schlagschrauber	Drehschrauber
Schmieden	Gießen
Schlagumformen	Hydraulisches Pressen
Bördeln mit Hammer	hydraul. Verformen (Kraftformer)
Richten mit Hammer	hydraul. Ziehen/Drücken
Nieten	Press- oder Rollnieten Schweißen Kleben Schrauben
Drückendes Schneiden	Ziehendes Schneiden
Wälzlager	Gleitlager
Antrieb durch Druckluft oder Verbrennungsmotor	Elektroantrieb
Sauerstoff-Schneiden	Plasma-Schneiden unter Wasser
Konventionelles TIG/TAG-Schweißen	TIG/TAG-Schutzgas-Schweißen
Trennen von Holz mittels Sägeblatt	Wasserstrahl-Trennen
Trennarbeiten mit einem Winkelschleifer	Trennen mit Scheren, Zangen

Hinweise auf lärmarme Arbeitsverfahren sind ferner den Beiträgen im **BGIA-Handbuch Sicherheit und Gesundheitsschutz am Arbeitsplatz**, Sachgruppe 2: Lärm – Vibrationen – sonstige physikalische Einwirkungen zu entnehmen.[142]

---

[142] BGIA-Handbuch, Berlin 2010, s. dort Abschnitt Technische Schutzmaßnahmen: Fischer S.: Geräuschminderung bei der Fertigung, lärmarme Technologien und Arbeitsverfahren, Metallerzeugung und -verarbeitung, Kennziff. 230235; Fischer S.: Geräuschminderung bei der Montage – Rückschlagfreie Kunststoffhämmer, Kennziff. 230240; Hertwig R.: Geräuschgeminderte Druckluftdüsen – Ergebnisse aus Labormessungen, Kennziff. 230241; Hertwig R.: Geräuschgeminderte Druckluftdüsen – Anwendungsbeispiele aus der betrieblichen Praxis, Kennziff. 230242; Fischer S., Hertwig R.: Geräuschminderung bei der spanabhebenden Metallbearbeitung – Lärmgeminderte Schleifscheiben, Kennziff. 230243; Hertwig R.: Lärmminderung bei der Betonfertigteil-Herstellung, Kennziff. 230245; s. zu den einzelnen Beiträgen auch die dort enthaltenen umfangreichen Literaturangaben; s. ferner VDI 2572 Geräusche von Textilmaschinen und in Textilmaschinensälen sowie Maßnahmen zur Geräuschminderung Ausg. 1986-07; Melder W., Rohnen H. W.: Lärmminderung und neue Technologien, BAuA Fb 461; Barth Ch., Hamacher W., Stoll R.: Präventive Arbeitsschutzstrukturen für Klein- und Mittelbetriebe am Beispiel Lärmminderung und Ergonomie, BAuA Fb 916; BAuA Forschungsanwendung Fa 8 Lärmbekämpfung; BAuA Technik 7 Beispiele zur Lärmminderung; s. ferner die BG-Lärmschutz-Arbeitsblätter (LSA).
Ferner enthalten wichtige Informationen die Lärmschutz-Arbeitsblätter LSA 01-310 Geräuschminderung in der Antriebstechnik – Lärmgeminderte Zahnriemenantriebe (BGI 676) und LSA 02-300 Geräuschminderung bei der Fertigung; Lärmarme Technologien und Arbeitsverfahren; Metallerzeugung und –verarbeitung (BGI 679).

§ 7 Maßnahmen bei Lärmexposition

2.7.3.2 Auswahl und Einsatz neuer oder bereits vorhandener Arbeitsmittel (§ 7 Abs. 2 Nr. 2)

Zu den **primären Lärmschutzmaßnahmen** gehört, soweit vorhanden oder lieferbar, dass lärmarme Arbeitsmittel eingesetzt werden. Es handelt sich hierbei um Arbeitsmittel, bei denen die Schallentstehung, die Schallübertragung und die Schallabstrahlung gemindert sind. Lärmarm konstruierte Arbeitsmittel können anhand der Normenreihe DIN 45635 Geräuschmessung an Maschinen mit den zugehörigen Beiblättern sowie der einschlägigen harmonisierten Normen (DIN EN, ISO, ICE)[143] ausgewählt werden. Der Maschinenhersteller hat Geräuschemissionswerte (normgerechte Geräuschangabe) in der Betriebsanleitung und ab 29.12.2009 auch in jeder technischen Informationsbroschüre (s. Kap. 1.2.4 Maschinenverordnung (9. GPSGV)) anzugeben.

I. Ü. ist davon auszugehen, dass Arbeitsmittel mit dem CE-Kennzeichen gem. § 3 der Maschinenverordnung (s. Kap. 1.2.4 Maschinenverordnung (9. GPSGV)) die Anforderungen des Anh. Nr. 1.5.8 der EG-Maschinenrichtlinie 2006/42/EG erfüllen; danach müssen Maschinen so konzipiert und gebaut sein, dass Risiken durch Luftschallemission an der Quelle so weit gemindert werden, wie es nach dem Stand des technischen Fortschritts und mit den zur Lärmminderung verfügbaren Mitteln möglich ist.

Nähere Angaben enthalten auch die **Arbeitswissenschaftlichen Erkenntnisse (AWE) der BAuA**: AWE Nr. 85 Lärmminderung – Geräuschdatenblatt, AWE Nr. 88 Lärmminderung – Geräuschemissionswerte 1, AWE Nr. 89 Lärmminderung – Geräuschemissionswerte 2, AWE Nr. 90 Lärmminderung – Geräuschemissionswerte 3, AWE Nr. 91 Lärmminderung – Geräuschemissionswerte 4[144].

Zur **Beschaffung von Maschinen** und Arbeitsmitteln, die nach den fortschrittlichen, in der Praxis bewährten Regeln der Lärmminderungstechnik konstruiert sind, enthält die DA zu § 3 Abs. 1 der bisherigen BG-Vorschrift BGV B3 Lärm die erforderlichen Erläuterungen. Ein Hilfsmittel ist das in

---

[143] Siehe hierzu die Angaben bei BAuA AWE Nr. 85, 88 bis 91; ferner Thierfelder D., Martin S., Boesner K.: Qualitätssicherung arbeitsschutzgerechter Produkte hinsichtlich lärmarmer und ergonomischer Gestaltung, BAuA Fb 874; BG FA Maschinenbau, Fertigungssysteme, Stahlbau: Auswahl, Beschaffung leiser Maschinen (Fachausschuss-Informationsblatt Nr. 013, Ausg. 03/2005).

[144] Siehe auch Hertwig R.: Lärmschutz muss nicht teuer sein – Geräuschgeminderte Kreissägeblätter, Z. sicher ist sicher 6/2007, S. 260 ff.

§ 7 Maßnahmen bei Lärmexposition

DIN EN ISO 11690-1[145] für die Gestaltung lärmarmer maschinenbestückter Arbeitsstätten aufgeführte Geräuschemissionsdatenblatt mit akustischen Kenngrößen und Angaben zur Lärmminderung.

Die allgemeinen **Voraussetzungen für lärmarme Maschinenkonstruktionen** ergeben sich aus VDI 3720 Bl. 2[146] und der weiteren Blätter 4, 5, 9.1 mit Hinweisen zum lärmarmen Konstruieren. Grundprinzip für lärmarme Konstruktionen ist, dass folgende Wirkungen, Erscheinungen oder Materialien vermieden werden:

- Zusammenstoß fester Körper,
- hohe Drehzahlen bzw. Umfanggeschwindigkeiten,
- hohe Strömungsgeschwindigkeiten,
- hohe Beschleunigungen und Verzögerungen,
- Verdichtungsstöße und plötzliche Druckwechsel,
- hohe Reibungskräfte,
- pulsierende Antriebskräfte,
- Unwuchten,
- Resonanzen,
- zu große Fertigungstoleranzen (z. B. Lagerspiele),
- Werkstoffe mit geringer innerer Dämpfung,
- große Oberflächenrauhigkeit.

In zahlreichen **Forschungsberichten** der **BAuA**[147] finden sich weitere Untersuchungen mit Hinweisen zum **lärmarmen Konstruieren** und zu lärmarmen Produkten.

Als wirksame Lärmminderungsmaßnahmen am Arbeitsmittel, also der Schallquelle, kommen in Betracht[148]

---

[145] DIN EN ISO 11690-1 Akustik – Richtlinien für die Gestaltung lärmarmer maschinenbestückter Arbeitsstätten, T. 1 Allgemeine Grundlagen, Ausg. 1997-02.
[146] VDI 3720 Bl. 2 Lärmarm Konstruieren; Beispielsammlung, Ausg. 1982-11
[147] Z.B. Haje D.: Lärmarm Konstruieren XIII – Entwicklung eines Informationssystems zur Konstruktion lärmarmer Produkte, Fb. 678; Gummersbach F.: Lärmarm Konstruieren XIX – Schalltechnische Informationen aus konstruktiven Gesichtspunkten – Ein Beitrag zum systematischen Zugriff auf konstruktive Lärmminderungsmöglichkeiten, Fb. 917.
[148] Siehe hierzu auch die diesbezüglichen Arbeitswissenschaftlichen Erkenntnisse der BAuA, Handlungsanleitungen für die Praxis, Dortmund 1999, Bd. 1 bis 3. Als Beispiel für technische Maßnahmen in einem bestimmten Wirtschaftszweig s. Broschüre Lärm – Anwendung in der Druckindustrie und Papierverarbeitung (Hrsg. BG Druck und Papierverarbeitung), Abschn. 4 S. 12–19.

§ 7 Maßnahmen bei Lärmexposition

im Hinblick auf die **Schallentstehung** und **Schallübertragung**

- die Vermeidung von Schlag- und Stoßbewegungen,
- die Vermeidung strömungsungünstigen Ausführungen,
- die Vermeidung von hohen Strömungsgeschwindigkeiten,
- der Einsatz körperschalldämmender Elemente,
- die Verkleidung von Aufprallflächen mit elastischen Werkstoffen bzw. die Verwendung von Verbundflächen,
- der statische und dynamische Massenausgleich bei rotierenden Massen,
- die Auswahl geräuscharmer Lager,
- der Einsatz akustisch günstiger Kraftübertragungen (z. B. rückschlagfreie Hämmer, gedämpfte Arbeitstische, lärmarme Schleifscheiben, magnetische Dämpfungsmatten);

im Hinblick auf die Minderung der **Schallabstrahlung**

- die Verringerung der Schallabstrahlfläche,
- die Erhöhung der Steifigkeit des Maschinengestells,
- die biegeweiche Ausführung von körperschallerregten Abstrahlflächen,
- die Verwendung von Werkstoffen mit hoher innerer Dämpfung,
- die Körperschalldämpfung abstrahlender Oberflächen (s. auch VDI 3727[149]),
- die Verbesserung der Luftschalldämmung durch Aufbringung schwerer, biegeweicher Wände oder Doppelwände unter Ausfüllung des Zwischenraumes mit Absorptionsmaterial,
- die Auskleidung der Innenflächen von Gehäusewandungen mit Absorptionsmaterial,
- die Unterbindung der Körperschallübertragung durch Körperschalldämmung,
- der Verschluss nicht notwendiger Öffnungen und das Abdichten von Fugen,
- der Einbau von Schalldämpfern.

Zur Lärmminderung an der Schallentstehungsstelle siehe auch BG-Information BGI 688 Nr. 6.3[150].

---

[149] VDI 3727 Schallschutz durch Körperschalldämpfung Bl. 1 Ausg. 1984-02, Bl. 2, Ausg. 1984-11
[150] BGI 688 Lärm am Arbeitsplatz in der Metall-Industrie, Ausg. 2003

§ 7 Maßnahmen bei Lärmexposition

2.7.3.3 Lärmmindernde Gestaltung und Einrichtung der Arbeitsstätten und Arbeitsplätze (§ 7 Abs. 2 Nr. 3)

Zur **lärmmindernden Gestaltung** der Arbeitsstätten und Arbeitsplätze (**sekundäre Lärmschutzmaßnahmen**) gehören spezielle Maßnahmen der Lärmminderung bei der Schallausbreitung, wie die Verankerung von Maschinen in ausreichend dimensionierten Fundamenten oder die Aufstellung auf Schwingungsdämpfern zwischen Geschossdecke und Maschine (s. Kap. 2.10.5 Gestaltung und Einrichtung der Arbeitsstätten unter Beachtung der Exposition durch Vibrationen), sowie die akustische Abkopplung von Rohrleitungen von Maschinen, um die Übertragungen der Schwingungen (sowohl im Sinne des Lärmes als auch der Vibrationen nach den Definitionen dieser Verordnung) zu verringern, und ebenso die räumliche Konzentration lärmintensiver Geräte in der Arbeitsstätte, um dadurch zusätzliche lärmarme Bereiche zu schaffen.

Bei der **Neueinrichtung einer Arbeitsstätte** sollte im Hinblick auf die gesamte Lärmsituation am neuen Standort eine **schalltechnische Bestandsaufnahme** erfolgen. Insbesondere sind die am Standort auf benachbarte Betriebsstätten, Verkehrswege usw. zurückzuführenden **Lärmimmissionen zu erfassen**. Entscheidend ist hierbei die Ausweisung im Bauleitplan (Bebauungsplan, Flächennutzungsplan) bzw. die aufgrund der vorhandenen Bebauung vorzunehmende Gebietseinstufung (z. B. Mischgebiet, Gewerbegebiet, Industriegebiet). Die schallschutztechnische Bestandsaufnahme kann durch einen Sachverständigen oder ein sachverständiges Institut (z. B. Ingenieurbüro) erfolgen. Nach §§ 26, 28 BImSchG[151] sind in den 16 Ländern Messstellen bekannt gegeben worden.

Hinsichtlich der zukünftigen Lärmsituation eines Arbeitsraumes kann die Erstellung eines **Lärmschutzgutachtens** zweckmäßig sein, um zu einer Lärmprognose zu gelangen. Bereits bei **Planung und Einrichtung einer Arbeitsstätte** ist die Geräuschsituation innerhalb wie außerhalb des Gebäudes, in ihrem Umfeld und auf dem eigenen Betriebsgelände zu berücksichtigen. Dies kann geschehen durch

---

[151] BImSchG i.d.F. der Bek. vom 26.9.2002 (BGBl. I S. 3830), zul. geänd. durch Art. 3 G vom 11.8.2010 (BGBl. I S. 1163).

§ 7 Maßnahmen bei Lärmexposition

- **Anordnung der Räume im Gebäude**, insbesondere der Arbeits-, Pausen-, Bereitschaftsräume, auf der von äußeren Lärmquellen (z. B. dem Verkehr) abgewandten Seite des Gebäudes, z. B. mit Blick auf einen Innenhof,
- **Anordnung der Raumfenster auf der Lärmschattenseite**,
- den Fenstern vorgelagerte Balkons mit dämpfender Beschichtung,
- fensterverglaste Fassaden bei klimatisierten Gebäuden,
- Anordnung nur der Schmalseite des betreffenden Raumes zu den äußeren Schallquellen,
- **Einbau von Schallschutzfenstern**,[152]
- Verwendung geeigneter Bau- und Schallabsorptionsmaterialien an den Gebäudeaußenwänden.[153]

Zum Schutz des Betriebsgebäudes mit lärmempfindlichen Räumen, z. B. Büro-, Pausen-, Bereitschaftsräumen, vor **Immissionen des Verkehrs** und/oder benachbarter Betriebsstätten können **Lärmschutzwälle** und **Lärmschutzwände**, die zwischen Gebäude und Verkehrsweg bzw. benachbarten Betriebsstätten angeordnet sind, eine Verringerung der abgestrahlten Geräusche bewirken. Die maximal erreichbare Minderung des Pegels beträgt ca. 15 dB (A)[154].

Als wichtige bauliche Maßnahme innerhalb des Gebäudes kommt die Erhöhung der **Luft- und Trittschalldämmung** durch Vergrößerung der flächenbezogenen Masse bei einschaliger Bauweise bzw. durch eine zweischalige Bauweise bei insgesamt gleicher Masse in Betracht, wobei **Schallabsorptionsmaterialien** im Hohlraum oder – bei einschaliger Bauweise – eine zusätzlich aufgebrachte schallabsorbierende Vorsatzschicht die Schalldämmung weiter verbessern.[155] Dies gilt zugleich zur Abwehr von außen auf das Gebäudeinnere einwirkende Lärmimmissionen.[156]

---

[152] Siehe VDI 2719 Schalldämmung von Fenstern und deren Zusatzeinrichtungen, Ausg. 1987-08; hierbei sind die Lüftungs- und Klimaverhältnisse im Raum (Anh. Nr. 3.5, 3.6 Abs. 1 bis 3 ArbStättV) zu beachten, z. B. Schallschutzfenster mit eingebauter Lüftung.
[153] Siehe DIN 4109 Entwurf: Schallschutz im Hochbau – Teil 1: Anforderungen, Ausg. 2006-10; ferner VDI 2569 Schallschutz und akustische Gestaltung im Büro, Ausg. 1990-01.
[154] Siehe Lärmbekämpfung '88 Tendenzen – Probleme – Lösungen, Materialien zum 4. Immissionsschutzbericht der Bundesregierung an den Deutschen Bundestag; Hrsg. UBA, Berlin 1989, S. 414 ff. und VDI 2720 Bl. 1 Schallschutz durch Abschirmung im Freien, Ausg. 1997-03.
[155] Siehe DIN 4109 Entwurf: Schallschutz im Hochbau – Teil 1: Anforderungen, Ausg. 2006-10
[156] Trittschalldämmung wird nach DIN 4109 z. B. durch weich federnde Bodenbeläge erreicht.

§ 7 Maßnahmen bei Lärmexposition

Die räumliche **Zusammenfassung lärmerzeugender Anlagen** und/oder Maschinen anstatt sie im Betrieb zu verteilen trägt zur Minderung des **Schallpegels** bei. Die passive Exposition gegenüber Lärm kann so verringert werden. Das kann auch als organisatorische Maßnahme angesehen werden, sollte aber möglichst bereits bei Planung und Einrichtung der Arbeitsstätte berücksichtigt werden.[157]

Eine weitere lärmmindernde Maßnahme zur Senkung des Schallpegels im Arbeitsraum besteht in der **Ausgliederung und akustischen Trennung** der Aufstellungsbereiche lärmintensiver Anlagen und Maschinen. Voraussetzung ist allerdings, dass dies betriebstechnisch und vom Verfahrensablauf her möglich ist.[158]

Außerdem sollte die Möglichkeit der **Fernbedienung** aus schallgeschützten Steuerständen und -kabinen von starken Lärm erzeugenden Anlagen und Maschinen genutzt werden.

2.7.3.4 Technische Maßnahmen zur Luftschallminderung (§ 7 Abs. 2 Nr. 4)

Bei der Einrichtung von Arbeitsstätten sind auch **technische Maßnahmen zur Minderung der Luftschallausbreitung**[159,160] zu ergreifen, die von der Kapselung von Maschinen über schallabsorbierende Dämmmaßnahmen an den Raumwänden und der Raumdecke[161], mit denen die Schallausbreitung verringert werden soll, bis zum Schutz der Beschäftigten in schallgeschützten Kabinen reichen.

Körperschall entsteht durch Schwingungen von Anlagen/Maschinenteilen. Er wird durch die Standfläche der Anlage/Maschine, über Rohrleitungen oder Verbindungselemente auf andere Flächen, z. B. Raumwände, Fußboden, Decke, übertragen und von dort als Luftschall abgestrahlt. Durch

---

[157] Siehe Arbeitsschutzinformation Nr. 3 des Senators für Arbeit Bremen, ferner Maue J. H.: 0 Dezibel + 0 Dezibel = 3 Dezibel, Berlin 2009, S. 71.
[158] Siehe auch Hanel J.: Körperschalldämpfung, ein wirksames Mittel der Lärmbekämpfung, Z. Steine und Erden 4/1981, S. 126 ff.
[159] Siehe hierzu auch die diesbezüglichen Arbeitswissenschaftlichen Erkenntnisse der BAuA.
[160] Als Beispiel für technische Maßnahmen in einem bestimmten Wirtschaftszweig s. Broschüre Lärm – Anwendung in der Druckindustrie und Papierverarbeitung (Hrsg. BG Druck und Papierverarbeitung), Abschn. 4 S. 12–19.
[161] Siehe hierzu auch Hecker C., Christ E. u. a.: Lärm- und Vibrations-Arbeitsschutzverordnung, Praxiskommentar, Berlin 2008, S. 111, 112.

§ 7 Maßnahmen bei Lärmexposition

Körperschalldämmung an der Quelle kann der übertragene Luftschall verringert werden, z. B. durch

- schwingungs- und körperschallgedämmte Anlagen-/Maschinenaufstellungen,
- Einbau eines schweren Anlagen-/Maschinenfundamentes,
- Vergrößerung des Abstandes zwischen Anregungsort und zu schützendem Arbeitsplatz,
- schalldämmende Vorsatzschalen im schutzbedürftigen Arbeitsraum.[162]

Durch **Rohrleitungen**[163] oder Kanäle in den Arbeitsraum übertragener Luftschall kann durch Schalldämpfer verringert werden. Als Schalldämpfer kommen Reflexions- und Resonator-, Drossel- und Absorptionsschalldämpfer in Betracht. Mit Schalldämpfern lassen sich Pegelminderungen bis zu 40 dB erzielen. In der Fachliteratur wird beispielsweise eine Abfüllanlage für Flüssigkeiten beschrieben, an der die Entlüftungsanschlüsse aller Pneumatikventile zu einem Sammelschalldämpfer geführt wurden und dadurch eine deutliche Senkung des Schallpegels in der Aufstellungshalle erreicht werden konnte.[164]

Die **Kapselung** der Lärmquelle erfolgt durch einen Blechmantel bzw. ein Blechgehäuse mit hohem Flächengewicht, wobei die Innenseite zur Luftschalldämpfung mit Absorptionsmaterial beschichtet ist. Die Schallpegelminderung wird durch die Luftschalldämmung der Kapselwandung und den Absorptionsgrad der Kapselinnenfläche bestimmt, wobei die Schallabstrahlung durch betriebsbedingte Öffnungen sowie durch Undichtigkeiten und Körperschall zu beachten sind. Es wird unterschieden zwischen Vollkapselung der gesamten Anlage/Maschine, Teilkapselung einzelner Teile der Anlage/Maschine, die als Schallquelle erkannt sind, und integrierter Kapse-

---

[162] Siehe z. B. Schommer A.: Lärmarm Konstruieren VI – Körperschalldämpfung durch Kunststoffschichten an Strukturen aus Stahl, BAuA Fb 312; Gräbner Th.: Entwicklung und Erprobung eines lärmarmen Pressensystems für universelle Anwendungszwecke, BAuA Fb 696; Bezugsquellen für Körperschall-Isolierungen s. BGIA-Handbuch Sicherheit und Gesundheitsschutz am Arbeitsplatz, Berlin 2007, Kennziff. 240210 Nr. 2.6; ferner VDI 3727 Bl. 1 und Bl. 2 Schallschutz durch Körperschalldämpfung, Ausg. 1984-02 bzw. 1984-11.
[163] VDI 3733 Geräusche bei Rohrleitungen, Ausg. 1996-07.
[164] Siehe hierzu Maue J. H.: Geräuschminderung durch Kapselung – Hinweise zur Gestaltung von Kapseln einfacher Bauart, in BGIA-Handbuch Sicherheit und Gesundheitsschutz am Arbeitsplatz, Berlin 2007, Kennziff. 230231; Kurze U. J., Nürnberger H.: Schallschutzkapseln und ihre Anwendung, BAuA Fb 806.

§ 7 Maßnahmen bei Lärmexposition

lung, wobei die Kapselung in die Anlagen-/Maschinenkonstruktion einbezogen ist.

In der Praxis können durch Schallminderungen

- bei schalldämmenden Matten von 5 bis 10 dB (A),
- bei einschaligen, schallabsorbierend ausgekleideten Kapseln mit einfach elastischer Lagerung der Schallquelle von 10 bis 25 dB (A),
- bei zweischaligen Kapseln mit doppeltelastischer Lagerung der Schallquelle von 20 bis 50 dB (A) (Sandwichbauweise)[165]

erreicht werden.

Durch eine **Teilkapselung**, also eine Schallschutzmaßnahme, die hinsichtlich ihrer Wirkung zwischen Kapselung der Lärmquelle und Schallschirm anzusiedeln ist, wird nur eine Lärmminderung von weniger als 5 dB (A) erreicht[166].

Zur Verhinderung bzw. Verminderung der direkten Schallabstrahlung einer Lärmquelle im Arbeitsraum hin zum Arbeitsplatz/Arbeitsbereich im gleichen Raum kommen **Schallschirme**[167] in Betracht. Schallschirme sind freistehende Wände, die als schallabsorbierendes Hindernis die Schallausbreitung beeinflussen. Schallschirme können je nach Art der Schallquelle als einfache Abschirmwand, seitliche Umschließungen oder Teiltrennwände ausgebildet sein. Einfache Abschirmwände sind leicht versetzbar und dienen als Schallschutz am Arbeitsplatz vorzugsweise in der Richtung zur Schallquelle. Seitliche Umschließungen des Arbeitsplatzes durch Schallschutzwände schirmen diesen gegen Schallimmissionen nach mehreren Seiten ab.

---

[165] Siehe auch BGI 688 Lärm am Arbeitsplatz in der Metall-Industrie (Hrsg.: Vereinigung der Metall-Berufsgenossenschaften) Nr. 6.4.1; ferner Maue J. H.: Geräuschminderung durch Kapselung – Hinweise zur Gestaltung von Kapseln einfacher Bauart, in BGIA-Handbuch Sicherheit und Gesundheitsschutz am Arbeitsplatz, Berlin 2007, Kennziff. 230231 (hier: Nr. 5 Tab. 1 Kapselkonstruktion und erreichbare A-bewertete Schallpegelminderung).
[166] Kurze U. J. u. a.: Schallschutz durch Teilkapselung (Abschirmung im Nahfeld), BAuA Fb 212; Schwarz H.: Sekundärer Schallschutz, Z. Umwelt 1/1977, S. 39 ff.
[167] Siehe hierzu Maue J. H.: Schalldämmung durch Abschirmungen aus Absorptionsmaterial, in BGIA-Handbuch Sicherheit und Gesundheitsschutz am Arbeitsplatz, Berlin 2007, Kennziff. 230232; VDI 2720 Bl. 1 Schallschutz durch Abschirmung im Freien Ausg. 1997-03, Bl. 2 Schallschutz durch Abschirmung in Räumen Ausg. 1983-04; Entw. Bl. 3 Schallschutz durch Abschirmung im Nahfeld; teilweise Umschließung, Entw. 1983-02; BGI 688 Lärm am Arbeitsplatz in der Metall-Industie Nr. 6.4.2.

§ 7 Maßnahmen bei Lärmexposition

Teiltrennwände können auch mehrere Arbeitsplätze oder ganze Arbeitsbereiche und Pausenbereiche in großen Arbeitsräumen (Betriebshallen) gegen den von den übrigen Arbeitsplätzen ausgehenden Lärm abschirmen, ohne dass eine vollständige Raumtrennung erforderlich wird. Abschirmwände können zugleich den Schutz der Umgebung, z. B. benachbarter Arbeitsplätze, vor anderen Gefährdungen bewirken, die vom abgeschirmten Arbeitsplatz ausgehen, wie Lichtstrahlen beim Lichtbogenschweißen, spritzende Flüssigkeiten, heiße Metallteile. Allerdings kann die Wirkung von **Schallschirmen** durch Reflexion des Schalls an benachbarten Flächen deutlich gemindert werden, weshalb in flachen Arbeitsräumen der Deckenbereich über den Schallschirmen bzw. der Wandbereich neben den Schallschirmen auf jeden Fall schallabsorbierend verkleidet werden sollte.[168]

Das hauptsächliche Einsatzfeld von Schallschirmen sind große Betriebshallen und Büroräume (Großraumbüros)[169], Call-Center.

Durch **Verwendung schallabsorbierender Wand- und Deckenbaustoffe** und schallabsorbierender Wand- und Deckenverkleidungen mit einem hohen Schallabsorptionsgrad kann bei der Einrichtung von Arbeitsräumen der Schallpegel im Raum gesenkt werden. Nach VDI 3760[170] ist die **Wirkung schallabsorbierender Verkleidungen** umso größer, je höher der Absorptionsgrad des Materials oder Systems ist und je größer die verkleideten Flächen sind.

Der Stand der Technik (s. Kap. 2.2.7 Stand der Technik) kann als eingehalten gelten, wenn in den Oktavbändern mit den Mittenfrequenzen von 500 Hz bis 4000 Hz die Schallpegelabnahme pro Abstandsverdopplung im Abstands-

---

[168] Siehe hierzu auch VDI 3760 Berechnung und Messung der Schallausbreitung in Arbeitsräumen Ausg. 1996-02.
[169] Weitere Informationen zur Lärmminderung in Arbeitsräumen durch Abschirmung s. neben
VDI 2720 Bl. 1 Schallschutz durch Abschirmung im Freien, Ausg. 1997-03,
VDI 2720 Bl. 2 Schallschutz durch Abschirmung in Räumen, Ausg. 1983-04,
VDI 2720 Bl. 3 Schallschutz durch Abschirmung im Nahfeld; teilweise Umschließung, Entw. 1983-02 auch die BAuA Arbeitswissenschaftlichen Erkenntnisse 1/1979 und BAuA AWE Nr. 124 Bildschirmarbeit – Lärmminderung in Mehrpersonenbüros, S. 20 (Abschirmung in Verbindung mit Schallabsorption).
Bezugsquellen für Schallschutzwände und Abschirmungen s. BGIA-Handbuch Sicherheit und Gesundheitsschutz am Arbeitsplatz, Berlin 2010, Kennziff. 240210;
ferner s. BGI 688 Lärm am Arbeitsplatz in der Metall-Industie Nr. 6.4.2.
[170] VDI 3760 Berechnung und Messung der Schallausbreitung in Arbeitsräumen, Ausg. 1996-02; s. hierzu auch BAuA, Broschüre Technik 26, Akustische Gestaltung von Bildschirmarbeitsplätzen in Büros, S. 13 ff. und Technik 27, Akustische Gestaltung von Bildschirmarbeitsplätzen in der Produktion, S. 9 ff.

§ 7 Maßnahmen bei Lärmexposition

bereich von 0,75 m bis 6 m mindestens 4 dB beträgt oder wenn der mittlere Schallabsorptionsgrad α mindestens 0,3 beträgt.[171]

Bei raumakustischen Maßnahmen in Räumen, in denen sich mehrere Menschen aufhalten, wie Pausenräumen und Unterrichtsräumen, wird die technisch erreichbare Lärmminderung zusätzlich durch den psychologischen Effekt verstärkt, dass Gespräche in ruhigerer Umgebung leiser geführt werden. Der Schallpegel kann dadurch zusätzlich um bis zu 3 dB absinken.

Entscheidend für die Schallpegelminderung ist die Verringerung der **Nachhallzeit** (s. Kap. 1.3.2 Schallausbreitung, -absorption und -dämmung). Mit jeder Halbierung der Nachhallzeit ist eine Pegelminderung bis zu 3 dB zu erreichen. Schallabsorbierende Wand- und Deckenverkleidungen bringen die größten Effekte in Räumen mit akustisch harten Oberflächen.

Als **Schallabsorptionsmaterialien** kommen häufig poröse Stoffe mit großen inneren Oberflächen (z. B. Kunststoffschaum, Mineralwolle) zum Einsatz. Diese sollten dauerhaft und vollständig durch Folie oder vergleichbare Materialien kaschiert und geschützt sein, um das Austreten von Dämmstoffpartikeln in die Raumluft zu verhindern. Als **Schutz gegen Schlag- und Stoßbeanspruchung** kann das absorbierende Material z. B. durch Lochbleche oder Drahtgeflecht geschützt werden. Schallabsorbierende Stoffe können unmittelbar in die Decken- und Wandbauteile integriert sein, z. B. in gelochte Stahltrapezbleche. In hohen Hallen bis auf 3 m Höhe über der Lärmquelle an der Raumdecke abgehängte **schallschluckende Einzelelemente** (z. B. zum Raum hin profilierte Schaumstoffpyramidenplatten, Mineralfaserkulissen, horizontal abgehängte Mineralfaserzylinder) haben sich durch Verringerung der Schallreflexion und die dadurch erreichte Schallpegelminderung als zweckmäßig erwiesen.[172]

---

[171] TRLV Lärm, Teil 3: Lärmschutzmaßnahmen, Ausg. Januar 2010
S. auch Maue H.: 0 Dezibel + 0 Dezibel = 3 Dezibel, Berlin 2009, Nr. 4.7.3, S. 84.
[172] Hahn R.: Lärmminderung durch raumakustische Maßnahmen, Z. sicher ist sicher 5/1988, S. 232 ff. und
Hahn R. u. a.: Informationsschrift mit gleichem Titel wie oben der Zentralstelle für Sicherheitstechnik, Strahlenschutz und Kerntechnik NW (1986) mit zahlreichen Beispielen aus der Praxis; ferner
Fischer S.: Verbesserung der Geräuschsituation in Fertigungsräumen durch Minderung des Reflexionsanteils, Z. Die BG 5/1984, S. 338;
N. N.: Schallabsorption in Arbeitsräumen, Z. Sicher Arbeiten 2/1993, S. 52 ff.;
Bezugsquellen für Schalldämmmaterialien und schallschluckende Werkstoffe sind im BGIA-Handbuch Sicherheit und Gesundheitsschutz am Arbeitsplatz, Berlin 2007 unter der Kennziff. 240210 Nr. 2.4, 2.5 aufgeführt.

Eine weitere Maßnahme ist die **Ausgliederung des Arbeitsplatzes** aus Raumbereichen mit hohem Schallimmissionspegel in andere abgetrennte Räume oder die schallgeschützte Abtrennung des Arbeitsplatzes, was vor allem für eine mehr beobachtende, steuernde Tätigkeit gilt. So können Steuer-Bedienungsstände, Leitwarten usw. in allseits umschlossenen **schallgeschützten Kabinen** (Schallschutzkabinen) untergebracht werden. Diese können eine Schallpegelabsenkung bis zu 50 dB (A) erbringen.[173]

Vor allem bei allseits geschlossenen Schallschutzkabinen ist nach der Arbeitsstättenverordnung auf eine entsprechende gesundheitlich einwandfreie Lüftung (Anh. Nr. 3.6 ArbStättV) zu achten, was i. d. R. nur durch Einsatz einer lüftungstechnischen Anlage zu erreichen ist. Zusätzlich muss eine ausreichende Wärmeabfuhr aus der Kabine(Anh. Nr. 3.5 Abs. 1 ArbStättV) gewährleistet sein.[174]

Weitere, wenn auch weniger wirksame, Möglichkeiten der Lärmminderung unmittelbar am Arbeitsplatz sind **teilweise offene Schallschutzschirme**, -wände, -vorhänge, schallabsorbierende Boxen, wie sie bereits für Telefoneinrichtungen in Lärmbereichen bekannt sind. Mittlerweile gibt es Schallschutzsysteme nach Baukastenart, die dem betroffenen Arbeitsplatz individuell angepasst werden können.

2.7.3.5 Wartungsprogramme für Arbeitsmittel und schallschutztechnische Einrichtungen (§ 7 Abs. 2 Nr. 5)

Maschinen und Geräte werden durch Verschleiß, z. B. der Lager und der Passungen, lauter. Eine **regelmäßige Instandhaltung** der Arbeitsmittel und der getroffenen technischen Lärmschutzmaßnahmen ist daher erforderlich. Die in Abs. 2 Nr. 5 geforderten Wartungsprogramme – richtig müsste es Instandhaltungsprogramme heißen – erfassen die gesamte Instandhaltung nach DIN 31051 Grundlagen der Instandhaltung Ausg. 2003-06, also Wartung, Inspektion, Instandsetzung, Verbesserung). Es handelt sich hierbei um einen Bestandteil der Lärmschutzprogramme. Auch die **schallschutztechnischen Einrichtungen** müssen regelmäßig instand gehalten werden, um ihre

---

[173] BGI 688 Lärm am Arbeitsplatz in der Metall-Industie, Ausg. 2009, Nr. 636
[174] Siehe ergänzend Schmidt K.-P. u. a.: Lärmminderung am Arbeitsplatz – Beispielsammlung (BAuA Fb 283);
BGI 688 Lärm am Arbeitsplatz in der Metall-Industrie, Ausg. 2009,
VDI 2720 Bl. 2 Schallschutz durch Abschirmung in Räumen, Ausg. 1983-04.

§ 7 Maßnahmen bei Lärmexposition

volle Funktionsfähigkeit zu erhalten. In Arbeitsstätten hat die regelmäßige Instandhaltung auf der Grundlage des § 4 Abs. 1 ArbStättV zu erfolgen.

2.7.3.6 Arbeitsorganisatorische Maßnahmen zur Verringerung der Lärmexposition (§ 7 Abs. 2 Nr. 6)

Durch **arbeitsorganisatorische Maßnahmen** kann durch Halbierung der täglichen Expositionszeit eine Verringerung der Tagesdosis von 3 dB erreicht werden, falls während der übrigen Zeit die Exposition 70 dB(A) nicht übersteigt.

Zu den organisatorischen Maßnahmen gehören auch Änderungen der Betriebsbedingungen von Maschinen, die Verkürzung der Laufzeiten lärmintensiver Maschinen sowie die Gewährung von zusätzlichen **Lärmpausen** für die Beschäftigten[175] oder die Arbeit an **Mischarbeitsplätzen** mit unterschiedlichen Lärmpegeln. Es ist i. Ü. regelmäßig zu prüfen, ob wirklich alle Arbeitsgänge in der Nähe Lärm emittierender Betriebsanlagen, also unter Lärmeinfluss, vorgenommen werden müssen.

2.7.4 Ruheräume (§ 7 Abs. 3)

Für **Ruheräume** wird gefordert, dass die Lärmexposition der Benutzer dem Zweck der Räume entsprechend so niedrig wie möglich zu sein hat.[176] Während sich § 7 Abs. 1 vorrangig auf die Lärmemissionen bezieht, werden in Abs. 3 die auf den Raum und die Raumbenutzer einwirkenden **Lärmimmissionen** angesprochen. Sie müssen durch die Anordnung und Ausstattung (z. B. mit Schallschutzfenstern, -türen) der Ruheräume im Gebäude gegen Einwirkungen von außen (z. B. Straßenverkehrslärm, Lärm vom Betriebshof) oder aus benachbarten Räumen mit Lärm emittierenden Betriebsanlagen abgeschirmt werden. Das gilt in gleicher Weise für Wohncontainer auf Baustellen, auf einem Betriebsgelände oder auf sonstigen Aufstellungsplätzen. Der **Begriff des Ruheraums** wird in der Verordnung nicht näher

---

[175] Klosterkötter W. u. a.: Experimentelle Untersuchungen zum Thema „Lärmpausen" einschließlich Untersuchungen über Expositionstests gemäß VDI-Richtlinie 2058 Bl. 2, BAuA Fb 130.
[176] Die amtliche Begründung zur LärmVibrationsArbSchV erläutert dazu: „Absatz 3 setzt Artikel 5 Abs. 4 der Richtlinie 2003/10/EG um, wonach der Lärm in den Beschäftigten zur Verfügung gestellten Ruheeinrichtungen so weit zu verringern ist, dass er mit ihrem Zweck und den Bedingungen ihrer Nutzung vereinbar ist."

bestimmt. Als Ruheräume i. S. d. Abs. 3 kommen z. B. Unterkünfte für die Beschäftigten auf abgelegenen Arbeitsplätzen, insbesondere die Schlaf- und Wohnbereiche (§ 6 Abs. 5, Anh. Nr. 4.4 ArbStättV; ASR A4.4 Unterkünfte), in Betracht, ferner besondere Räume, die für schwangere Frauen und stillende Mütter eingerichtet sind (§ 6 Abs. 2 Satz 4 ArbStättV). Auch Räume für das medizinische Personal im Bereitschaftsdienst in Krankenhäusern oder vergleichbar für das Pflegepersonal in Alten- und Pflegeheimen werden von der Vorschrift des Abs. 3 erfasst. Bei Pausen- und Bereitschaftsräumen, in denen sich die Beschäftigten während der Arbeitspausen bzw. in Zeiten der Arbeitsbereitschaft (§ 6 Abs. 2 Satz 3 ArbStättV) aufhalten, ist davon auszugehen, dass auf diese Räume die Vorschrift des Abs. 3 ebenfalls anzuwenden ist. Als Richtwerte für die Lärmimmissionen in Ruheräumen sind Beurteilungspegel von 45 dB(A) tagsüber und 35 dB(A) nachts (22:00–06:00 Uhr) anzustreben.[177]

2.7.5 Lärmbereiche (§ 7 Abs. 4)

Lärmbereiche sind ortsfeste oder bewegliche Arbeitsbereiche, in denen einer der oberen Auslösewerte ($L_{EX,8h}$, $L_{pC,peak}$) nach § 6 Nr. 1 überschritten werden können.

Die Kennzeichnung der Lärmbereiche erfolgt mit dem Gebotszeichen M 003 „Gehörschutz tragen", eventuell ergänzt durch das Verbotszeichen P 006 „Zutritt für Unbefugte verboten" nach ASR A1.3 Sicherheits- und Gesundheitsschutzkennzeichnung.[178] Soweit das möglich ist, ist der Zugang zu Lärmbereichen einzuschränken. Auch mobile Arbeitsplätze (z. B. Gabelstapler) und Arbeitsmaschinen mit einem A-bewerteten Emissions-Schalldruckpegel von 85 dB(A) sind mit M 003 zu kennzeichnen.

---

[177] Siehe hierzu z. B. Nr. 6 der Technischen Anleitung zum Schutz gegen Lärm vom 26.8.1998 (GMBl. S. 503).
[178] Das entspricht bis auf die geänderten Auslösewerte der bisherigen Regelung nach § 7 Abs. 2 der bisherigen BG-Vorschrift BGV B3.

§ 7 Maßnahmen bei Lärmexposition

Abb. 12 Kennzeichnung der Lärmbereiche

M 003

P 006

Beschäftige dürfen sich in **Lärmbereichen** nur aufhalten, wenn das Arbeitsverfahren dies erfordert und die Beschäftigten wirksamen Gehörschutz verwenden. Daraus abzuleiten ist ein **Verbot für alle sonstigen Arbeiten**, die nicht notwendig im Lärmbereich ausgeführt werden müssen. Das Verbot gilt auch, wenn es dadurch erforderlich ist, einen Lärmbereich, z. B. bei innerbetrieblichen Transportvorgängen, regelmäßig zu umfahren.

Aus dem Hinweis auf die grundlegende Lärmschutzvorschrift des § 7 Abs. 1 ist zu folgern, dass Lärmbereiche nur zulässig sind, wenn sie betriebstechnisch unabdingbar sind.

§ 7 Maßnahmen bei Lärmexposition

2.7.6 Programm technischer und organisatorischer Maßnahmen zur Verringerung der Lärmexposition (§ 7 Abs. 5)

Wird einer der oberen Auslösewerte nach § 6 Nr. 1 überschritten, ist umgehend und dann in regelmäßigen Abständen anhand eines **Lärmminderungsprogramms** die Frage zu klären, ob die Lärmexposition nach dem aktuellen Stand der Technik noch zulässig ist und ob ggf. Lärmbereiche beseitigt werden können oder zumindest die Lärmexposition im Rahmen des betrieblich Möglichen weiter verringert werden kann. Dabei sind die Rangfolge und die Art der Maßnahmen nach § 7 Abs. 1 und 2 zu beachten.[179] Das Lärmminderungsprogramm ist grundsätzlich solange durchzuführen, bis zuverlässig sichergestellt ist, dass die oberen Auslösewerte nicht mehr überschritten werden

Im Rahmen des Lärmminderungsprogramms[180] sind zunächst die **Lärmschwerpunkte** durch wenige zusätzliche Messungen oder rechnerisch aus den Schallleistungspegeln der einzelnen Maschinen und den Raumeigenschaften zu bestimmen. Sanierungsmaßnahmen sollten bei den Lärmschwerpunkten beginnen.

Durch Vergleich mit ähnlichen Verfahren und Maschinen[181] kann geprüft werden, ob der **Stand der Lärmminderungstechnik** erreicht ist.

Die **Ursachenanalyse** zeigt, welche Maschinen oder Raumeigenschaften (z. B. hinsichtlich der Schallreflexionen) für den Pegel im Raum bestimmend sind.

---

[179] Die amtliche Begründung zur LärmVibrationsArbSchV erläutert dazu:
„Das Lärmminderungsprogramm entspricht dem in § 6 der UVV BGV B3 geforderten Programm. Danach hat der Arbeitgeber bei Überschreitung der oberen Auslösewerte bisher schon ein Lärmminderungsprogramm mit technischen und organisatorischen Maßnahmen zur Verringerung der Lärmexposition ausarbeiten und durchführen müssen. Reichen die unter Berücksichtigung des Standes der Technik getroffenen Maßnahmen nicht aus, um die Lärmexposition hinreichend zu mindern, bleibt als zeitlich befristete Schutzmaßnahme die Verwendung von Gehörschutz. Wegen der besonderen Gefährdung einer Exposition oberhalb der oberen Auslösewerte ist das Lärmminderungsprogramm kontinuierlich zu überprüfen und erneut auszuarbeiten und durchzuführen, wenn sich wesentliche Änderungen am Arbeitsplatz oder aufgrund der Weiterentwicklung beim Stand der Technik ergeben."

[180] Siehe hierzu auch BGI 675 Geräuschminderung im Betrieb – Lärmminderungsprogramm – Lärmschutzarbeitsblatt LSA 01-305, Ausg. 10.2008.

[181] Geräuschemissionen von Maschinen einer Art und Leistungsklasse von unterschiedlichen Herstellern können erfahrungsgemäß um 5 bis 20 dB(A) voneinander abweichen (TRLV Lärm, Teil 3: Lärmschutzmaßnahmen, Ausg. Januar 2010, Nr. 7.3 Abs. 4).

In einer Lärmminderungsprognose ist zu klären, welche Maßnahmen sinnvoll und welche Lärmminderungen erreichbar sind.

2.8 § 8 Gehörschutz

> **§ 8**
> **Gehörschutz**
>
> (1) Werden die unteren Auslösewerte nach § 6 Satz 1 Nr. 2 trotz Durchführung der Maßnahmen nach § 7 Abs. 1 nicht eingehalten, hat der Arbeitgeber den Beschäftigten einen geeigneten persönlichen Gehörschutz zur Verfügung zu stellen, der den Anforderungen nach Absatz 2 genügt.
>
> (2) ¹Der persönliche Gehörschutz ist vom Arbeitgeber so auszuwählen, dass durch seine Anwendung die Gefährdung des Gehörs beseitigt oder auf ein Minimum verringert wird. ²Dabei muss unter Einbeziehung der dämmenden Wirkung des Gehörschutzes sichergestellt werden, dass der auf das Gehör des Beschäftigten einwirkende Lärm die maximal zulässigen Expositionswerte $L_{EX,8h}$ = 85 dB(A) beziehungsweise $L_{pC,peak}$ = 137 dB(C) nicht überschreitet.
>
> (3) Erreicht oder überschreitet die Lärmexposition am Arbeitsplatz einen der oberen Auslösewerte nach § 6 Satz 1 Nr. 1, hat der Arbeitgeber dafür Sorge zu tragen, dass die Beschäftigten den persönlichen Gehörschutz bestimmungsgemäß verwenden.
>
> (4) ¹Der Zustand des ausgewählten persönlichen Gehörschutzes ist in regelmäßigen Abständen zu überprüfen. ²Stellt der Arbeitgeber dabei fest, dass die Anforderungen des Absatzes 2 Satz 2 nicht eingehalten werden, hat er unverzüglich die Gründe für diese Nichteinhaltung zu ermitteln und Maßnahmen zu ergreifen, die für eine dauerhafte Einhaltung der Anforderungen erforderlich sind.

2.8.1 Bereitstellung von persönlichem Gehörschutz (§ 8 Abs. 1)

Wenn trotz der Lärmminderungsmaßnahmen die unteren Auslösewerte $L_{EX,8h}$ = 80 dB(A) bzw. $L_{pC,peak}$ = 135 dB(C) überschritten werden, bleibt nach Abs. 1 als letzte Schutzmöglichkeit der **individuelle Gehörschutz**, den der Arbeitgeber auf seine Kosten zur Verfügung zu stellen hat. Beide Auslösewerte sind getrennt zu prüfen, da jeder für sich bei einer Überschreitung unterschiedliche Arten von Gehörschutz erfordern kann.

§ 8 Gehörschutz

Im Bereich unterhalb von $L_{EX,8h}$ = 85 dB(A) bzw. $L_{pC,peak}$ = 137 dB(C) besteht für die betroffenen Beschäftigten noch keine **Tragepflicht** für den Gehörschutz. Es wird jedoch dringend geraten, den Gehörschutz schon zu verwenden, da die individuellen Voraussetzungen, ab welchen Lärmpegeln sich eine Schwerhörigkeit entwickelt, sehr unterschiedlich und vorher nicht bekannt sind.

Der **Gehörschutz muss „geeignet"** sein. Er muss die Pegel am Ohr so weit absenken, dass keine Beeinträchtigung des Hörvermögens und keine Gefährdung von Sicherheit und Gesundheit mehr bestehen. Er darf aber auch nicht zu stark schalldämmend ausgewählt werden, um die Kommunikation nicht mehr als nötig zu behindern. Detaillierte Angaben hierzu enthält § 8 Abs. 2.

2.8.2 Auswahl von Gehörschutz (§ 8 Abs. 2)

2.8.2.1 Expositionsgrenzwerte

Abs. 2 führt ergänzend zu den Auslösewerten nach § 6 **maximal zulässige Expositionswerte** $L_{EX,8h}$ = 85 dB(A) bzw. $L_{pC,peak}$ = 137 dB(C) ein, die unter Einbeziehung der dämmenden Wirkung des Gehörschutzes nicht überschritten werden dürfen.[182] Sie sind zahlenmäßig identisch mit den oberen Auslösewerten und werden auch mit dem gleichen Formelzeichen gekennzeichnet.

Die oberen Auslösewerte sind jedoch im Gegensatz zu den **personenbezogenen** maximal zulässigen Expositionswerten Lärmpegel, die im Raum ohne Berücksichtigung des Gehörschutzes gemessen werden (§ 6 Abs. 2). Da eine Messung des Lärmpegels unter Gehörschutz z. Z. nicht möglich ist, wird der Restpegel unter Gehörschutz berechnet.

Wenn verschieden lärmintensive Bereiche zur Arbeitsstätte gehören, kann, bezogen auf den jeweiligen Beschäftigungsbereich, unterschiedlicher Gehörschutz erforderlich werden.

Der Expositionsgrenzwert der EG-Richtlinie Lärm

$$L_{EX,8h} = 87\ dB(A)\ bzw.\ L_{pC,peak} = 200\ Pa\ (entsprechend\ 140\ dB)$$

---

[182] Art. 3 Abs. 2 der EG-Richtlinie Lärm spricht von der „effektiven Exposition" der Arbeitnehmer unter Berücksichtigung der dämmenden Wirkung des persönlichen Gehörschutzes.

wurde bei der Umsetzung in deutsches Recht unter Berücksichtigung des Standes der wissenschaftlichen und arbeitsmedizinischen Erkenntnisse sowie aus praktischen Erwägungen (insbesondere der Sicherheit der Messergebnisse und der Wirkung von individuellem Gehörschutz) um 2 dB(A) verringert und damit dem oberen Auslösewert der EG-Richtlinie Lärm

$$L_{EX,8h} = 85 \text{ dB(A) bzw. } L_{pC,peak} = 137 \text{ dB(C)}$$

angepasst.

Dieser Wert wurde für den untertägigen Bereich auch in die vom Bundesministerium für Wirtschaft erlassene Gesundheitsschutz-Bergverordnung übernommen.[183]

Trotz der ausdrücklichen Einbeziehung des persönlichen Gehörschutzes in das Konzept zur Vermeidung von Schwerhörigkeit bleibt diese **individuelle Schutzmaßnahme nachrangig** zu anderen Maßnahmen. Der Lärm ist gemäß § 7 Abs. 1 Satz 2 Nr. 1 nach Möglichkeit an der Quelle zu bekämpfen.

Da die Expositionsgrenzwerte als A-bewertete Schalldruckpegel angegeben werden, also nur den Hörschall zwischen 16 Hz und 16 kHz erfassen, wobei die Pegel darüber und darunter stark abgesenkt werden, schließt diese Vorschrift **Infra- und Ultraschall**[184] praktisch aus.

2.8.2.2 Schalldämmung von Gehörschutz

Es ist nur Gehörschutz mit **ausreichender Schalldämmung**[185] zu verwenden, um die maximal zulässige Exposition sicher einzuhalten. Ziel bei der Auswahl von Gehörschutz ist jedoch eine etwas höhere Schalldämmung, damit ein Restschallpegel von 70 bis 80 dB(A) unter dem Gehörschutz erreicht wird (BGI 5024 Gehörschutz-Informationen Ausg. August 2007).[186]

---

[183] Amtl. Begründung zur LärmVibrationsArbSchV
[184] Grenzwerte im Leitfaden „Nichtionisierende Strahlung", Fachverband für Strahlenschutz e. V., Teil Infraschall, FS 97–88-AKNIR September 1997, Teil Ultraschall, FS 97–89-AKNIR September 1997, Bezug: Norbert Krause, BG Feinmechanik und Elektrotechnik, Gustav-Heinemann-Ufer 130, 50968 Köln; VDI 3766 Ultraschall – Arbeitsplatz, Messung, Bewertung, Minderung, Entw. 2008-10.
[185] Siehe auch DIN EN 458 Gehörschützer, Empfehlungen für Auswahl, Einsatz, Pflege und Instandhaltung, Ausg. 2005-02.
[186] Fachausschuss „Persönliche Schutzausrüstungen" (FA PSA), Information zur Lärm- und Vibrations-Arbeitsschutzverordnung (LärmVibrationsArbSchV), Stand 18.6.2007, http://www.dguv.de/psa

Tab. 13 Schutzwirkung bei Gehörschutz

Am Ohr wirksamer Restschallpegel dB(A)	Am Ohr wirksamer Restspitzenschallpegel dB(C)	Beurteilung der Schutzwirkung
> 85	> 137	nicht zulässig
> 80	> 135	zulässig, aber nicht empfehlenswert
≤ 80	≤ 135	empfehlenswert
< 70		Verständigung/Isolationsgefühl prüfen

Die bei ordnungsgemäßem Gebrauch erreichbare **Schalldämmung von Gehörschutz** wird in PNR (dB(A)) angegeben, der vorhergesagten Minderung des Geräuschpegels (**P**redicted **N**oise Level **R**eduction). Zur Bestimmung der effektiven Exposition zieht man von dem in der Arbeitsstätte oder in der Nähe des Ohres des Beschäftigten gemessenen Tages-Lärmpegel LEX,8h die Dämmung des getragenen Gehörschutzes PNR ab. Dabei wird unterstellt, dass der Gehörschutz ordnungsgemäß angewendet wird.

$$L'_{EX,8h} \, dB(A) - PNR \, dB(A) = \text{effektive Exposition } dB(A)$$

Die in der Baumusterprüfung bestimmten Dämmwerte von Gehörschutz können den **Benutzerinformationen** der Hersteller entnommen werden. Sie werden, weil Gehörschutz oft hohe und tiefe Frequenzen unterschiedlich dämmt, für verschiedene Frequenzbereiche getrennt angegeben (H_D-Wert, High = Dämmwert für hohe Frequenzen; M_D-Wert, Medium = Dämmwert für mittlere Frequenzen; L_D-Wert, Low = Dämmwert für tiefe Frequenzen).

Zusätzlich zu den vom Hersteller angegebenen Dämmwerten ist die **praxisübliche geringere Dämmung** z. B. bei nicht sachgemäßer Anwendung durch die Beschäftigten zu berücksichtigen. Korrekturwerte ermöglichen die Berechnung des Dämmwertes von Gehörschutz unter Praxisbedingungen.

§ 8 Gehörschutz

Zur **Auswahl**[187] **des Gehörschutzes** wird nach dem modifizierten HML-Check[188] unter Berücksichtigung der praktisch erreichbaren Dämmwerte mit Hilfe eine Konstante K_S geprüft, ob die errechneten Werte der am Ohr wirksamen Pegel $L'_{EX,8h}$ kleiner oder gleich dem Wert von $L_{EX,8h} = 85\ dB(A)$ sind.[189]

$L'_{EX,8h} = L - (M_D - K_S)$ (hoch-/mittelfrequenter Lärm)

$L'_{EX,8h} = L - (L_D - K_S)$ (tieffrequenter Lärm)

$L'_{EX,8h} =$ am Ohr wirksamer Pegel dB(A)

$L =$ im Raum gemessener Schalldruckpegel im entsprechenden Frequenzbereich (L_{eq})

$K_S =$ Korrekturwert für Praxisabschlag

$M_D =$ Dämmwert für mittlere Frequenzen

$L_D =$ Dämmwert für tiefe Frequenzen

Die **Korrekturwerte** berücksichtigen den Unterschied zwischen den vom Hersteller angegebenen (im Labor gemessenen) Werten und der Schalldämmung, die bei üblicher Benutzung als Dämmwert für die Praxis angenommen wird.

---

[187] Siehe auch BGR 194 Einsatz von Gehörschützern Ausg. April 1998; Gehörschützer-Positivliste X/2006 s. BGIA-Handbuch Sicherheit und Gesundheitsschutz am Arbeitsplatz, Berlin 2007, Kennziff. 420210/1; ferner
Delfs P., Liedtke M.: Gehörschützer, in BGIA-Handbuch Kennziff. 420210; dieselben: Pegelabhängig dämmende Gehörschützer, in BGIA-Handbuch Kennziff. 420211;
Werkmeister-Stephan M.: Gehörschützer für extrem hohe Lärmbelastungen, in BGIA-Handbuch Kennziff. 420215; Delfs P., Liedtke M.: Gehörschützer für den Gleisoberbau, in BGIA-Handbuch Kennziff. 420216 mit Positivliste V/2006 Kennziff. 420216/1;
Pfeiffer B. H.: Schalldämmung von Gehörschützern am Arbeitsplatz, in BGIA-Handbuch Kennziff. 420217; BGI 5024 Gehörschutz-Informationen, Ausg. August 2007.
[188] HML-Check nach DIN EN 458 Gehörschützer - Empfehlungen für Auswahl, Einsatz, Pflege und Instandhaltung - Leitfaden 2005-02. Vom Hersteller werden Angaben für hohe (high), mittlere (medium) und tiefe (low) Frequenzen angegeben. Der H-Wert wird hier nicht verwendet.
[189] Fachausschuss „Persönliche Schutzausrüstungen" (FA PSA), Information zur Lärm- und Vibrations-Arbeitsschutzverordnung (LärmVibrationsArbSchV), Stand 18.6.2007, http://www.dguv.de/psa

§ 8 Gehörschutz

Tab. 14 Korrekturwert bei Gehörschutz

Art des Gehörschutzes	Korrekturwert	Bemerkung
Gehörschutzstöpsel	$K_S = 9$ dB	
Gehörschutzkapseln	$K_S = 5$ dB	
Otoplastiken	$K_S = 3$ dB	bei wiederkehrender Funktionskontrolle (s. Kap. 2.8.2.4 Otoplastiken)

Der am Ohr unter dem Gehörschutz wirksame Pegel sollte die maximal zulässigen Expositionswerte des **Tages-Lärmexpositionspegels** $L'_{EX,8h} = 80$ dB(A) nicht überschreiten.

Beispiel:

Nach der Formel

$$L'_{EX,8h} = L - (M_D - K_S)$$

ergibt sich mit

dem Pegel am Arbeitsplatz $L = 95$ dB(A)[190],
dem angestrebten Schalldruckpegel unter dem Gehörschutz
$L'_{EX,8h} = 75$ dB(A),
bei Verwendung von Gehörschutzkapseln mit einem Korrekturwert von
$K_S = 5$ dB

$$M_D = L - L'_{EX,8h} + K_S$$
$$M_D = 95 - 75 + 5$$

eine erforderliche Dämmung der Gehörschutzkapseln $M_D = 25$ dB(A) für mittlere Frequenzen.

---

[190] In diesem Beispiel wird der A-bewertete Pegel verwendet und nur mit den mittleren Frequenzen gerechnet.

§ 8 Gehörschutz

Treten am Arbeitsplatz **Spitzenschallpegel** oberhalb der Auslöseschwelle auf, so ist der Gehörschutz auch diesem Fall anzupassen. Die **Auswahl des Gehörschutzes** erfolgt wie beim Schallpegel nach dem modifizierten HML-Check.

$L'_{pC,peak} = L_{pC,peak} - (H_D - K_S)$ (hochfrequenter Lärm, z. B. Pistolenschüsse)

$L'_{pC,peak} = L_{pC,peak} - (M_D - K_S)$ (mittelfrequenter Lärm, z. B. Richtarbeiten)

$L'_{pC,peak} = L_{pC,peak} - (L_D - K_S - 5)$ (tieffrequenter Lärm, z. B. Sprengungen)

$L'_{pC,peak}$ = am Ohr wirksamer Restspitzenschalldruckpegel dB(C)

$L_{pC,peak}$ = im Raum gemessener Spitzenschalldruckpegel dB(C)

K_S = Korrekturwert für Praxisabschlag

H_D = Dämmwert für hohe Frequenzen

M_D = Dämmwert für mittlere Frequenzen

L_D = Dämmwert für tiefe Frequenzen

Die nach dieser Methode errechnete maximal zulässige Exposition $L'_{pC,peak}$ sollte nicht größer als 135 dB(C) werden.

Beispiel:

$L_{pC,peak} = 148$ dB(C)

$L'_{pC,peak} = 135$ dB(C)

erforderliche Schalldämmung des Gehörschutzes 148-135 = $(13 + K_S)$ dB(C)

2.8.2.3 Art und Anwendung von Gehörschutz

Das **Angebot an Gehörschutz** ist groß und reicht von

- elastischen Gehörgangstöpseln, die sich selbst dem Gehörgang anpassen und die hohen Frequenzen stärker dämpfen als die tiefen, also einen nichtlinearen Frequenzgang haben, was für die meisten Anwendungen im Bereich der Industrie ausreicht, über
- Otoplastiken, die dem Gehörgang individuell angepasst werden, einen weitgehend linearen Frequenzgang haben können und damit eine gute Sprachverständlichkeit gewährleisten und auch für den Einsatz im Musikbereich geeignet sind, und
- Kapselgehörschützer (Gehörschutzkappen, die häufiges Auf- und Absetzen ermöglichen) für höhere Dämmwerte, wieder mit nichtlinearem Frequenzgang, bis zu
- aktivem Gehörschutz (Kapselgehörschützer mit Kommunikationseinrichtung), der unter den stark dämmenden Kappen oder Helmen ein eventuell elektronisch gefiltertes und verstärktes Nutzsignal, z. B. die Sprachverständigung mit Mitarbeitern, in günstiger Lautstärke einspielt.

Mit dem zur Verfügung stehenden Gehörschutz lassen sich fast alle praktisch vorkommenden Lärmpegel so weit dämpfen, dass die noch tolerierte Schichtdosis von 85 dB(A) für 8 Stunden eingehalten werden kann.

Auch Gehörschutz kann altern und **zeitbedingte Leistungsminderungen** erleiden. Die Herstellerinformationen müssen Hinweise für Lagerung, Gebrauch, Reinigung, Wartung, Überprüfung und Desinfizierung enthalten.[191]

Das **IFA** der DGUV führt **Prüfungen nach dem Geräte- und Produktsicherheitsgesetz** sowie den EG-Richtlinien für Persönliche Schutzausrüstungen und Maschinen durch. Es prüft und zertifiziert Produkte, aber auch Qualitätsmanagementsysteme nach PSA-Richtlinie. Die durch das IFA zertifizierten Erzeugnisse und Firmen sind in der Datenbank des DGUV-Test online abrufbar.[192] Das Prüfergebnis der im Handel angebotenen Produkte kann in dieser Datenbank abgefragt werden.

---

[191] Richtlinie 89/686/EWG für persönliche Schutzausrüstungen, Anhang II Grundlegende Anforderungen für Gesundheitsschutz und Sicherheit, Nr. 1.4. Informationsbroschüre des Herstellers.
[192] IFA-geprüfte Produkte und Firmen mit QM-Zertifikat des IFA, http://www.dguv.de/ifa/de.

§ 8 Gehörschutz

2.8.2.4 Otoplastiken

Otoplastiken[193] haben sich erst in den letzten Jahren zu einer Alternative zu Gehörgangstöpseln entwickelt.

Otoplastiken werden der Form des Ohres individuell angepasst. Es gibt zwei Bautypen:

- Ohrkanal-Otoplastiken, die im Gehörgang getragen werden und
- Concha-Otoplastiken, die in der Ohrmuschel getragen werden.

Das Ohrpassstück wird aus verschiedenen Materialien, z. B. Silikon, Nylon, Acryl hergestellt. Otoplastiken aus weichem Silikon passen sich dem Ohr sicherer an und führen seltener zu undichten Stellen (Leckagen).

Das akustisch wirksame Teil sind in das Ohrpassstück eingesetzte Filter. Sie werden mit verschiedenen Symbolen gekennzeichnet:

- W – Warnsignalhören allgemein, informationshaltige Arbeitsgeräusche, Sprachverständlichkeit
- S – Signalhören im Gleisbaubereich
- V – Fahrzeugführer im Straßenverkehr

Nicht alle Otoplastiken müssen bessere akustische Eigenschaften haben als Gehörgangstöpsel.

Otoplastiken werden **besser akzeptiert** als Gehörgangstöpsel. Die Tragequote lag in 88 % der Fälle höher als bei anderen Gehörschutzarten, weil sie bequemer zu tragen sind und die Sprachverständlichkeit besser ist, sodass der Gehörschutz nicht zeitweilig bei kommunikativen Tätigkeiten entfernt werden muss.

Zur Qualitätssicherung gehören eine **Qualitätskontrolle bei der Herstellung** und eine Funktionskontrolle während der Nutzungsdauer (BG-Regel BGR 194 Benutzung von Gehörschutz, Ausg. September 2008). Die Qualitätskontrolle enthält eine Kontrolle bei der Ohrabformung bei der Herstel-

---

[193] Sickert P.: Qualitätssicherung bei der Verwendung von Gehörschutzotoplastiken, Z. sicher ist sicher 10/2009, S. 446–452.

lung und bei der Auslieferung. Sie sollte im Abstand von 2 Jahre wiederholt werden, da sich sowohl die Otoplastik als auch das Ohr ändern können.

Zur Qualitätssicherung gehört auch die Funktionskontrolle während der Benutzung durch den **Arbeitgeber** (Einsetzen, Tragedauer, sowie Pflege und Reinigung; Verschmutzte Filter mindern die Sprachverständlichkeit und führen zur Unterbrechung der Nutzung).

Da Otoplastiken Leckagen aufweisen können, ist von einer um 6 dB verminderten Schalldämmung beim Einsatz am Arbeitsplatz im Vergleich zu den im Labor bestimmten Werten bei der Baumusterprüfung auszugehen. Bei Otoplastiken, die nach der Herstellung einer Qualitätskontrolle und während der Nutzung Funktionskontrollen unterzogen wurden, darf mit einer nur um 3 dB verminderten Schalldämmung gerechnet werden. Ohne eine solche Prüfung sollten Otoplastiken nicht verwendet werden.

Otoplastiken mit geringer Schalldämmung insbesondere für Musiker (Musiker müssen die Musik noch hören!) werden als **Komfort-Otoplastiken** bezeichnet und erfüllen die Kriterien für Gehörschutz möglicherweise nicht.

Bei der Auswahl und der Anwendung von **geeignetem und bestimmungsgemäß angepasstem Gehörschutz** können sich Probleme ergeben. Hier sind

- Kommunikations- und Akzeptanzprobleme[194] und
- das „richtige" Benutzen von Gehörschutz

zu nennen.

Hoch dämmender Gehörschutz behindert die Kommunikation und kann dazu führen, dass die betroffenen Beschäftigten den Gehörschutz ablehnen (**Akzeptanzprobleme**).[195]

Werte von weniger als 70 dB(A) unter dem Gehörschutz können zu „**Überprotektion**" führen. Werden Schallpegel unterhalb von 70 dB(A) als angenehm empfunden und sind Probleme bei der Kommunikation, beim Hören informationshaltiger Arbeitsgeräusche und bei der Erkennung von

---

[194] Zu hohe Schalldämmung (Überprotektion) kann zu Verständigungsproblemen und Isolationsgefühl führen.
[195] Sickert P.: Die neue EU-Richtlinie „Lärm" – Inhalte und Auswirkungen für den Gehörschutz, Z. sicher ist sicher 2/2004, S. 88–89.

Warnsignalen auszuschließen, können niedrigere Restpegel akzeptiert werden. Dabei kann es erforderlich sein, Hörproben mit den Beschäftigten bei angelegtem Gehörschutz durchzuführen.[196]

Durch mangelnde Akzeptanz des Gehörschutzes kann es zum „**kurzzeitigen" Aufenthalt in Lärmbereichen** ohne Benutzung von Gehörschutz mit nachteiligen gesundheitlichen Folgen kommen. Die folgende Tabelle enthält für verschiedene Lärmpegel die Expositionszeiten, bei denen die auf 8 Stunden angelegte Schichtdosis von 85 dB(A) noch eingehalten ist.[197]

Tab. 15 Expositionszeiten für verschiedene Lärmpegel

Schalldruckpegel	Expositionszeit, nach der die maximale Schichtdosis erreicht wird
85 dB(A)	8 Stunden
88 dB(A)	4 Stunden
91 dB(A)	2 Stunden
94 dB(A)	1 Stunde
97 dB(A)	30 Minuten
100 dB(A)	15 Minuten

Kurze Expositionszeiten werden vielfach nicht ernst genommen, obwohl beispielsweise die zulässige Schichtdosis bereits bei 15 Minuten Arbeit mit einem Winkelschleifer, der einen Lärmpegel von 100 dB(A) verursacht, erreicht wird.

2.8.2.5 Richtiges Benutzen des Gehörschutzes

Die korrekte Benutzung von Gehörschutzstöpseln muss erlernt werden. Wird der Stöpsel nicht tief genug in den Gehörgang eingesetzt, kommt es zu einer erheblichen Verringerung der Schalldämmung, ohne dass der Benutzer dies subjektiv wahrnimmt.

---

[196] FA PSA, Information zur Lärm- und Vibrations-Arbeitsschutzverordnung (LärmVibrationsArbSchV), Stand 18.6.2007, http://www.dguv.de/psa
[197] Diese Rechnung kann beliebig fortgeführt werden und bleibt auch technisch gesehen, soweit es die Energie betrifft, richtig. Es ist jedoch bei sehr intensiven aber kurzzeitigen Lärmeinwirkungen eine andere biologische Wirkung zu erwarten, weshalb die Tabelle nicht erweitert werden sollte.

§ 8 Gehörschutz

Die Korrekturwerte K_S (s. Kap. 2.8.2 Auswahl von Gehörschutz) berücksichtigen die Tragegewohnheiten der Benutzer von Gehörschutzmitteln in der Praxis.[198]

Ohne regelmäßige spezielle **Unterweisungen mit praktischen Übungen** kann es zu noch größeren Abweichungen zwischen den vom Hersteller ermittelten und den tatsächlich erreichten Dämmwerten kommen.

Nach § 31 „Besondere Unterweisungen" der BG-Vorschrift BGV A1 Grundsätze der Prävention, Ausg. Januar 2009 sind für Gehörschutz Unterweisungen mit Übungen durchzuführen. Dabei ist insbesondere das Einsetzen von Gehörschutzstöpseln in den Gehörgang zu üben, um beim praktischen Gebrauch am Arbeitsplatz Leckagen durch unvollständig oder falsch eingesetzte Gehörschutzstöpsel zu vermeiden.

Werden diese Unterweisungen mit Übungen mehrmals jährlich durchgeführt, so spricht man von einer **qualifizierten Benutzung**.[199]

Der Arbeitgeber wird nach § 8 Abs. 2 Satz 1 verpflichtet, Gehörschutz so auszuwählen, dass die **Gefährdung des Gehörs** beseitigt oder „**auf ein Minimum verringert wird**". Diese Ausnahme vom angestrebten Schutzziel sollte in der Praxis keine große Bedeutung haben, da für fast alle Bedingungen am Arbeitsplatz hinreichend schalldämmender Gehörschutz zur Verfügung steht. Überschreitungen der maximal zulässigen Expositionswerte müssten außerdem in einer Gefährdungsbeurteilung erfasst werden. Dann wären aber gemäß § 3 Abs. 1 Satz 6 Schutzmaßnahmen nach dem Stand der Technik festzulegen. Probleme im Musikbereich, wo Schall nicht störendes Nebenprodukt sondern Arbeitsergebnis ist, werden gesondert behandelt (s. Kap. 2.17.1 Musik- und Unterhaltungssektor sowie Kap. 2.15.2 Ausnahmsweise Anwendung des Wochen-Lärmexpositionspegels).

---

[198] Siehe auch Abschn. 5.3.3 „Verringerte Schalldämmung in der Praxis" der BGR 194 Einsatz von Gehörschützern, Ausg. April 1998, Stand 2004, und das IFA-Auswahlverfahren im Internet unter http://www.dguv.de/ifa/de.

[199] FA PSA, Information zur Lärm- und Vibrations-Arbeitsschutzverordnung (LärmVibrationsArbSchV), Stand 18.6.2007, http://www.dguv.de/psa

§ 8 Gehörschutz

2.8.3 Pflicht zum Tragen von Gehörschutz (§ 8 Abs. 3)

Wenn die **oberen Auslösewerte** $L_{EX,8h}$ = 85 dB(A) bzw. $L_{pC,peak}$ = 137 dB(C) **überschritten** werden, müssen die Beschäftigten den zur Verfügung gestellten **Gehörschutz** bestimmungsgemäß **verwenden**. Das ergibt sich aus § 15 ArbSchG, wonach die Beschäftigten verpflichtet sind, nach ihren Möglichkeiten für ihre Sicherheit und Gesundheit bei der Arbeit Sorge zu tragen und die ihnen zur Verfügung gestellten persönlichen Schutzausrüstungen bestimmungsgemäß zu verwenden.[200]

Der Arbeitgeber soll in regelmäßigen Abständen prüfen, ob Gehörschutz

- während der gesamten Lärmexposition getragen wird,
- beschädigt ist oder
- falsch benutzt wird.

Im Rahmen seines Direktionsrechtes[201] bestimmt der Arbeitgeber die Leistungspflicht der Beschäftigten nach Art, Ort und Zeit und **unternimmt alle Anstrengungen, um für die Verwendung des persönlichen Gehörschutzes zu sorgen**. Die möglichst schon im Arbeitsvertrag gegebenen Hinweise zur Stellenbeschreibung sind von den Beschäftigten zu beachten. Nichtbeachtung, z. B. auch die Weigerung, Gehörschutz zu tragen, kann zur Abmahnung führen. Im Extremfall sind die betreffenden Beschäftigten für den lärmbelasteten Arbeitsplatz ungeeignet.

Zur erfolgreichen **Einführung von Gehörschutz** sind insbesondere geeignet die

- sachgerechte Auswahl z. B. mittels IFA-Positivliste[202] geprüfter Gehörschützer,
- Motivation zur Verwendung von Gehörschutz,
- Kontrolle der Benutzung von Gehörschutz,
- Beteiligung der Beschäftigten bei der Auswahl,
- Unterweisungen mit Übungen zum qualifizierten Benutzen.

---

[200] Riehm G.: Argumentation zum Tragen von Gehörschutzmitteln an Lärmarbeitsplätzen, Z. sicher ist sicher 10/2004, S. 486 ff.
[201] Preis U.: Der Arbeitsvertrag, Köln 2002, § 15 ArbSchG; s. auch
Schaub G.: Arbeitsrechts-Handbuch, München 2008, § 31 RdNr. 33 und
Fitting K., Engels G. u. a.: Betriebsverfassungsgesetz, Handkommentar, München 2008, § 81 Abschn. III und § 87 Abschn. IV, 19a.
[202] BGIA-Handbuch Sicherheit und Gesundheitsschutz am Arbeitsplatz, Berlin 2010, Kennziff. 420210/1.

Art. 9 der EG-Richtlinie Lärm fordert die Anhörung und **Beteiligung der Beschäftigten** bei der Auswahl des persönlichen Gehörschutzes.[203] Die deutsche LärmVibrationsArbSchV setzt diesen Artikel nicht um, da den rechtlichen Rahmen dazu das Betriebsverfassungsgesetz bzw. die Personalvertretungsgesetze des Bundes und der Länder bilden. Das Mitspracherecht der Beschäftigten ist insofern wichtig, als es zur Anpassung der Maßnahmen an die Gegebenheiten am Arbeitsplatz beiträgt und die Akzeptanz der Maßnahmen erhöht.

2.8.4 Zustandsüberprüfung des verwendeten Gehörschutzes (§ 8 Abs. 4)

Die Einbeziehung der dämmenden Wirkung des Gehörschutzes bei der Lärmexposition wurde in Art. 3 Abs. 2 der EG-Richtlinie Lärm neu eingeführt. Sie wird dort als „**effektive Exposition**" der Beschäftigten bezeichnet. Sie wird unter dem Gehörschutz bestimmt.

Durch die Forderung, die maximal zulässigen Expositionswerte unter Einbeziehung der dämmenden Wirkung des Gehörschutzes nicht zu überschreiten, erhält der Gehörschutz eine erhöhte Bedeutung.

Der Arbeitgeber hat die **Wirksamkeit** des persönlichen **Gehörschutzes** in regelmäßigen Abständen zu **überprüfen** und unverzüglich Maßnahmen zu ergreifen, wenn der eingesetzte Gehörschutz die vorgesehenen Anforderungen nicht erfüllt.

Gründe dafür, dass vorschriftsgemäß ausgewählter persönlicher Gehörschutz nicht mehr den Anforderungen des Abs. 2 Satz 2 genügt, können z. B. sein

- unregelmäßiger Einsatz des Gehörschutzes,
- falscher Gebrauch des Gehörschutzes,
- Verschleiß des Gehörschutzes[204] und
- geänderte Betriebsverfahren oder Einsatz neuer oder geänderter Arbeitsmittel.

---

[203] Ebenso zur Bewertung von Risiken und zu Maßnahmen zur Beseitigung oder zur Minimierung der Gefährdung.
[204] Hier sollte auch die Reinigung des Gehörschutzes zur Einhaltung der hygienischen Anforderungen beachtet werden.

2.9 § 9 Expositionsgrenzwerte und Auslösewerte für Vibrationen

§ 9
Expositionsgrenzwerte und Auslösewerte für Vibrationen

(1) ¹Für Hand-Arm-Vibrationen beträgt

1. der Expositionsgrenzwert A(8) = 5 m/s² und
2. der Auslösewert A(8) = 2,5 m/s².

²Die Exposition der Beschäftigten gegenüber Hand-Arm-Vibrationen wird nach Nummer 1 des Anhangs ermittelt und bewertet.

(2) ¹Für Ganzkörper-Vibrationen beträgt

1. der Expositionsgrenzwert A(8) = 1,15 m/s² in X- und Y-Richtung und A(8) = 0,8 m/s² in Z-Richtung und
2. der Auslösewert A(8) = 0,5 m/s².

²Die Exposition der Beschäftigten gegenüber Ganzkörper-Vibrationen wird nach Nummer 2 des Anhangs ermittelt und bewertet.

2.9.1 Auslösewerte und Expositionsgrenzwerte für Vibrationen (§ 9 Abs. 1 und 2)

§ 9 führt für Vibrationen[205] i. S. d. Definition des § 2 Abs. 5 und 6 Auslösewerte und Expositionsgrenzwerte ein.

Tab. 16 Auslösewerte und Expositionsgrenzwerte

	Hand-Arm-Vibrationen	Ganzkörper-Vibrationen
Auslösewerte	A(8) = 2,5 m/s²	A(8) = 0,5 m/s²
Expositionsgrenzwerte	A(8) = 5 m/s²	A(8) = 1,15 m/s² in X- und Y-Richtung A(8) = 0,8 m/s² in Z-Richtung

---

[205] Siehe hierzu Christ E.: Technischer Vibrationsschutz – Allgemeiner Überblick, in BGIA-Handbuch Sicherheit und Gesundheitsschutz am Arbeitsplatz, Berlin 2010, Kennziff. 230230;
Christ E., Fischer S.: Vibrationsgefährdung an Arbeitsplätzen auf mobilen Arbeitsmitteln und Fahrzeugen – Präventionsschwerpunkte, in BGIA-Handbuch, Berlin 2010,Kennziff. 230303;
s. ferner hierzu auch die Erläuterungen zu § 16 Abs. 1 ArbStättV 1975 „Schutz vor mechanischen Schwingungen" in Opfermann R., Streit W. :Arbeitsstätten, Heidelberg, 2. Aufl., 2003.

§ 9 Expositionsgrenzwerte und Auslösewerte für Vibrationen

Die Auslöse- und Expositionsgrenzwerte werden für **drei senkrechte Richtungen** gemessen und rechnerisch zusammengefasst.[206] Für Ganzkörperschwingungen sind die Werte für die Z-Richtung (Fuß – Kopf) einerseits sowie die X-Richtung (Rücken – Brust) und die Y-Richtung (Schulter – Schulter) andererseits unterschiedlich.

Die Auslöse- und Expositionsgrenzwerte gelten für die mittlere Schwingbeschleunigung während einer **Schicht von 8 Stunden**. Für kürzere Expositionszeiten dürfen diese Werte erhöht werden. Für die Beurteilung, ob eine gefährdende Tagesdosis vorliegt, werden die in den Abbildungen 13 und 14 dargestellten Beziehungen zwischen der Schwingbeschleunigung und der täglichen Expositionszeit herangezogen.[207] Diese Zusammenhänge sind nichtlinear, die Geraden ergeben sich auf Grund der modifizierten Maßstäbe der Koordinaten.

Beziehungen zwischen dem Auslösewert und dem Expositionsgrenzwert der Schwingbeschleunigung und der täglichen Expositionszeit für **Hand-Arm-Vibrationen** ergeben sich aus Abb. 13.

Zu den Beziehungen zwischen dem Auslösewert und dem Expositionsgrenzwert der Schwingbeschleunigung und der täglichen Expositionszeit für **Ganzkörper-Vibrationen** in z-Richtung siehe Abb. 14.

---

[206] Messung und Bewertung von Hand-Arm-Vibrationen und Ganzkörper-Vibrationen s. LärmVibrationsArbSchV Anh. Vibrationen.
[207] VDI 2057 Bl. 1 Einwirkung mechanischer Schwingungen auf den Menschen – Ganzkörper-Schwingungen Ausg. 2002-09; diese Richtlinie nimmt Bezug auf ISO 2631-1 Mechanical vibration and shock – Evaluation of human exposure to whole-body vibration, Ausg. 1997-05; s. ferner
VDI 2057 Bl. 2 Einwirkung mechanischer Schwingungen auf den Menschen – Hand-Arm-Schwingungen, Ausg. 2002-09; diese Richtlinie nimmt Bezug auf DIN EN ISO 5349 Mechanische Schwingungen – Messung und Bewertung der Einwirkung von Schwingungen auf das Hand-Arm-System des Menschen, Ausg. 2001-12;
VDI 2057 Bl. 2 Berichtigung, Einwirkung mechanischer Schwingungen auf den Menschen – Hand-Arm-Schwingungen – Berichtigung zur Richtlinie VDI 2057 Bl. 2, Ausg. 2002-09, Ausg. 2006-12;
Fischer S.: Messung, Bewertung und Beurteilung von Ganzkörpervibrationsbelastungen an gewerblichen Arbeitsplätzen, in BGIA-Handbuch Sicherheit und Gesundheitsschutz am Arbeitsplatz, Berlin 2010, Kennziff. 210510;
Christ E., Fischer S., Kaulbars U., Sayn D.: Hand-Arm- und Ganzkörper-Vibrationsbelastungen an gewerblichen Arbeitsplätzen, in BGIA-Handbuch, Berlin 2010, Kennziff. 220225;
Fischer S.: Technischer Vibrationsschutz bei Ganzkörper-Schwingungseinwirkung, in BGIA-Handbuch, Berlin 2010, Kennziff. 230301.

§ 9 Expositionsgrenzwerte und Auslösewerte für Vibrationen

Abb. 13 Zulässige Expositionszeit in Abhängigkeit von der Schwingbeschleunigung HAV

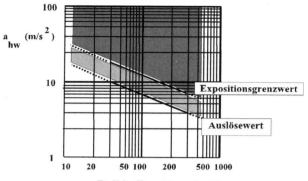

Abb. 14 Zulässige Expositionszeit in Abhängigkeit von der Schwingbeschleunigung GKV

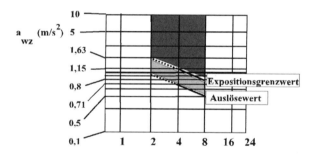

Die Auslösewerte für **Ganzkörper-Vibrationen** wurden aus Art. 3 Abs. 2 der EG-Richtlinie 2002/44/EG Vibrationen übernommen. Der Expositionsgrenzwert für Ganzkörper-Vibrationen wird für die X- und Y-Richtung – wie in der Richtlinie – auf 1,15 m/s² festgelegt. Für die **Z-Richtung** wird der Wert dagegen auf Grund aktueller arbeitsmedizinischer Erkenntnisse gegenüber der EG-Richtlinie (dort ebenfalls 1,15 m/s²) **auf 0,8 m/s² reduziert**. Dies steht auch im Einklang mit der im Jahr 2005 vom Bundesminister für Wirtschaft erlassenen Gesundheitsschutz-Bergverordnung.[208]

---

[208] Siehe amtliche Begründung zu § 9 Abs. 2 LärmVibrationsArbSchV.

§ 9 Expositionsgrenzwerte und Auslösewerte für Vibrationen

Die in § 9 angegebenen **Auslösewerte** haben präventiven Charakter. Sie dienen dem Schutz der Beschäftigten vor tatsächlichen oder möglichen Gefährdungen ihrer Gesundheit und Sicherheit durch Vibrationen bei der Arbeit und sollen das Entstehen von vibrationsbedingten Erkrankungen (s. Kap. 1.3.4 Wirkungen von Lärm auf die Sicherheit und Gesundheit) vermeiden. In den Abb. 13 und 14 sind die Bereiche, in denen bei langjähriger Einwirkung mit einer möglichen Gefährdung gerechnet werden muss, hellgrau hinterlegt.

Die **Expositionsgrenzwerte** kennzeichnen dagegen Vibrationsbelastungen, oberhalb derer bei langjähriger Einwirkung mit gesundheitlichen Schädigungen gerechnet werden muss. In den Abb. 13 und 14 sind die Bereiche, in denen bei langjähriger Einwirkung[209] eine Gesundheitsgefährdung zu erwarten ist, dunkelgrau hinterlegt.

Um eine übersichtliche Bewertung der Tages-Vibrationsexposition zu ermöglichen und daraus die notwendigen Maßnahmen abzuleiten, ist nach dem Ampelmodell vorzugehen (s. Abb. 15)[210]:

Abb. 15
Ampelmodell zur Bewertung der Exposition gegenüber Ganzkörper-Vibrationen

Ganzkörper-Vibrationen		
rot	Expositionsgrenzwert überschritten vertikal A(8) > 0,8 m/s² horizontal A(8) > 1,15 m/s²	Sofortmaßnahmen einleiten
gelb	Expositionsgrenzwert eingehalten vertikal A(8) ≤ 0,8 m/s² horizontal A(8) ≤ 1,15 m/s²	technische/organisatorische Maßnahmen einleiten Unterrichtung und Unterweisung
grün	Auslösewert eingehalten A(8) < 0,5 m/s²	Stand der Technik beachten, mittelbare Gefährdungen vermeiden

---

[209] Die Langzeitbelastung wird mit einer Gesamtdosis beurteilt, mit der die kumulierte Schwingungsbelastung über mehrere Jahre berücksichtigt wird (s. Erl. zum Anh. Vibrationen unter Nr. 2.18).
[210] TRLV Vibrationen, Teil 1: Beurteilung der Gefährdung durch Vibrationen, Ausg. Januar 2010, Nr. 6.2 sowie TRLV Vibrationen, Teil 3: Vibrationsschutzmaßnahmen, Ausg. Januar 2010, Nr. 3.1.1 bis 3.1.3.

§ 9 Expositionsgrenzwerte und Auslösewerte für Vibrationen

Ampelmodell zur Bewertung der Exposition gegenüber Hand-Arm-Vibrationen

Hand-Arm-Vibrationen		
rot	Expositionsgrenzwert überschritten $A(8) > 5$ m/s²	Sofortmaßnahmen einleiten
gelb	Expositionsgrenzwert eingehalten $A(8) \leq 5$ m/s²	technische/organisatorische Maßnahmen einleiten Unterrichtung und Unterweisung
grün	Auslösewert eingehalten $A(8) < 2,5$ m/s²	Stand der Technik beachten, mittelbare Gefährdungen vermeiden

2.9.2 Mutterschutz bei Vibrationsexposition

Die LärmVibrationsArbSchV enthält keine speziellen Grenzwerte für **werdende und stillende Mütter**. Es gibt auch kein generelles Beschäftigungsverbot für werdende oder stillende Mütter gegenüber jedweder Tätigkeit mit Vibrationseinwirkung. Das gilt sowohl für Ganzkörpervibrationen als auch für Hand-Arm-Vibrationen. Nur der behandelnde Arzt und die werdende Mutter selbst können einschätzen, inwieweit sich eine berufliche Tätigkeit unter Einwirkung von Vibrationen mit der Schwangerschaft vereinbart. Als Orientierung können zur Einwirkung von Ganzkörper-Schwingungen die folgenden Hinweise[211] herangezogen werden:

Das Beschäftigungsverbot nach § 4 Abs. 2 Nr. 7 MuSchG für **werdende Mütter** nach Ablauf des dritten Schwangerschaftsmonats auf Beförderungsmitteln hat nicht (nur) die Vibration als Ursache. Vielmehr wird eine werdende Mutter auf Verkehrsmitteln im Linienverkehr dadurch gesundheitlich belastet, dass sie über eine Unterbrechung der Tätigkeit im Verlaufe des Arbeitstages oder die Änderung ihrer Körperposition nicht frei zu jedem Zeitpunkt entscheiden kann.

---

[211] Handlungsanleitung für den Vollzug des Mutterschutzgesetzes und der Verordnung zum Schutze der Mütter am Arbeitsplatz, bearbeitet von Heike Spieldenner, Ministerium für Wirtschaft und Arbeit des Saarlandes, Stand: 15.2.2006; nicht veröffentlicht.

§ 9 Expositionsgrenzwerte und Auslösewerte für Vibrationen

Dagegen kann einer schwangeren Beschäftigten die Fahrt mit einem Pkw oder einem Kleinbus zugemutet bzw. gestattet werden.

Als Obergrenze für die **tägliche Exposition einer werdenden Mutter** gegenüber Ganzkörperschwingungen sollte die untere Grenze bzw. die „Health Guidance Caution Zone" nach ISO 2631-1 bzw. VDI 2057 Bl. 1^{212} herangezogen werden, wobei der 4-Stunden-Wert zeitunabhängig auch für kürzere tägliche Expositionszeiten und einzelne Belastungsabschnitte (VDI 2057 Bl. 1, Kap. 3.14) gilt, soweit die Schwingungen nicht stoßhaltig sind. Stoßhaltige Schwingungen erhöhen im Allgemeinen den Grad der Gefährdung, insbesondere des Embryos (s. Abb. 16).

Abb. 16 Zulässige Expositionszeit in Abhängigkeit von der Schwingbeschleunigung für werdende Mütter

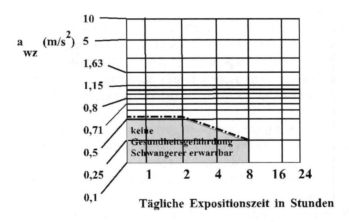

Stillende Mütter (§ 6 Abs. 3 MuSchG) sollten ebenso wie werdende Mütter (§ 4 Abs. 1 MuSchG) nicht auf Beförderungsmitteln eingesetzt werden. Dafür sind jedoch weniger medizinische als praktische Gründe maßgebend.[213]

---

[212] VDI 2057 Bl. 1 Einwirkung mechanischer Schwingungen auf den Menschen – Ganzkörper-Schwingungen Ausg. 2002-09; diese Richtlinie nimmt Bezug auf ISO 2631-1 Mechanical vibration and shock – Evaluation of human exposure to whole-body vibration, Ausg. 1997-05.

[213] Bei derartigen Tätigkeiten wären stillende Mütter überwiegend bestimmten Arbeitszeitzyklen unterworfen, die sich aus der Art der Tätigkeit ergeben. Somit wäre in den seltensten Fällen gewährleistet, dass die Frauen regelmäßig unter hygienischen Verhältnissen an einem ruhigen, geeigneten Ort ihr Kind stillen können.

2.10 § 10 Maßnahmen zur Vermeidung und Verringerung der Exposition durch Vibrationen

§ 10
Maßnahmen zur Vermeidung und Verringerung der Exposition durch Vibrationen

(1) [1]Der Arbeitgeber hat die in § 3 Abs. 1 Satz 6 festgelegten Schutzmaßnahmen nach dem Stand der Technik durchzuführen, um die Gefährdung der Beschäftigten auszuschließen oder so weit wie möglich zu verringern. [2]Dabei müssen Vibrationen am Entstehungsort verhindert oder so weit wie möglich verringert werden. [3]Technische Maßnahmen zur Minderung von Vibrationen haben Vorrang vor organisatorischen Maßnahmen.

(2) Zu den Maßnahmen nach Absatz 1 gehören insbesondere

1. alternative Arbeitsverfahren, welche die Exposition gegenüber Vibrationen verringern,
2. Auswahl und Einsatz neuer oder bereits vorhandener Arbeitsmittel, die nach ergonomischen Gesichtspunkten ausgelegt sind und unter Berücksichtigung der auszuführenden Tätigkeit möglichst geringe Vibrationen verursachen, beispielsweise schwingungsgedämpfte handgehaltene oder handgeführte Arbeitsmaschinen, welche die auf den Hand-Arm-Bereich übertragene Vibration verringern,
3. die Bereitstellung von Zusatzausrüstungen, welche die Gesundheitsgefährdung auf Grund von Vibrationen verringern, beispielsweise Sitze, die Ganzkörper-Vibrationen wirkungsvoll dämpfen,
4. Wartungsprogramme für Arbeitsmittel, Arbeitsplätze und Anlagen sowie Fahrbahnen,
5. die Gestaltung und Einrichtung der Arbeitsstätten und Arbeitsplätze,
6. die Schulung der Beschäftigten im bestimmungsgemäßen Einsatz und in der sicheren und vibrationsarmen Bedienung von Arbeitsmitteln,
7. die Begrenzung der Dauer und Intensität der Exposition,
8. Arbeitszeitpläne mit ausreichenden Zeiten ohne belastende Exposition und
9. die Bereitstellung von Kleidung für gefährdete Beschäftigte zum Schutz vor Kälte und Nässe.

(3) [1]Der Arbeitgeber hat, insbesondere durch die Maßnahmen nach Absatz 1, dafür Sorge zu tragen, dass bei der Exposition der Beschäftigten die Expositionsgrenzwerte nach § 9 Abs. 1 Satz 1 Nr. 1 und § 9 Abs. 2 Satz 1 Nr. 1 nicht überschritten werden.

§ 10 Maßnahmen bei Vibrationsexposition

Werden die Expositionsgrenzwerte trotz der durchgeführten Maßnahmen überschritten, hat der Arbeitgeber unverzüglich die Gründe zu ermitteln und weitere Maßnahmen zu ergreifen, um die Exposition auf einen Wert unterhalb der Expositionsgrenzwerte zu senken und ein erneutes Überschreiten der Grenzwerte zu verhindern.

(4) ^{1}Werden die Auslösewerte nach § 9 Abs. 1 Satz 1 Nr. 2 oder § 9 Abs. 2 Satz 1 Nr. 2 überschritten, hat der Arbeitgeber ein Programm mit technischen und organisatorischen Maßnahmen zur Verringerung der Exposition durch Vibrationen auszuarbeiten und durchzuführen. ^{2}Dabei sind insbesondere die in Absatz 2 genannten Maßnahmen zu berücksichtigen.

2.10.1 Auswahl der Schutzmaßnahmen zur Verringerung der Exposition durch Vibrationen (§ 10 Abs. 1)

Maßnahmen zur Verringerung mechanischer Schwingungen lassen sich in primäre und sekundäre Maßnahmen einteilen. Primäre Maßnahmen setzen unmittelbar an der Schwingungsentstehungsstelle an. Sekundäre Maßnahmen stellen auf die Verhinderung oder Minderung der Schwingungsausbreitung bzw. Schwingungseinwirkung ab.

Die im Rahmen der Gefährdungsanalyse festgelegten Schutzmaßnahmen sind nach dem **Stand der Technik** durchzuführen (s. § 2 Abs. 7 und Kap. 2.2.7 Stand der Technik).

Falls der Tages-Vibrationsexpositionswert A(8) die Auslösewerte unterschreitet, müssen Maßnahmen nach der LärmVibrationsArbSchV nur in zwei Fällen ergriffen werden[214] und zwar

- bei gesundheitsgefährdenden Wechsel- und Kombinationswirkungen (z. B. Kälte, ungünstige Körperhaltungen), die weitere Maßnahmen erfordern und
- beim Vorliegen mittelbarer Gefährdungen durch Vibrationsexpositionen (s. Kap. 1.4.3 unter „Mittelbare Wirkungen durch GKV").

---

[214] TRLV Vibrationen, Teil 3: Vibrationsschutzmaßnahmen, Ausg. Januar 2010

§ 10 Maßnahmen bei Vibrationsexposition

§ 10 Abs. 1 nennt für den Fall der Vibrationsexposition die **Rangfolge der Schutzmaßnahmen** in Anlehnung an § 4 ArbSchG.

- Danach soll vorrangig versucht werden, die Vibrationsemission am Entstehungsort zu verhindern oder so weit wie möglich zu verringern.
- Für den Fall, dass dies nicht möglich ist, sind technische Maßnahmen am Arbeitsplatz (z. B. Einsatz schwingungsdämpfender Fahrersitze oder schwingungsdämpfender Handgriffe am Arbeitsmittel) durchzuführen.

Nur wenn damit die Vibrationen nicht unter die Auslösewerte gesenkt werden können, sind organisatorische Maßnahmen zulässig; z. B. müssen dann die Einsatzzeiten für die von den betroffenen Beschäftigten gehandhabten vibrierenden Arbeitsmittel verringert werden.

2.10.2 Beispiele für Schutzmaßnahmen zur Verringerung der Exposition durch Vibrationen (§ 10 Abs. 2)

Abs. 2 enthält beispielhaft einen **Katalog von Maßnahmen**, die der Arbeitgeber bei der Festlegung der Schutzmaßnahmen aufgrund der Gefährdungsbeurteilung zu berücksichtigen hat. Im Einzelnen werden genannt:

- Alternative Arbeitsverfahren,
- Auswahl und Einsatz neuer oder bereits vorhandener Arbeitsmittel,
- Zusatzausrüstungen,
- Wartungsprogramme,
- Einrichtung der Arbeitsstätten,
- Schulung der Beschäftigten,
- Begrenzung der Dauer und Intensität der Exposition,
- Arbeitszeitpläne,
- Schutz vor Kälte und Nässe.

2.10.2.1 Alternative Arbeitsverfahren zur Verringerung der Exposition durch Vibrationen (§ 10 Abs. 2 Nr. 1)

Alternative Arbeitsverfahren, welche die Exposition gegenüber Vibrationen verringern, gehören zu den **primären Maßnahmen**.

§ 10 Maßnahmen bei Vibrationsexposition

Vorrangig ist anzustreben, durch **Konstruktion der Maschinen und Geräte und der Art des Arbeitsverfahrens** oder – soweit möglich – durch Anwendung einer anderen Technologie die Erregung mechanischer Schwingungen auszuschließen, z. B. durch Maschinen mit rotierenden statt sich hin- und her bewegenden Massen, Verwendung von Riemenantrieb statt Kettenantrieb, Bohren statt Stanzen, Kleben statt Nieten (s. auch Kap. 2.7.3.1 Alternative Arbeitsverfahren zur Verringerung der Lärmexposition).

Schwingungen können häufig **an der Entstehungsstelle** selbst noch nachträglich **reduziert** oder in Frequenzbereiche gebracht werden, die auf den Menschen weniger nachteilig wirken.

Bei rotierenden Maschinen können Schwingungen beispielsweise verringert werden durch die Änderung der Drehzahl oder das Auswuchten bewegter Maschinenteile, durch einen Massenausgleich unter Anbringung oder Wegnahme von Massenteilen, durch eine Veränderung der Gesamtmasse eines schwingfähigen Systems oder bei bewegten Maschinenteilen durch die Herabsetzung der Geschwindigkeit.

Wenn auch ein Ausgleich bei hin- und herbewegten Massenkräften technisch schwieriger ist, so bieten sich auch hier Möglichkeiten zum Schwingungsabbau an, z. B. durch Anordnung von gegenläufig bewegten Zusatzmassen oder den Anbau von Hilfsmassen als Zusatzschwinger, mit deren Hilfe die Erregerwirkung kompensiert oder abgeschwächt wird.

Bei Fahrverkehr kann eine ebene Fahrbahn das Auftreten von Ganzkörper-Vibrationen bereits an der Entstehungsstelle vermindern.

2.10.2.2 Auswahl und Einsatz neuer oder bereits vorhandener Arbeitsmittel (§ 10 Abs. 2 Nr. 2)

Die **Betriebssicherheitsverordnung** (BetrSichV) regelt die Bereitstellung und Benutzung von Arbeitsmitteln und ist bei der Auswahl und dem Einsatz der Werkzeuge, Geräte, Maschinen oder Anlagen zu berücksichtigen.[215] Zu den Arbeitsmitteln im Sinne dieser Verordnung zählen auch Fahrzeuge, die der Arbeitgeber bereitstellt, die von den Beschäftigten bei der Arbeit

---

[215] So auch Hecker C., Christ E. u. a.: Lärm- und Vibrations-Arbeitsschutzverordnung, Praxiskommentar, Berlin 2008, S. 155.

§ 10 Maßnahmen bei Vibrationsexposition

benutzt werden und die hauptsächliche Quelle von Ganzkörper-Vibrationen sein können.[216]

Bei der **Auswahl neuer Maschinen und Geräte** ist auf eine möglichst geringe Schwingbeschleunigung zu achten[217]. **Emissionskennwerte** aus technischen Unterlagen (z. B. der Betriebsanleitung) sollten nach den Vorgaben der Maschinenverordnung (9. GPSGV) bewertet werden. Bei der Neuanschaffung sollten schwingungsarme Arbeitsmittel ausgewählt werden[218], zumal diese oft weitere Vorteile aufweisen; so sind sie vielfach robuster und präziser.

Beim **Einsatz neuer oder bereits vorhandener Arbeitsmittel** ist zu prüfen, ob Geräte in einem weniger vibrationsintensiven Betriebsmodus verwendet werden können oder ob eine Substitution durch vibrationsärmere Geräte möglich ist. Es sollte geklärt werden, ob nicht auch Geräte mit geringerer Leistung, die in vielen Fällen weniger Vibrationen verursachen, für die auszuführende Arbeit ausreichen. Allerdings ist dabei abzuwägen, ob ein Arbeitsmittel mit geringerer Vibration, das für die Erledigung der Aufgabe mehr Zeit benötigt, letztlich nicht zu einer höheren Vibrationsbelastung führt als ein leistungsstarkes Arbeitsmittel mit einer größeren Vibrationsemission. Eine Prüfung vorab ist demnach in jedem Einzelfall erforderlich.

Bei der **Auswahl der Arbeitsmittel für Ganzkörper-Vibrationen** sind folgende Fragen zu klären[219]:

- Sind die **Arbeitsmittel geeignet** und kann mit ihnen die Arbeit wirkungsvoll erledigt werden?
- Sind die Arbeitsmittel geeignet und haben sie ausreichende Kapazität, sodass die Erledigung einer Aufgabe nicht länger dauert als nötig?
- Werden Beschäftigte länger als nötig Schwingungen ausgesetzt? Für Fahrzeuge und vorfahrbare Betriebseinrichtungen bedeutet dies:

---

[216] LASI (Hrsg.): Leitlinien zur Betriebssicherheitsverordnung (BetrSichV) – LV 35, 2. überarbeitete Auflage 2006, Nr. A 1.3, Z. sicher ist sicher 7-8/2007, S. 342; s. auch LV 35 Nr. A 7.5, Z. sicher ist sicher 4/2004, S. 196).

[217] Dabei ist zu beachten, dass Maschinen mit geringerer Leistung zwar i. d. R. auch geringere Schwingbeschleunigungen verursachen können, dafür aber für die Beschäftigten eine längere Expositionszeit bedingen und damit eine höhere Gesamtbelastung der Beschäftigten zur Folge haben.

[218] Kinne J.: Organisatorischer Schwingungsschutz durch Auswahl schwingungsarmer Handmaschinen, Z. Arbeitsschutz aktuell 1998, H. 5, S. 171–174.

[219] EU-Handbuch Ganzkörper-Vibration, 09/05/2007, http://bb.osha.de/(→ Praktische Lösungen → Gefährdungskategorien → Ganzkörper-Vibration, Stand Januar 2008), S.26, und Melzig-Thiel R., Kinne J., Schatte M.: Schwingungsbelastung in der Bauwirtschaft, Beurteilung und Schutzmaßnahmen, Dortmund 2005 (BAuA, Quartbroschüre: Technik, T 23).

§ 10 Maßnahmen bei Vibrationsexposition

- Sind die **Fahrerkabinen** (z. B. auf Sattelfahrzeugen) und die Krankabinen an Brückenkranen schwingungsisoliert angebracht?
- Ist sichergestellt, dass das Auffahren von Brückenkranen auf die Puffer (z. B. elektronisch) verhindert wird?
- Sind die Fahrerkabinen und Steuerhebel so konstruiert und angebracht, dass das **Bedienungspersonal in einer bequemen aufrechten Position** bleiben kann und den Körper nicht über Maßen verdrehen oder für eine beliebig lange Zeit eine verdrehte Haltung einnehmen muss?
- Besteht die Möglichkeiten des Einsatzes von **Fernsteuerungen** für das Arbeitsmittel?
- Ist die Bereifung unter Berücksichtigung des Untergrunds so ausgewählt, dass sie die Wirkungen von Unebenheiten dämpft? Hierbei ist zu berücksichtigen, dass Reifen nicht in der Lage sind, Schwingungen aus größeren Bodenwellen und Schlaglöchern aufzunehmen; weiche Reifen auf welligem Untergrund können die vertikalen Bewegungen eines Fahrzeugs sogar verstärken.

In Abs. 2 Nr. 2 wird eine sorgfältige **Auswahl** und der sinnvolle **Einsatz** solcher Arbeitsmittel gefordert, bei denen es unumgänglich ist, dass von ihnen Hand-Arm-Vibrationen ausgehen. Im Einzelnen sind dafür folgende Maßnahmen erforderlich[220]:

- Beim Einsatz von Maschinen ist möglichst deren Fernsteuerung und die Automatisierung der Arbeitsaufgaben vorzusehen.
- Stark schwingungsbelastete Arbeitsverfahren sind möglichst durch alternative, schwingungsärmere Arbeitsprozesse zu ersetzen.
- Es sind Arbeitsgeräte mit schwingungsisolierten Handgriffen zu verwenden.
- Verbrauchsstoffe (z.B. Schleifmittel für Schleifmaschinen und Sandpapierschleifmaschinen) sind wegen ihrer möglichen schwingungsverstärkenden Wirkung sorgfältig auszuwählen.
- Werkzeugzubehör (wie Bohrer, Meißel und Sägeblätter) sind daraufhin auszuwählen, ob sie z.B. unter Verwendung geeigneter und entsprechend konstruierter Zubehörteile die Vibrationsexposition verringern können.

---

[220] Siehe dazu z. B. EU-Handbuch Hand-Arm-Vibration, 31/07/2007, http://bb.osha.de/ (→ Praktische Lösungen → Gefährdungskategorien → Hand- Arm-Vibration, Stand Januar 2008), S. 24, und Melzig-Thiel R., Kinne J., Schatte M.: Schwingungsbelastung in der Bauwirtschaft, Beurteilung und Schutzmaßnahmen, Dortmund 2005 (BAuA, Quartbroschüre: Technik, T 23).

§ 10 Maßnahmen bei Vibrationsexposition

- Arbeitsprozesse sind stets ergonomisch zu gestalten.

Bei der **Auswahl von handgehaltenen und handgeführten Arbeitsmaschinen** sind immer auch ergonomische Gesichtspunkte und die möglichen Ursachen für Gefährdungen zu berücksichtigen, wie

- Gewicht des Werkzeugs,
- Griffgestaltung und Griffkomfort,
- Greifkräfte,
- Bedienungsfreundlichkeit und leichte Handhabung,
- Entstehung von Kälte an Greifflächen oder durch Abluft aus pneumatischen Werkzeugen,
- Lärmemission und
- Staubentwicklung.

2.10.2.3 Zusatzausrüstungen zur Verringerung der Exposition durch Vibrationen (§ 10 Abs. 2 Nr. 3)

Geeignete Zusatzausrüstungen sollen dazu beitragen, dass mit einem System aus Federn und Schwingungsdämpfern die Übertragung von Vibrationen verringert wird. Der Einsatz von Zusatzausrüstungen wird auch als **sekundäre Maßnahme** bezeichnet. Nach VDI 2062 Bl. 1[221] wird zwischen Aktivisolierung und Passivisolierung unterschieden.

Im Zusammenhang mit **Zusatzausrüstungen** für Fahrzeuge[222] sind die (auch nachträglich einzubauenden) **Schwingsitze** zu nennen. Passive Schwingsitze enthalten Federn und Dämpfungselemente. Eine Schwingungsdämpfung tritt allerdings nur ein, wenn die Resonanzfrequenz des Schwingsitzes nicht mit der Anregungsfrequenz übereinstimmt, die sich im Wesentlichen aus den Bodenwellen, der Fahrgeschwindigkeit und den Eigenschaften des Fahrzeuges ergibt.

---

[221] VDI 2062 Bl. 1 Schwingungsisolierung; Begriffe und Methoden, Ausg. 1976-01.
[222] Siehe hierzu Fischer S., Göres B. u.a.: Vibrationseinwirkung an Arbeitsplätzen auf Nutzfahrzeugen, Kraftomnibussen, Flurförderzeugen und Hubschraubern, in BGIA-Handbuch Sicherheit und Gesundheitsschutz am Arbeitsplatz, Berlin 2010, Kennziff. 220220.

§ 10 Maßnahmen bei Vibrationsexposition

Ist das Fahrzeug mit einem Schwingsitz[223] ausgestattet, ist es wichtig, dass die Sitzfederung zum Fahrzeug passt. Falsch ausgewählte Federungssysteme können leicht zu einer höheren Schwingungsexposition als ohne Federung führen. Sämtliche Federungssysteme besitzen eine Bandbreite von Frequenzen, die sie verstärken. Wenn die vorherrschenden Frequenzen der Fahrzeugschwingungen innerhalb dieser Verstärkungsbandbreite liegen, wird das Federungssystem die Exposition des Fahrers gegenüber Schwingungen ungünstig beeinflussen (Resonanzfall).[224]

Das Federungssystem des Sitzes muss so ausgewählt sein, dass es bei normalem Einsatz möglichst nicht an den oberen oder unteren Endlagen anschlägt. Ein Berühren der Endstopper führt zu stoßhaltigen Schwingungen und erhöht damit die Möglichkeit einer Rückenschädigung.

Bei **aktiv schwingungsdämpfenden Sitzen** erkennen intelligente, elektronisch gesteuerte Bauteile gesundheitsgefährdende Schwingungen und wirken diesen kontrolliert entgegen, etwa durch Einleitung einer Gegenschwingung oder durch gesteuerte Dämpfung.

Zusatzausrüstungen für Geräte, von denen Hand-Arm-Vibrationen ausgehen[225], sind z. B.

- **Einspannvorrichtungen**, die dazu beitragen, dass vibrierende Teile nicht mehr gehalten werden müssen,
- **Antivibrationsgriffe**, mit denen die Übertragung der wesentlichen schädigenden Frequenzen (vgl. den Frequenzgang der Bewertungsfilter) vom Gerät auf die Hand verringert werden. Es handelt sich wie bei den Schwingsitzen um passive Systeme aus Federn und Schwingungsdämpfern, die allerdings bei unsachgemäßer Frequenzabstimmung die Vibrationen verstärken können (Resonanzfall).

---

[223] EU-Handbuch Ganzkörper-Vibration, 09/05/2007, http://bb.osha.de/(→ Praktische Lösungen → Gefährdungskategorien → Ganzkörper-Vibrations, Stand Januar 2008), S.27,

[224] DIN EN ISO 7096 Erdbaumaschinen – Laborverfahren zur Bewertung der Schwingungen des Maschinenführersitzes Ausg. 2010-02 und DIN EN 13490 Mechanische Schwingungen – Flurförderzeuge – Laborverfahren zur Bewertung sowie Spezifikation der Schwingungen des Maschinenführersitzes, Ausg. 2002-02 beschreiben Schwingungscharakteristiken für Erdbaumaschinen, landwirtschaftliche Traktoren und Flurförderzeuge, so dass eine angemessene Minderungsfunktion für Schwingsitze sichergestellt werden kann.

[225] EU-Handbuch Hand-Arm-Vibration, 31/07/2007, http://bb.osha.de//(→ Praktische Lösungen → Gefährdungskategorien → Hand-Arm-Vibration, Stand Januar 2008), S.26,

§ 10 Maßnahmen bei Vibrationsexposition

Als weitere Möglichkeiten, auftretende Vibrationen zu verringern, kommt die **Verringerung der Greif- und Andruckkräfte**, die von der Hand ausgeübt werden, in Betracht. Dadurch verringern sich zugleich die bei der Verwendung des Arbeitsmittels in das Hand-Arm-System eintretenden Vibrationen. Die Greif und Andruckkräfte werden für das Halten des Werkzeugs oder des Werkstücks und zum Steuern und Führen des Arbeitsmittels benötigt. Die Greif- und Andruckkräfte können durch folgende Maßnahmen verringert werden:

- **Stützen des Werkstücks** an Standschleifmaschinen, dass es lediglich auf der Scheibe geführt und nicht das gesamte Gewicht getragen werden muss,
- Einsatz von **Zugentlastungen** (auch Gewichtsausgleicher genannt) und Positionierern, um vibrierende Werkzeuge wie schwere Bohrgeräte, Schleifmaschinen, Drehschrauber, Nagelpistolen (in einigen Fällen) und pneumatische Meißel zu stützen; das Werkzeuggewicht muss dann nicht mehr gehalten werden,
- Änderungen an Beschaffenheit und Material der **Greiffläche**, die es dem Bedienungspersonal ermöglichen, beim Halten und Steuern des Werkzeugs eine geringere Greifkraft einzusetzen,
- **Einsatz von speziellen Techniken** wie des „Bankverfahrens" in der Fälltechnik der Forstwirtschaft, wo die Kettensäge während des Abastens den Stamm entlang gleitet und das Gesamtgewicht der Säge nicht über die gesamte Zeit gehalten werden muss,
- Überzug vibrierender Griffe mit **elastischem Material** (z. B. Gummi), das zur Dämpfung der schädigenden Vibrationen beiträgt, was allerdings nur der Fall ist, wenn relativ hohe Frequenzen auftreten; eine vergleichbare dämpfende Wirkung wie durch elastische Überzüge wird bei Benutzung spezieller Vibrations-Schutzhandschuhe erreicht.

2.10.2.4 Wartungsprogramme zur Verringerung der Exposition durch Vibrationen (§ 10 Abs. 2 Nr. 4)

Arbeitsmittel sind zu warten und bei Bedarf instand zu setzen, um verschleißbedingte Unwuchten zu beheben und die Wirksamkeit der jeweiligen technischen Schwingungsminderungsmaßnahmen dauerhaft zu gewährleisten. Das gilt gleichermaßen für Ganzkörper- wie für Hand-Arm-Vibrationen. Von den regelmäßigen Wartungsarbeiten sind darüber hinaus alle vorhandenen schwingungsdämpfenden Einrichtungen an den Arbeitsplätzen zu erfassen.

§ 10 Maßnahmen bei Vibrationsexposition

Um Ganzkörper-Vibrationen auf Fahrzeugen zu verringern, sollten **Unebenheiten auf Fahrwegen** geglättet werden. Diese Maßnahme gehört zum Wartungsprogramm für den Arbeitsplatz bzw. auch zur Gestaltung und Einrichtung der Arbeitsstätte i.S.d. Abs. 2 Nr. 5 (s. Kap. 2.10.2.5 Gestaltung und Einrichtung der Arbeitsstätten unter Beachtung der Exposition durch Vibrationen).

Zu den **schwingungsmindernden Wartungs- und Instandsetzungsmaßnahmen** rechnen z. B.

- das regelmäßige Schärfen der Schneidwerkzeuge, Schärfen der Zähne einer Kettensäge und Einstellen der richtigen Kettenspannung,
- der Einsatz von Schleifscheiben entsprechend der Herstellerempfehlung,
- das Schmieren der beweglichen Teile nach Herstellerempfehlung,
- die Überprüfung der Vibrationsdämpfer, Lager und Getriebe,
- der Austausch abgenutzter Teile,
- die Korrektur von z. B. durch Verschleiß entstandene Unwuchten,
- der Ersatz vibrationsdämpfender Befestigungen und gefederter Griffe, bevor sie in ihrer Wirkung nachlassen.

2.10.2.5 Gestaltung und Einrichtung der Arbeitsstätten unter Beachtung der Exposition durch Vibrationen (§ 10 Abs. 2 Nr. 5)[226]

Arbeitsstätten sind Orte in Gebäuden oder im Freien, die sich auf dem Gelände eines Betriebes oder einer Baustelle befinden (s. § 2 Abs. 1 ArbStättV). Bei der **Gestaltung** – mit diesem in der LärmVibrationsArbSchV nicht definierten Begriff dürfte die Errichtung i. S. d. Bauordnungsrechts gemeint sein – und der **Einrichtung von Arbeitsstätten und Arbeitsplätzen** i. S. d. Definition des § 2 Abs. 5 ArbStättV ist bei allen Maßnahmen zur Verringerung der Vibrationen an Anlagen und fest installierten Maschinen, auf den innerbetrieblichen Verkehrswegen und am Arbeitsplatz zu beachten, dass sich Vibrationen nicht nachteilig auf das Gebäude auswirken und/oder zu einer Gefährdung der Beschäftigten führen (s. § 10 Abs. 1).[227,228] Es wird zwischen Aktiv- und Passiv-Isolierung unterschieden.

---

[226] Siehe hierzu auch die Erläuterungen zu § 16 Abs. 1 ArbStättV 1975 „Schutz vor mechanischen Schwingungen" in Opfermann R., Streit W.: Arbeitsstätten, Heidelberg 2. Aufl., 2003.
[227] Meltzer G., Kirchberg S.: Schwingungs- und Körperschallabwehr bei Maschinenaufstellungen, Berlin 1976.
[228] Gem. § 1 Anwendungsbereich gilt die LärmVibrationsArbSchV zum Schutz der Beschäftigten ohne räumliche Einschränkungen, also auch auf Kraftfahrzeugen.

§ 10 Maßnahmen bei Vibrationsexposition

Bei der **Aktiv-Isolierung** wird die Schwingungsquelle, also schwingende Anlagen und Maschinen oder deren Teile, vom Gebäude isoliert. Das kann erreicht werden durch

- Aufstellen der Schwingungsquellen auf getrennte Fundamente (Abb. 17),
- Aufstellen der Schwingungsquellen auf Teilfundamente, die durch Federn und Dämpfer dem Hauptfundament gegenüber schwingungsisoliert sind (Abb. 18).

Diese Maßnahmen sind schon bei der Errichtung und Einrichtung von Arbeitsstätten zu berücksichtigen, um später einen erhöhten Aufwand zu vermeiden.

Abb. 17 Aktiv-Isolierung durch getrennte Fundamente

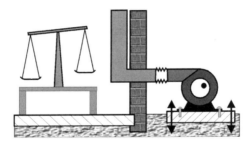

Abb. 18 Aktiv-Isolierung durch schwingungsisoliertes Teilfundament

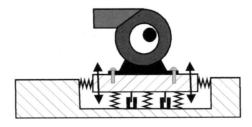

Bei der **aktiven Schwingungsisolierung** muss darauf geachtet werden, dass **Standsicherheit** und dynamische Stabilität der Schwingungserreger durch

§ 10 Maßnahmen bei Vibrationsexposition

Isolationsmaßnahmen nicht beeinträchtigt werden und keine Lageverschiebungen eintreten können.

Durch Fahrzeuge ausgelöste **Verkehrserschütterungen**, die sich von außerhalb eines Betriebsgebäudes auf dieses nachteilig auswirken, lassen sich durch Maßnahmen am Antrieb der Fahrzeuge und durch eine ebene Fahrbahn, aber auch durch einen den Verkehrslasten angepassten Fahrbahnunterbau vermeiden. Die so erreichbare teilweise Abkopplung der Fahrbahn vom angrenzenden Gelände mit Arbeitsstätten ist eine Aktiv-Isolierung. Auf die Vermeidung von verkehrsbedingten Erschütterungen kann seitens des Arbeitgebers allerdings nur Einfluss genommen werden, wenn es sich um eigene Fahrzeuge handelt und die Verkehrswege zum Betrieb gehören.

Bei der **Passiv-Isolierung** werden Arbeitsplätze oder empfindliche Geräte, ggf. sogar ganze Raumeinheiten, von der Schwingungsquelle isoliert, also so gelagert oder aufgehängt, dass die im Gebäude auftretenden Schwingungen nicht auf sie übertragen werden (Abb. 19). Passiv-Isolierungen kleinerer Bereiche sind typische nachträgliche Vibrationsminderungsmaßnahmen. In Einzelfällen können sie aber bereits bei der Errichtung und Einrichtung einer Arbeitsstätte vorgenommen werden.

Abb. 19 Passivisolierung

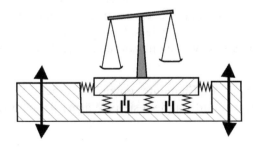

Bauliche Anlagen lassen sich bei der Errichtung gegen von außen **einwirkende Schwingungen** durch den Einbau von Teilfundamenten schützen, die durch Federn und Dämpfer dem Hauptfundament gegenüber schwingungsisoliert sind. Hierbei wird das Gebäude passiv gegen von außen kommende Schwingungen geschützt.

§ 10 Maßnahmen bei Vibrationsexposition

Wenn die zu erwartenden Vibrationen schon im **Planungsstadium** bekannt sind, z. B. bei Brecheranlagen in Betrieben der Steine- und Erdenindustrie, können die Resonanzen des Gebäudes in einen Bereich außerhalb der Erregerfrequenz gelegt werden. Dieses Verfahren ist bei modernen Brücken gebräuchlich, wobei die Eigenfrequenz der Brücke nicht in den Bereich der Schrittfrequenz der Benutzer gelegt wird.

Die **Isolierelemente** müssen

- auf die Schwinggröße, -richtung und -frequenz der erregenden Schwingung und
- auf die mechanischen Eigenschaften der zu schützenden Teile

abgestimmt sein, um eine wirksame Isolierung zu bewirken. Hinweise dazu enthält die VDI-Richtline 2062 Bl. 1.[229]

In der VDI-Richtlinie 2062 Bl. 2[230] sind Isolierelemente mit Angabe der physikalischen Eigenschaften ihrer Werkstoffe angeführt. Als Isolierelemente finden Federn, Dämpfer und Dämmstoffe Anwendung.

Der BAuA- Katalog KAMIN[231] enthält Informationen zur Minderung von Hand-Arm-Schwingungen und von Ganzkörper-Schwingungen sowie für die Maschinenaufstellung in Gebäuden zusammen. Mit dem dort vorgestellten Programm ISOMAG 1.1[232] können das dynamische Verhalten eines oder zweier starrer Körper, die elastisch gegeneinander oder gegen ihre Umgebung abgestützt sind, sowie sekundäre Schwingungsschutzmaßnahmen durch Fundamente, Zusatzmassen und nachgiebige Zwischenbauteile berechnet werden.

Schwingungsdämpfende Elemente entziehen einem Schwingungssystem mechanische Energie und wandeln sie in Wärme um. Ein funktionsfähiges

---

[229] VDI-Richtlinie 2062 Bl. 1 Schwingungsisolierung; Begriffe und Methoden, Ausg. 1976-01.
[230] VDI-Richtlinie 2062 Bl. 2 Schwingungsisolierung – Schwingungsisolierelemente, Ausg. 2007-11.
[231] KAMIN - Katalog technischer Schwingungsschutzmaßnahmen; Homepage der Bundesanstalt für Arbeitsschutz und Arbeitsmedizin http://www.baua.de/prax
Popov K.: KAMIN - Katalog technischer Schwingungsschutzmaßnahmen. Katalog praktisch erprobter Lösungen des technischen Schwingungsschutzes und für Elemente zur Schwingungsminderung, 1. Aufl., Bremerhaven 2003 (Schriftenreihe der BAuA: Forschungsbericht, Fb 981)
[232] Uhlig A., Schreiber U., Blochwitz T.: ISOMAG 1.1 – Projektierung und Berechnung der Schwingungsisolierung von Maschinen und Geräten, 1. Aufl. Dortmund 2003 (Schriftenreihe der BAuA: Forschungsbericht, Fb. 943)

§ 10 Maßnahmen bei Vibrationsexposition

Schwingungsdämpfungssystem enthält neben Federn immer auch schwingungsdämpfende Elemente.

2.10.2.6 Schulung der Beschäftigten bei Exposition durch Vibrationen (§ 10 Abs. 2 Nr. 6)

Die Schulung der Beschäftigten (s. auch § 12 Abs. 1 ArbSchG) in der bestimmungsgemäßen Bedienung von Arbeitsmitteln gehört zu den Maßnahmen zur Vermeidung und Verringerung der Exposition gegenüber Vibrationen. Die LärmVibrationsArbSchV enthält in § 11 Abs. 2 gemeinsam für Lärm und Schwingungen die erforderlichen Festlegungen, wie die Schulung der Beschäftigten durchzuführen und zu dokumentieren ist (s. Kap. 2.11.2 Inhalt der Unterweisung bei Lärm- oder Vibrationsexposition).

2.10.2.7 Begrenzung der Dauer und Intensität der Exposition durch Vibrationen (§ 10 Abs. 2 Nr. 7)

Wenn durch Maßnahmen nach dem Stand der Technik die Expositionsgrenzwerte für Vibrationen nach § 9 nicht eingehalten werden können, müssen zum Schutz der Gesundheit der Beschäftigten **organisatorische Maßnahmen** getroffen werden.

Die Exposition gegenüber Vibrationen erfolgt durch direkten Kontakt der Hände, der Füße oder des Gesäßes der Beschäftigten beim Umgang mit dem Arbeitsmittel. Passivexpositionen durch benachbarte Maschinen oder Arbeitsplätze bilden die Ausnahme. Als organisatorische Schutzmaßnahme kommt deshalb eine Reduzierung der Passivexposition wie bei Lärm nicht in Betracht, sondern nur die Verkürzung der Expositionszeiten, z. B. durch Festsetzung zusätzlicher Arbeitspausen oder durch Beschäftigung an Mischarbeitsplätzen. Ergänzend kann durch Trainingsprogramme der exponierten Personen eine Arbeitsweise mit kürzerer Schwingungsexposition bei reduzierter statischer Belastung erreicht werden.

§ 10 Maßnahmen bei Vibrationsexposition

2.10.2.8 Arbeitszeitpläne zur Verringerung der Exposition durch Vibrationen (§ 10 Abs. 2 Nr. 8)

Zur Verringerung der von Schwingungen ausgehenden Gesundheitsgefährdung kann es erforderlich sein, die **Dauer der Tätigkeit**, während der Beschäftigte Schwingungen aus Fahrzeugen, Maschinen oder Werkzeugen ausgesetzt sind, **zu begrenzen**. Deshalb sollte in Arbeitszeitplänen festgelegt werden, dass eine Exposition der Beschäftigten gegenüber lang andauernden und wiederkehrenden Vibrationen vermieden wird.

Die in den Plänen festgelegten Tätigkeitsmuster sollten zuverlässig überwacht werden um sicherzustellen, dass sie von den einzelnen Beschäftigten auch beachtet werden. Bei einer ergebnisorientierten Vergütung der betroffenen Beschäftigten sollten die Systeme so gestaltet sein, dass intensives Arbeiten an schwingungsgefährdeten Arbeitsplätzen mit wenigen Expositionsunterbrechungen vermieden wird.[233]

2.10.2.9 Schutz vor Kälte und Nässe bei Exposition durch Hand-Arm-Vibrationen (§ 10 Abs. 2 Nr. 9)

Hand-Arm-Vibrationen können Durchblutungsstörungen der Finger verursachen. Dieser Effekt wird durch niedrige Umgebungstemperaturen verstärkt, die zu steifen Fingern sowie allgemeiner Unterkühlung, verbunden mit einer höheren muskulären Steifigkeit führen. Deshalb muss insbesondere bei Hand-Arm-Vibrationen und Temperaturen unterhalb von 17 °C die Einwirkung von Kälte und Nässe durch Bereitstellung der erforderlichen Schutzkleidung (wärmende und vor Nässe schützende Kleidung) und persönlicher Schutzausrüstungen (Vibrationsschutz-Handschuhe; s. Kap. 2.18.5 Persönliche Schutzausrüstungen bei HAV) verhindert werden.[234] Kalte Handgriffe sind zu vermeiden, Abluft pneumatischer Geräte darf nicht über die Hände geleitet werden.

---

[233] EU-Handbuch Hand-Arm-Vibration, 31/07/2007, http://bb.osha.de/http://(→ Praktishe Lösungen → Gefährdungskategorien → Hand-Arm-Vibration, Stand Januar 2008), S.28,
[234] Scheffer M.: Periphere Durchblutungsänderungen unter kombinierter Kälte- und Schwingungsbelastung, Forschungsbericht Hand-Arm-Schwingungen II, Schriftenreihe des HVBG (1988).

§ 10 Maßnahmen bei Vibrationsexposition

2.10.3 Maßnahmen bei Überschreitung der Expositionsgrenzwerte für Vibrationen (§ 10 Abs. 3)

Falls **Expositionsgrenzwerte** für Vibrationen überschritten werden, hat der Arbeitgeber

- unverzüglich die Ursachen zu ermitteln,
- zusätzliche, weitergehende Maßnahmen zu ergreifen, um die Exposition zu senken und dadurch
- ein erneutes Überschreiten der Grenzwerte zu verhindern.

Mögliche ergänzende Maßnahmen ergeben sich aus dem Beispielkatalog des § 10 Abs. 2. Zum erforderlichen Vibrationsminderungsprogramm, das den ergänzenden Maßnahmen zugrunde zu legen ist, finden sich die entsprechenden Vorschriften in § 10 Abs. 4.

2.10.4 Maßnahmen bei Überschreitung der Auslösewerte für Vibrationen (§ 10 Abs. 4)

Abs. 4 bestimmt die Maßnahmen bei **Überschreitung der zum Schutz der Beschäftigten festgelegten Auslösewerte** für Vibrationsbelastungen. Es wird ein Programm gefordert, in dem die erforderlichen technischen und organisatorischen Maßnahmen zu bestimmen sind und das ähnlich dem Lärmminderungsprogramm nach § 7 Abs. 5 praxisnah umgesetzt werden kann. Dazu liegen Erfahrungen aufgrund der bisherigen BG-Vorschrift BGV B3 Lärm vor.[235]

Vor der Aufstellung eines Vibrationsminderungsprogramms nach § 10 Abs. 4 sind allerdings zunächst nach Abs. 3 die **Ursachen** der festgestellten **erhöhten Schwingungsexposition** der betroffenen Beschäftigten zu ermitteln, damit im Programm alle gesundheitsschädigenden Einflüsse berücksichtigt sind und hiergegen wirksame Abwehrmaßnahmen getroffen werden können.

Ein wirksames **Vibrationsminderungsprogramm** beginnt bei den Ursachen und endet bei der Erfolgskontrolle. Die Praktikabilität und die entstehen-

---

[235] Amtliche Begründung zu § 10 Abs. 4 LärmVibrationsArbSchV

§ 10 Maßnahmen bei Vibrationsexposition

den Kosten der Maßnahmen sind zu berücksichtigen. Im Einzelnen werden folgende Schritte empfohlen:[236]

- Lokalisieren der Hauptschwingungsquellen,
- Lokalisieren der Hauptquellen für stoßhaltige Schwingungen und
- Einordnen dieser Quellen nach ihrem Anteil an der Exposition,
- Ermitteln und Evaluieren von möglichen Lösungen im Hinblick auf Praktikabilität und Kosten,
- Aufstellen von realistischen Zielen,
- Zuweisen von Prioritäten und Erstellen eines „Aktionsprogramms",
- Definieren von Zuständigkeiten des Managements und Bereitstellen von angemessenen Ressourcen,
- Umsetzen des Programms,
- Überwachen der Wirksamkeit des Programms und
- Erfolgskontrolle durch zuverlässige Ermittlung der erreichten Vibrationsexposition (Einhaltung oder Unterschreitung der in § 9 festgelegten Expositionsgrenzwerte A(8) für HAV und GKV) oder durch fachkundig durchgeführte Messungen.

Wesentlich für die Auswahl von **Sofortmaßnahmen** sind[237]

- die voraussichtlich erreichbare Absenkung der Vibrationsexposition,
- die Dauer bis zur Umsetzung der Maßnahme,
- der mit den Maßnahmen verbundene Aufwand,
- die Anzahl der Beschäftigten, für die sich die Gefährdungssituation verbessert.

Für den Fall, dass die Tages-Vibrationsexpositionswerte A(8) auch auf längere Sicht nicht unter die Auslösewerte abgesenkt werden können, ist regelmäßig zu prüfen, ob der aktuelle Stand der Technik nicht eine Verringerung der Gefährdung ermöglicht. Es wird empfohlen, diese Prüfung mindestens alle zwei Jahre durchzuführen und verstärkt auf das Angebot der arbeitsmedizinischen Vorsorge hinzuweisen.

---

[236] EU-Handbuch Ganzkörper-Vibration, S.23, 09/05/2007, http://bb.osha.de(→ Praktishe Lösungen → Gefährdungskategorien → Ganzkörpervibration, Stand Januar 2008), S.23
[237] TRLV Vibrationen, Teil 3: Vibrationsschutzmaßnahmen, Ausg. Januar 2010, Nr. 3.5 Abs. 1 bis 7 i.V.m. Nr. 3.3.2

2.11 § 11 Unterweisung der Beschäftigten

> **§ 11**
> **Unterweisung der Beschäftigten**
>
> (1) [1]Können bei Exposition durch Lärm die unteren Auslösewerte nach § 6 Satz 1 Nr. 2 oder bei Exposition durch Vibrationen die Auslösewerte nach § 9 Abs. 1 Satz 1 Nr. 2 oder § 9 Abs. 2 Satz 1 Nr. 2 erreicht oder überschritten werden, stellt der Arbeitgeber sicher, dass die betroffenen Beschäftigten eine Unterweisung erhalten, die auf den Ergebnissen der Gefährdungsbeurteilung beruht und die Aufschluss über die mit der Exposition verbundenen Gesundheitsgefährdungen gibt. [2]Sie muss vor Aufnahme der Beschäftigung und danach in regelmäßigen Abständen, jedoch immer bei wesentlichen Änderungen der belastenden Tätigkeit, erfolgen.
>
> (2) Der Arbeitgeber stellt sicher, dass die Unterweisung nach Absatz 1 in einer für die Beschäftigten verständlichen Form und Sprache erfolgt und mindestens folgende Informationen enthält:
>
> 1. die Art der Gefährdung,
> 2. die durchgeführten Maßnahmen zur Beseitigung oder zur Minimierung der Gefährdung unter Berücksichtigung der Arbeitsplatzbedingungen,
> 3. die Expositionsgrenzwerte und Auslösewerte,
> 4. die Ergebnisse der Ermittlungen zur Exposition zusammen mit einer Erläuterung ihrer Bedeutung und der Bewertung der damit verbundenen möglichen Gefährdungen und gesundheitlichen Folgen,
> 5. die sachgerechte Verwendung der persönlichen Schutzausrüstung,
> 6. die Voraussetzungen, unter denen die Beschäftigten Anspruch auf arbeitsmedizinische Vorsorge haben, und deren Zweck,
> 7. die ordnungsgemäße Handhabung der Arbeitsmittel und sichere Arbeitsverfahren zur Minimierung der Expositionen,
> 8. Hinweise zur Erkennung und Meldung möglicher Gesundheitsschäden.
>
> (3) [1]Um frühzeitig Gesundheitsstörungen durch Lärm oder Vibrationen erkennen zu können, hat der Arbeitgeber sicherzustellen, dass ab dem Überschreiten der unteren Auslösewerte für Lärm und dem Überschreiten der Auslösewerte für Vibrationen die betroffenen Beschäftigten eine allgemeine arbeitsmedizinische Beratung erhalten. [2]Die Beratung ist unter Beteiligung des in § 7 Abs. 1 der Verordnung zur arbeitsmedizinischen Vorsorge genannten Arztes durchzuführen, falls dies aus arbeitsmedizinischen Gründen erforderlich sein sollte. [3]Die arbeitsmedizinische Beratung kann im Rahmen der Unterweisung nach Absatz 1 erfolgen.

§ 11 Unterweisung der Beschäftigten

2.11.1 Art der Unterweisung bei Lärm- oder Vibrationsexposition (§ 11 Abs. 1)

Sicherheitsgerecht und gesundheitsbewusst können sich Beschäftigte nur verhalten, wenn sie über die Arbeitsbedingungen und die Gefährdungen an ihrem Arbeitsplatz informiert sind. Eine wesentliche Voraussetzung hierfür ist die eingehende **Unterweisung** der Beschäftigten durch den Arbeitgeber oder seine Beauftragten. Die Beschäftigten sind ihrerseits nach § 16 ArbSchG verpflichtet, eine festgestellte Gefährdung für Sicherheit und Gesundheit und Mängel an den Schutzsystemen anzuzeigen, die ihnen zur Verfügung gestellten persönlichen Schutzausrüstungen (z. B. die Gehörschützer) sachgerecht zu nutzen und die vom Arbeitgeber veranlassten technischen und organisatorischen Maßnahmen der Lärmminderung ordnungsgemäß zu beachten.

§ 11 Abs. 1 präzisiert die Pflicht des Arbeitgebers zur Unterweisung der Beschäftigten nach § 12 ArbSchG im Hinblick auf die Gefährdungen durch Lärm und Vibrationen. Die Unterweisung soll Anweisungen und hierzu auch Erläuterungen umfassen.

Unterweisungen sind **während der Arbeitszeit durchzuführen** und dürfen nicht in die Freizeit der Beschäftigten verlagert werden.[238]

Die Unterweisung der Beschäftigten wird **im Allgemeinen mündlich** durchgeführt. Dabei sollte im Hinblick auf Tätigkeiten, die mit einer erhöhten Gefährdung für die Beschäftigten verbunden sind, auf schriftliche Arbeits- und Handlungsanweisungen und die Gefährdungsbeurteilung zurückgegriffen werden.[239]

Kurzunterweisungen möglichst am Arbeitsplatz sind wirkungsvoller als selten vorgenommene umfangreiche Unterweisungen.

Unterweisungen müssen **vom Arbeitgeber** oder von einer von ihm schriftlich damit beauftragten fachkundigen Person vorgenommen werden.[240] Es ist sinnvoll, Fachkräfte für Arbeitssicherheit und Betriebsärzte an den

---

[238] § 12 Abs. 1 Satz 1 ArbSchG.
[239] Informationsmaterialien stehen unter http://www.baua.de/TRLV/ zur Verfügung; oft grafisch aufbereitet und z. T. in mehreren Sprachen.
[240] § 7 ArbSchG.

§ 11 Unterweisung der Beschäftigten

Unterweisungen zu beteiligen. Die Verantwortung für die Wissensbeschaffung darf nicht den Beschäftigten übertragen werden.

Bei einer **Arbeitnehmerüberlassung** trifft die Pflicht zur Unterweisung den Entleiher.[241] Für Angehörige von **Fremdfirmen** ist deren Arbeitgeber zuständig. Sind Beschäftigte mehrerer Unternehmer oder selbstständige Einzelunternehmer in einer Arbeitsstätte tätig, so haben die Unternehmer in Fragen des Arbeits- und Gesundheitsschutzes zusammenzuarbeiten.[242]

Wenn

- die unteren Auslösewerte für Lärm oder
- die Auslösewerte für Vibrationen erreicht oder überschritten werden,

sind Unterweisungen durchzuführen und zwar stets

- vor Aufnahme der Beschäftigung,
- bei Veränderungen im Aufgabenbereich,
- bei wesentlichen Änderungen der belastenden Tätigkeit, so dass sie an die Gefährdungsentwicklung angepasst ist, und
- danach in regelmäßigen Abständen.

Die Unterweisung muss **mindestens einmal jährlich** erfolgen und **dokumentiert** werden.[243] Auf dieser Grundlage kann der Arbeitgeber den Nachweis führen, dass er seiner Unterweisungspflicht nachgekommen ist.

Unterweisungen **aus besonderem Anlass** werden z. B. bei

- ungewöhnlichen bzw. selten vorkommenden Arbeiten,
- einem festgestellten, sicherheits- und gesundheitswidrigem Verhalten von Beschäftigten,
- einem Arbeitsunfall oder Beinaheunfall, einer Erkrankung oder bei Unwohlsein mehrerer Beschäftigter

erforderlich.[244]

---

[241] § 12 Abs. 2 ArbSchG.
[242] § 8 ArbSchG; § 6 BGV A1 Grundsätze der Prävention
[243] § 4 Abs. 1 BGV A1 Grundsätze der Prävention.
[244] BGI 527 Sicherheit durch Unterweisung, Ausg. 2005 Nr. 3.

§ 11 Unterweisung der Beschäftigten

Alle betroffenen Beschäftigten sind ohne Einschränkung zu unterweisen. Insbesondere bedürfen

- Beschäftigte, die an mehreren Arbeitsplätzen arbeiten („Springer"),
- ausländische Beschäftigte (erforderlichenfalls in der jeweiligen Muttersprache),
- Jugendliche (vgl. § 29 JArbSchG) und
- mit besonderen Arbeitsaufgaben betraute Beschäftigte

einer sorgfältigen Unterweisung.

2.11.2 Inhalt der Unterweisung bei Lärm- oder Vibrationsexposition (§ 11 Abs. 2)

§ 11 Abs. 2 enthält eine Auflistung der **Informationen**, die eine Unterweisung bei Lärm- oder Vibrationsexposition **mindestens** enthalten muss.[245]

Als wünschenswerte Ergänzung der Unterweisung für den Betrieb von Fahrzeugen fordert das EU-Ganzkörper-Vibrations-Handbuch[246], dass

- den Beschäftigten **Fahrtechniken** vermittelt werden, bei denen die Schwingungsexposition reduziert wird und ihnen die Folgen einer überhöhten **Fahrgeschwindigkeit** sowie die Gründe etwa vorgeschriebener Geschwindigkeitsbegrenzungen erläutert werden;
- bei **Schwingsitzen** den Fahrern gezeigt wird, wie diese Sitze auf ihr persönliches Gewicht eingestellt werden können und die Fahrer erfahren, wie weitere ergonomisch richtige Sitzeinstellungen vorzunehmen sind (Abstand zum Lenkrad, Höhe und Neigung des Sitzes und der Rückenlehne), um ihr Fahrzeug in optimaler Sitzhaltung bewegen zu können;
- Fahrer und das Instandhaltungspersonal erkennen können, wann **Maschinenbauteile**, die einen Einfluss auf die Schwingungsexposition und die Körperhaltung haben, z. B. das Feder-Dämpfersystem, **gewartet, instand gesetzt oder ersetzt** werden müssen.

---

[245] Informationsmaterialien der Arbeitsschutzbehörden, der Unfallversicherungsträger und der Hersteller stehen gedruckt oder im Internet zur Verfügung, oft grafisch aufbereitet und in mehreren Sprachen.
[246] EU-Handbuch Ganzkörper-Vibration, 09/05/2007, http://bb.osha.de/(→ Praktische Lösungen → Gefährdungskategorien → Ganzkörper-Vibration, Stand Januar 2008), S.28

§ 11 Unterweisung der Beschäftigten

Das EU-Hand-Arm-Vibrations-Handbuch[247] enthält zum Inhalt der Unterweisung bei Hand-Arm-Vibrationen folgende fachliche Hinweise:

- Es müssen die Gründe angegeben werden, warum Maschinen mit Wartungsbedarf zu melden sind und wie die Meldung zu erfolgen hat.
- Es ist der **Zeitpunkt** anzugeben, zu dem **Arbeitsmittel**, persönliche Schutzausrüstungen oder Verbrauchsmaterialien, die zu einer erhöhten Vibrationsbelastung beitragen können, **auszusondern** sind.
- Die Beschäftigten sind mit **Arbeitstechniken** vertraut zu machen, die es ihnen z. B. ermöglichen, übermäßige Kräfte beim Greifen, Andrücken und Führen von Arbeitsmitteln zu vermeiden und diese sicher und mit optimaler Leistung zu bedienen. Im Rahmen einer Schulung müssen sie darüber unterrichtet werden, wann ein Arbeitsmittel gewartet werden muss.
- Die Beschäftigten sind darüber aufzuklären, dass sich bei der Bedienung bestimmter Arbeitsmittel die Hände zur Vermeidung einer erhöhten Vibrationsbelastung in der **richtigen Position** befinden müssen. Denn viele vibrationsreduzierte Arbeitsmittel, wie Abbruchgeräte mit gefederten Griffen, erzeugen stärkere Vibrationen, wenn das Arbeitsmittel während der Handhabung zu stark nach unten gedrückt wird.

Zusätzlich empfiehlt es sich, die Beschäftigten auch über gesundheitliche Auswirkungen von **Tätigkeiten in ihrem privaten Bereich** zu informieren, wenn daraus eine Verstärkung der durch die betriebliche Tätigkeit bedingten Lärm- oder Vibrationsbelastungen erfolgen kann.

2.11.3 Arbeitsmedizinische Beratung bei Lärm- oder Vibrationsexposition (§ 11 Abs. 3) [248]

Abs. 3 fordert ergänzend zu den in Abs. 1 geforderten Unterweisungen der Beschäftigten über die mit der Exposition gegenüber Vibrationen verbundenen Gesundheitsgefährdungen eine **allgemeine arbeitsmedizinische Beratung** der Betroffenen durch den Betriebsarzt, sofern dies aus arbeitsmedizinischen Gründen erforderlich ist. Dies ist der Fall, wenn der untere

---

[247] EU-Handbuch Hand-Arm-Vibration, 31/07/2007, http://bb.osha.de/(→ Praktische Lösungen → Gefährdungskategorien → Hand-Arm-Vibration, Stand Januar 2008), S.27,
[248] TRLV Vibrationen, Teil 1: Beurteilung der Gefährdung durch Vibrationen, Ausg. Januar 2010, Nr. 8.

§ 11 Unterweisung der Beschäftigten

Auslösewert für Lärm bzw. der Auslösewert für Vibrationen überschritten ist. Die allgemeine arbeitsmedizinische Beratung sollte im Rahmen der Unterweisung nach Abs. 1 erfolgen. Unter der in Abs. 3 erwähnten „Beteiligung des Arbeitsmediziners" ist nicht zwingend zu verstehen, dass die Beratung vom Betriebsarzt persönlich vorgenommen werden muss. Es kann genügen, wenn sich der Arzt an der Schulung von Führungskräften und der Fachkräfte für Arbeitssicherheit beteiligt oder bei der Erstellung geeigneter Unterweisungsmaterialien mitwirkt.[249]

In der allgemeinen arbeitsmedizinischen Beratung werden die Beschäftigten informiert über

- mögliche gesundheitliche Gefährdungen (z. B. Durchblutungsstörungen, Kribbeln, Taubheit der Finger, häufige Schmerzen im Bereich der Lendenwirbelsäule),
- die Wirkung von Vorerkrankungen und die Empfänglichkeit für bestimmte Krankheiten,
- Verhaltensregeln zur Arbeitsgestaltung (z. B. Wechsel der gewohnten in eine schonendere Arbeitsweise, eingeschobene Expositionspausen),
- persönliche Verhaltensregeln (Tragen geeigneter Kleidung und Handschuhe, Wärmen des Körpers und der Hände, Bewegen der Finger, Verbesserung der peripheren Blutzirkulation, Verzicht auf Rauchen),
- Inhalt und Ziel arbeitsmedizinischer Vorsorgeuntersuchungen und die Möglichkeit der Inanspruchnahme von Angebotsuntersuchungen.

---

[249] TRLV Lärm, Teil 1: Beurteilung der Gefährdung durch Lärm, Ausg. Januar 2010, Nr. 8 Abs. 3.

2.12 § 12 Beratung durch den Ausschuss für Betriebssicherheit

> **§ 12**
> **Beratung durch den Ausschuss für Betriebssicherheit**
> ¹Der Ausschuss nach § 24 der Betriebssicherheitsverordnung berät das Bundesministerium für Arbeit und Soziales auch in Fragen der Sicherheit und des Gesundheitsschutzes bei lärm- oder vibrationsbezogenen Gefährdungen. ²§ 24 Abs. 4 und 5 der Betriebssicherheitsverordnung gilt entsprechend.

§ 12 Satz 1 weist dem **Ausschuss für Betriebssicherheit** (ABS) nach § 24 BetrSichV die Beratung des Bundesministeriums für Arbeit und Soziales in Fragen der Sicherheit und des Gesundheitsschutzes bei lärm- oder vibrationsbezogenen Gefährdungen zu.

Zu den Aufgaben des Ausschusses gehört es, für Lärm und Vibrationen dem Stand der Technik, Arbeitsmedizin und Hygiene entsprechende **Technische Regeln für Betriebssicherheit (TRBS)** zu erarbeiten und sonstige gesicherte arbeitswissenschaftliche Erkenntnisse zu ermitteln. Der Ausschuss für Betriebssicherheit kann dafür Unterausschüsse einrichten (§ 24 Abs. 2 und 4 BetrSichV).

Das Bundesministerium für Arbeit und Soziales kann die vom Ausschuss verabschiedeten TRBS im Gemeinsamen Ministerialblatt amtlich bekannt machen (§ 24 Abs. 5 BetrSichV).

Da nach der derzeitigen Verordnungslage in Anh. Nr. 3.7 Satz 1 ArbStättV[250] die Forderung erhoben wird, in Arbeitsstätten den Schalldruckpegel so niedrig wie nach der Art des Betriebes möglich zu halten, kann auch der Ausschuss für Arbeitsstätten (ASTA; s. § 7 Abs. 4 ArbStättV) eine **Regel für Arbeitsstätten** (Arbeitsstättenregel, ASR) für Lärm erarbeiten.

Die Trennung der Regelungen in TRBS und ASR für die beiden Verordnungen könnte in der Weise vorgenommen werden, dass

---

[250] Anh. Nr. 3.7 Satz 2 ArbStättV ist durch die LärmVibrationsArbSchV abgelöst worden.

- der aktive Umgang mit technischen Anlagen, Maschinen und Geräten sowie Arbeitsverfahren, die zu Lärmimmissionen oberhalb 80 dB(A) führen, durch eine TRBS erfasst werden und
- das passive Ausgesetztsein in einer Arbeitsstätte gegenüber Lärm mit Pegeln unterhalb 80 dB(A), das insbesondere zu den extraauralen Wirkungen (s. Kap. 2.2.1 Begriff Lärm) führt, durch eine ASR geregelt wird.

Dagegen kann der Gesundheitsschutz bei Vibrationen unterhalb der Grenzwerte und Auslösewerte nur in einer TRBS geregelt werden, da Vibrationen vom Geltungsbereich der ArbStättV nicht mehr erfasst werden.

Um zu verdeutlichen, dass sich die vom ABS erarbeiteten zwei Technischen Regeln für Lärm und Vibrationen (Ausg. Januar 2010), die aus je vier Teilen bestehen, auf die LärmVibrationsArbSchV beziehen, ist das in der amtlichen Veröffentlichung im GMBl. durch die Kopfspalte der Regeln zum Ausdruck gebracht worden. Die Technischen Regeln haben die Bezeichnung „TRLV Lärm" und „TRLV Vibrationen" erhalten, wobei die Buchstaben „L" für Lärm und „V" für Vibrationen stehen.

2.13 § 13 Arbeitsmedizinische Vorsorge

§ 13
Arbeitsmedizinische Vorsorge
(aufgehoben)

Siehe Kap. 3 Arbeitsmedizinische Vorsorge.

2.14 § 14 Veranlassung und Angebot arbeitsmedizinischer Vorsorgeuntersuchungen

§ 14
Veranlassung und Angebot arbeitsmedizinischer Vorsorgeuntersuchungen
(aufgehoben)

Siehe Kap. 3 Arbeitsmedizinische Vorsorge.

2.15 § 15 Ausnahmen

§ 15
Ausnahmen

(1) [1]Die zuständige Behörde kann auf schriftlichen Antrag des Arbeitgebers Ausnahmen von den Vorschriften der §§ 7 und 10 erteilen, wenn die Durchführung der Vorschrift im Einzelfall zu einer unverhältnismäßigen Härte führen würde und die Abweichung mit dem Schutz der Beschäftigten vereinbar ist. [2]Diese Ausnahmen können mit Nebenbestimmungen verbunden werden, die unter Berücksichtigung der besonderen Umstände gewährleisten, dass die sich daraus ergebenden Gefährdungen auf ein Minimum reduziert werden. [3]Diese Ausnahmen sind spätestens nach vier Jahren zu überprüfen; sie sind aufzuheben, sobald die Umstände, die sie gerechtfertigt haben, nicht mehr gegeben sind. [4]Der Antrag des Arbeitgebers muss Angaben enthalten zu

1. der Gefährdungsbeurteilung einschließlich deren Dokumentation,
2. Art, Ausmaß und Dauer der ermittelten Exposition,
3. den Messergebnissen,
4. dem Stand der Technik bezüglich der Tätigkeiten und der Arbeitsverfahren sowie den technischen, organisatorischen und persönlichen Schutzmaßnahmen,
5. Lösungsvorschlägen und einem Zeitplan, wie die Exposition der Beschäftigten reduziert werden kann, um die Expositions- und Auslösewerte einzuhalten.

[5]Die Ausnahme nach Satz 1 kann auch im Zusammenhang mit Verwaltungsverfahren nach anderen Rechtsvorschriften beantragt werden.

(2) In besonderen Fällen kann die zuständige Behörde auf Antrag des Arbeitgebers zulassen, dass für Tätigkeiten, bei denen die Lärmexposition von einem Arbeitstag zum anderen erheblich schwankt, für die Anwendung der Auslösewerte zur Bewertung der Lärmpegel, denen die Beschäftigten ausgesetzt sind, anstatt des Tages-Lärmexpositionspegels der Wochen-Lärmexpositionspegel verwendet wird, sofern

1. der Wochen-Lärmexpositionspegel den Expositionswert $L_{EX,40h} = 85$ dB(A) nicht überschreitet und dies durch eine geeignete Messung nachgewiesen wird und
2. geeignete Maßnahmen getroffen werden, um die mit diesen Tätigkeiten verbundenen Gefährdungen auf ein Minimum zu verringern.

§ 15 Ausnahmen

2.15.1 Ausnahmen wegen unverhältnismäßiger Härte für den Arbeitgeber (§ 15 Abs. 1)

Die Neufassung der LärmVibrationsArbSchV vom 19.7.2010 lässt nur noch behördliche Ausnahmen zu § 7 (Maßnahmen zur Vermeidung und Verringerung der Lärmexposition) und § 10 (Maßnahmen zur Vermeidung und Verringerung der Exposition durch Vibrationen) zu. Für die Abweichungen ist eine Ausnahme vom Arbeitgeber für seinen Betrieb bzw. seine Verwaltung bei der zuständigen Aufsichtsbehörde des jeweiligen Landes bzw. des Bundes zu beantragen.

In der Begründung[251] zur Änderung des § 15 wird dazu ausgeführt: „Die Ausnahmetatbestände werden angepasst. Ausnahmen von wissenschaftlich ermittelten im EG-Recht verbindlich festgelegten Auslöse- und Grenzwerten sind nicht möglich. Ausnahmetatbestände können sich nur auf die Maßnahmen zum Schutz der Sicherheit und Gesundheit der Beschäftigten ... beziehen. Voraussetzung für die Genehmigung einer Ausnahme ist das Ergreifen anderer Maßnahmen, um die Gefährdungen für die Beschäftigten auf ein Minimum zu reduzieren und damit eine vergleichbare Sicherheit zu gewährleisten."

In der Endfassung der Begründung[252] zu Ausnahmeregelungen bei § 11 wird ergänzend darauf hingewiesen: „Im Hinblick auf den hohen Stellenwert der Unterweisung für den Schutz der Beschäftigten, soll dem Arbeitgeber hierzu keine Ausnahmemöglichkeit eingeräumt werden – zumal auch nicht zu erkennen ist, dass die Unterweisung eine unverhältnismäßige Härte darstellen könnte."

Ausnahmen von den Vorschriften zur Gefährdungsbeurteilung (§ 3) und zur ordnungsgemäßen Durchführung der Messungen (§ 4) können von der zuständigen Aufsichtsbehörde nicht erteilt werden, da die Vorlage der Gefährdungsbeurteilung und der Messergebnisse im Rahmen eines jeden Ausnahmeantrages ausdrücklich gefordert wird. Auch das ArbSchG sieht zur Gefährdungsbeurteilung keine Ausnahme vor.

Die Erteilung einer behördlichen **Ausnahme** gem. § 15 ist nur möglich, wenn

---

[251] Bundesrat Drucksache 262/10 vom 29.4.2010.
[252] Bundesrat Drucksache 262/10 (Beschluss) vom 9.7.2010

- die praktische Umsetzung einer in §§ 7 bzw. 10 LärmVibrationsArbSchV vorgeschriebenen Maßnahme wegen der besonders gelagerten Situation des Betriebes (im Einzelfall) zu einer unverhältnismäßigen (betriebstechnischen und/oder betriebswirtschaftlichen) Härte führen würde und
- die vom Arbeitgeber vorgesehene Ersatzmaßnahme mit dem Schutz der Beschäftigten vor Unfall- und Gesundheitsgefahren noch vereinbar ist.

Die Erfüllung einzelner Vorschriften der LärmVibrationsArbSchV kann für den Arbeitgeber im Einzelfall eine **unverhältnismäßige Härte** bedeuten. Dabei genügt es allerdings nicht, wenn nur eine gelegentlich auftretende Härtesituation vorliegt. Entscheidend ist allein, dass die Verwirklichung einer Vorschrift der LärmVibrationsArbSchV den Arbeitgeber in nicht vertretbarer Weise wirtschaftlich treffen würde.

Eine zwingend **notwendige untere Schutzschwelle** darf in keinem Fall unterschritten werden. Dabei müssen technische und organisatorische Ersatzmaßnahmen immer den Vorzug vor persönlichen Schutzausrüstungen erhalten. In jedem speziellen Einzelfall muss sich die Behörde davon überzeugen, dass die Bestimmung, von der ein Arbeitgeber abweichen will, für ihn nachweislich nicht zumutbar ist. Dabei wird die Behörde die Situation in vergleichbaren Betrieben der Branche berücksichtigen.

Der **Antrag auf Ausnahmen** von Vorschriften der §§ 7 bzw. 10 LärmVibrationsArbSchV **bedarf der Schriftform**. Der Antrag hat alle Angaben gem. § 15 Abs. 1 Satz 4 zu enthalten. Er kann zusammen mit Anträgen zu anderen Rechtsvorschriften gestellt werden.

Die Behörde ist zur Bewilligung einer Ausnahme nicht verpflichtet („Kann-Vorschrift"). Ein Anspruch des Antragstellers besteht nicht. Die Behörde kann Ausnahmen mit **Nebenbestimmungen** (z. B. Reduzierung der Expositionszeiten, regelmäßige Vorlage von Berichten zum Stand notwendiger Sanierungsmaßnahmen) verbinden und Ausnahmen zeitlich befristen, wobei nach vier Jahren stets eine Überprüfung der betrieblichen Voraussetzungen für die Erteilung der Ausnahme erforderlich ist (§ 15 Abs. 1 Satz 3).

Es ist nicht vorgeschrieben, in welcher Form (schriftlich oder mündlich) die Erteilung der behördlichen Ausnahme zu erfolgen hat. Die Schriftform sollte allerdings die Regel sein.

§ 15 Ausnahmen

2.15.2 Ausnahmsweise Anwendung des Wochen-Lärmexpositionspegels (§ 15 Abs. 2)

§ 15 Abs. 2 führt im Rahmen der Ausnahmemöglichkeiten ergänzend zum oberen und unteren Auslösewert nach § 6 einen **Wochen-Lärmexpositionspegel** $L_{EX,40h}$ ein (s. Kap. 2.2.3 Wochen-Lärmexpositionspegel).

Die Anwendung des Wochen-Lärmexpositionspegels an Stelle des Tages-Lärmexpositionspegels bedarf eines Antrages bei der zuständigen Aufsichtsbehörde. Die behördliche Ausnahme ist an drei Bedingungen gebunden:

- $L_{EX,40h} \leq 85$ dB(A),
- $L_{EX,40h}$ ist messtechnisch bestimmt worden und
- Maßnahmen zur Verringerung der Gefährdungen auf ein Minimum werden vom Arbeitgeber getroffen.

Die Mittelung der Lärmpegel über eine Woche wird zugelassen, da bei der langsamen Entwicklung einer Lärmschwerhörigkeit davon ausgegangen wird, dass die Anwendung des Wochen-Lärmexpositionspegels einen vergleichbaren Schutz wie die des Tages-Lärmexpositionspegels gewährleistet. Da hinreichende epidemiologische Studien dazu fehlen, kann die Anwendung des **Wochen-Lärmexpositionspegels** allerdings nur im Ausnahmefall („in besonderen Fällen") von der Behörde bewilligt werden.

Die Auswirkung einer längeren Mittelungszeit zeigen die Messwerte, die am Beispiel der Orchestermusik ermittelt wurden, in der folgenden Tabelle:[253] Spitzenpegel, 1-Min-Pegel und 40-Stunden-Pegel[254] für ein „lautes" und ein „leises" Instrument. Die Messung der 40-Stunden-Pegel erfolgte während der Orchesterarbeit, während der Proben, beim Üben allein und bei allen typischen Beschäftigungen. Eine allgemeingültige Umrechnung von Spitzenpegeln in 40-Stunden-Pegel ist nicht möglich, da die 40-Stunden-Pegel stark

---

[253] Pangert R., Mill H.: 87 dB bei klassischer Musik?, Z. Das Orchester 1/2004, S. 19–22; s. hierzu auch Gesetzliche Unfallversicherung: Niedrigere Lärmgrenzwerte für Berufsmusiker – BGIA bietet Orchestermusikern Hilfe zur Umsetzung der Lärmverordnung, Z. Die BG 03/2008, S. 84.
[254] Hohmann B.W. und Billeter, T: Langzeit-Gehörbelastung von Orchestermusikern, Schweizerische Unfallversicherungsanstalt Luzern, Vortragsmanuskript

von der Anordnung der Instrumente im Orchester, den raumakustischen Gegebenheiten und vielen weiteren zufälligen Einflüssen abhängen.

Tab. 17 Spitzenpegel von Instrumenten

Instrument	Spitzenpegel	1-Min-Pegel	40-Stunden-Pegel
Posaune	116 dB(A)	104 dB(A)	95 dB(A)
Cello	99 dB(A)	90 dB(A)	86 dB(A)

Zu den Regelungen für den Musik- und Unterhaltungssektor siehe Kap. 2.17.1 Musik- und Unterhaltungssektor.

2.16 § 16 Straftaten und Ordnungswidrigkeiten

§ 16
Straftaten und Ordnungswidrigkeiten

(1) Ordnungswidrig im Sinne des § 25 Abs. 1 Nr. 1 des Arbeitsschutzgesetzes handelt, wer vorsätzlich oder fahrlässig

1. entgegen § 3 Abs. 1 Satz 2 die auftretende Exposition nicht in dem in Absatz 2 genannten Umfang ermittelt und bewertet,
2. entgegen § 3 Abs. 4 Satz 1 eine Gefährdungsbeurteilung nicht dokumentiert oder in der Dokumentation entgegen § 3 Abs. 4 Satz 2 die dort genannten Angaben nicht macht,
3. entgegen § 4 Abs. 1 Satz 1 in Verbindung mit Satz 2 nicht sicherstellt, dass Messungen nach dem Stand der Technik durchgeführt werden, oder entgegen § 4 Abs. 1 Satz 4 die Messergebnisse nicht speichert,
4. entgegen § 5 Satz 1 nicht sicherstellt, dass die Gefährdungsbeurteilung von fachkundigen Personen durchgeführt wird, oder entgegen § 5 Satz 4 nicht die dort genannten Personen mit der Durchführung der Messungen beauftragt,
5. entgegen § 7 Abs. 4 Satz 1 Arbeitsbereiche nicht kennzeichnet oder abgrenzt,
6. entgegen § 7 Abs. 5 Satz 1 ein Programm mit technischen und organisatorischen Maßnahmen zur Verringerung der Lärmexposition nicht durchführt,
7. entgegen § 8 Abs. 1 in Verbindung mit Abs. 2 den dort genannten Gehörschutz nicht zur Verfügung stellt,
8. entgegen § 8 Abs. 3 nicht dafür Sorge trägt, dass die Beschäftigten den dort genannten Gehörschutz bestimmungsgemäß verwenden,

§ 16 Straftaten und Ordnungswidrigkeiten

9. entgegen § 10 Abs. 3 Satz 1 nicht dafür sorgt, dass die in § 9 Abs. 1 Satz 1 Nr. 1 oder § 9 Abs. 2 Satz 1 Nr. 1 genannten Expositionsgrenzwerte nicht überschritten werden,
10.
11. entgegen § 10 Abs. 4 Satz 1 ein Programm mit technischen und organisatorischen Maßnahmen zur Verringerung der Exposition durch Vibrationen nicht durchführt oder
12. entgegen § 11 Abs. 1 nicht sicherstellt, dass die Beschäftigten eine Unterweisung erhalten, die auf den Ergebnissen der Gefährdungsbeurteilung beruht und die in § 11 Abs. 2 genannten Informationen enthält.

(2) Wer durch eine in Absatz 1 bezeichnete vorsätzliche Handlung das Leben oder die Gesundheit eines Beschäftigten gefährdet, ist nach § 26 Nr. 2 des Arbeitsschutzgesetzes strafbar.

2.16.1 Ordnungswidrigkeiten (§ 16 Abs. 1)

Die **Bußgeldvorschriften** des § 16 Abs. 1 nehmen Bezug auf § 25 Abs. 1 Nr. 1 ArbSchG. Danach können Verstöße des Arbeitgebers oder der Beschäftigten gegen die in § 16 Abs. 1 genannten Pflichten von der zuständigen Aufsichtsbehörde als Ordnungswidrigkeiten verfolgt und mit Geldbuße belegt werden. Als Bußgeldrahmen sind im ArbSchG für Verstöße gegen Verpflichtungen aus Rechtsverordnungen 5000 Euro vorgesehen.[255]

Als **Ordnungswidrigkeiten** werden genannt:

- Eine Gefährdungsbeurteilung wurde trotz Vorliegens einer Exposition von Beschäftigten gegenüber Lärm und/oder Vibrationen nicht durchgeführt, nicht von fachkundigen Personen vorgenommen und nicht dokumentiert.
- Messungen wurden nicht nach dem Stand der Technik durchgeführt und nicht gespeichert.
- Arbeitsbereiche, an denen die oberen Auslösewerte für Lärm erreicht oder überschritten werden, wurden nicht gekennzeichnet oder abgegrenzt.

---

[255] Spinnarke J., Schork G.: Arbeitssicherheitsrecht (ASiR), Kommentar und Sammlung, Heidelberg 2010, OZ 1100 § 25.

- Gehörschutz wurde nicht zur Verfügung gestellt, er war nicht geeignet oder wurde von den Beschäftigten nicht bestimmungsgemäß verwendet.
- Expositionsgrenzwerte für Vibrationen waren überschritten.
- Es lag kein Programm zur Verringerung der Lärmexposition oder der Vibrationsexposition vor.
- Geeignete Unterweisungen der Beschäftigten wurden nicht durchgeführt.
- Eine Vorsorgekartei wurde nicht geführt.
- Beschäftigte waren ohne arbeitsmedizinische Vorsorgeuntersuchung in gefährdenden Bereichen eingesetzt.

2.16.2 Straftatbestände (§ 16 Abs. 2)

Die **Strafvorschriften** des § 16 Abs. 2 nehmen Bezug auf § 26 Nr. 2 ArbSchG. Danach wird eine **Gefährdung von Leben oder Gesundheit eines Beschäftigten** bestraft, die durch eine vorsätzliche Zuwiderhandlung

- gegen die bußgeldbewehrten Vorschriften des § 16 oder
- gegen eine vollziehbare Anordnung der Aufsichtsbehörde

verursacht wurde.

Eine Gefährdung der Gesundheit liegt bereits vor, wenn Umstände festgestellt werden, die nachweislich zu einer Schädigung des Beschäftigten hätten führen können.[256]

Als Strafrahmen nach § 26 ArbSchG ist eine Freiheitsstrafe bis zu einem Jahr oder eine Geldstrafe vorgesehen.[257]

---

[256] Kollmer N. F.: Arbeitsschutzgesetz, Kommentar, München 2005, § 26 RdNr. 14, S. 595
[257] Näheres hierzu s. z. B. Koll M., Janning R., Pinter H.: Arbeitsschutzgesetz, Kommentar für die betriebliche und behördliche Praxis, Stuttgart 2010, B 5 ArbSchG § 26.

2.17 § 17 Übergangsvorschriften

> **§ 17**
> **Übergangsvorschriften**
>
> (1) Für den Bereich des Musik- und Unterhaltungssektors ist diese Verordnung erst ab dem 15. Februar 2008 anzuwenden.
>
> (2) Für Wehrmaterial der Bundeswehr, das vor dem 1. Juli 2007 erstmals in Betrieb genommen wurde, gilt bis zum 1. Juli 2011 abweichend von § 9 Abs. 2 Nr. 1 für Ganzkörper-Vibrationen in Z-Richtung ein Expositionsgrenzwert von $A(8) = 1{,}15$ m/s^2.
>
> (3) Abweichend von § 9 Abs. 2 Nr. 1 darf bis zum 31. Dezember 2011 bei Tätigkeiten mit Baumaschinen und Baugeräten, die vor dem Jahr 1997 hergestellt worden sind und bei deren Verwendung trotz Durchführung aller in Betracht kommenden Maßnahmen nach dieser Verordnung die Einhaltung des Expositionsgrenzwertes für Ganzkörper-Vibrationen nach § 9 Abs. 2 Nr. 1 nicht möglich ist, an höchstens 30 Tagen im Jahr der Expositionsgrenzwert für Ganzkörper-Vibrationen in Z-Richtung von $A(8) = 0{,}8$ m/s^2 bis höchstens $1{,}15$ m/s^2 überschritten werden.

2.17.1 Musik- und Unterhaltungssektor (§ 17 Abs. 1)

§ 17 Abs. 1 räumte dem **Musik- und Unterhaltungssektor** eine inzwischen abgelaufene Übergangsfrist bis 15.2.2008 ein. Seither ist die LärmVibrationsArbSchV anzuwenden. Für Musiker, die als einzige Berufsgruppe ausdrücklich erwähnt werden, wird mit Ausnahme der Verwendung des Wochen-Lärmexpositionspegels gem. § 15 Abs. 2 (s. Kap. 2.15.2 Ausnahmsweise Anwendung des Wochen-Lärmexpositionspegels) seither **keine generelle Ausnahmeregelung** mehr vorgesehen.

Gem. Art. 17 Abs. 2 der EG-Richtlinie Lärm wurde ein **praktischer Leitfaden** (Kodex)[258], erarbeitet.

Im Musik- und Unterhaltungssektor ist Schall das Arbeitsergebnis und nicht wie in den meisten anderen Bereichen eine betriebsbedingte Belästigung oder Gefährdung der Betroffenen, ein unerwünschtes Nebenprodukt. Die

---

[258] BAuA Hrsg. Safe and Sound, Ratgeber zur Gehörerhaltung in der Musik- und Entertainementbranche, Dortmund, 2008

§ 17 Übergangsvorschriften

Lautstärke von Orchestermusik ist in relativ engen Grenzen vorgegeben. Mehr Gestaltungsspielraum bietet elektronisch verstärkte Musik. Trotzdem ist die Senkung der Lärmexposition in beiden Fällen eine schwierig zu lösende Aufgabe. Nur eine konsequente Umsetzung mehrerer Einzelmaßnahmen kann zum Erfolg führen. Dazu gehören z. B.

- die bauakustische Gestaltung der Orchestergräben, der Proben- und Einspielzimmer,
- der Einsatz von Kunststoffschirmen im Orchesterraum oder Orchestergraben, die den Schall zum Publikum leiten und die Musiker schützen[259] (Abb. 20),
- die Änderung der Sitzordnung der Orchestermitglieder mit dem Ziel, den Einfluss des Direktschalls der Nachbarinstrumente zu mindern,
- die Verringerung der Expositionszeit mit den höchsten Schallpegeln durch arbeitsorganisatorische Maßnahmen, vor allem bei der Probenarbeit, sowie
- der Einsatz hochwertigen Gehörschutzes[260] (Otoplastiken), der alle Frequenzen nahezu gleichmäßig dämpft, den Höreindruck aber nur wenig verändert.

Abb. 20 Schallschutzschirme im Orchesterraum

---

[259] Wogram K.: Measures against an inadmissible sound burden within an orchestra, Forum Acusticum, Budapest 2005.
[260] Richter B., Zander M., Spahn C.: Gehörschutz im Orchester, freiburger beiträge zur musikmedizin Bd. 4, Bochum, Freiburg 2007.

Anhang Vibrationen

2.17.2 Wehrmaterial der Bundeswehr (§ 17 Abs. 2)

Bei der **Bundeswehr** wird nur für bereits vorhandenes Wehrmaterial ein höherer Grenzwert (1,15 m/s^2 statt 0,8 m/s^2) für Ganzkörper-Vibrationen in Z-Richtung (Körperlängsrichtung) zugelassen. Der Grenzwert ist allerdings zeitlich befristet bis zum 1.7.2011.

2.17.3 Arbeiten mit Baumaschinen (§ 17 Abs. 3)

Bei Tätigkeiten mit vorhandenen, älteren **Baumaschinen und Baugeräten** wird ein höherer Grenzwert (1,15 m/s^2 statt 0,8 m/s^2) für Ganzkörper-Vibrationen in Z-Richtung (Körperlängsrichtung) zeitlich befristet bis zum 31.12.2011 zugelassen. Um die Gesundheitsgefährdung gering zu halten, ist die Tätigkeit auf diesen Geräten für einen Beschäftigten nur an höchstens 30 Tagen im Jahr erlaubt. Dadurch soll die zulässige Schwingungsdosis eingehalten werden und auch die Langzeitbelastung durch Schwingungen nicht das zulässige Maß überschreiten.

2.18 Anhang Vibrationen

Anhang Vibrationen

1. Hand-Arm-Vibrationen

1.1 Ermittlung und Bewertung der Exposition

Die Bewertung des Ausmaßes der Exposition gegenüber Hand-Arm-Vibrationen erfolgt nach dem Stand der Technik anhand der Berechnung des auf einen Bezugszeitraum von acht Stunden normierten Tagesexpositionswertes A(8); dieser wird ausgedrückt als die Quadratwurzel aus der Summe der Quadrate (Gesamtwert) der Effektivwerte der frequenzbewerteten Beschleunigung in den drei orthogonalen Richtungen a_{hwx}, a_{hwy}, a_{hwz}.

Die Bewertung des Ausmaßes der Exposition kann mittels einer Schätzung anhand der Herstellerangaben zum Ausmaß der von den verwendeten Arbeitsmitteln verursachten Vibrationen und mittels Beobachtung der spezifischen Arbeitsweisen oder durch Messung vorgenommen werden.

Anhang Vibrationen

1.2 Messung

Im Falle von Messungen gemäß § 4 Abs. 2

a) können Stichprobenverfahren verwendet werden, wenn sie für die fraglichen Vibrationen, denen der einzelne Beschäftigte ausgesetzt ist, repräsentativ sind; die eingesetzten Verfahren und Vorrichtungen müssen hierbei den besonderen Merkmalen der zu messenden Vibrationen, den Umweltfaktoren und den technischen Merkmalen des Messgeräts angepasst sein;

b) an Geräten, die beidhändig gehalten oder geführt werden müssen, sind die Messungen an jeder Hand vorzunehmen. Die Exposition wird unter Bezug auf den höheren der beiden Werte ermittelt; der Wert für die andere Hand wird ebenfalls angegeben.

1.3 Interferenzen

§ 3 Abs. 3 Satz 2 ist insbesondere dann zu berücksichtigen, wenn sich Vibrationen auf das korrekte Handhaben von Bedienungselementen oder das Ablesen von Anzeigen störend auswirken.

1.4 Indirekte Gefährdung

§ 3 Abs. 3 Satz 2 ist insbesondere dann zu berücksichtigen, wenn sich Vibrationen auf die Stabilität der Strukturen oder die Festigkeit von Verbindungen nachteilig auswirken.

1.5 Persönliche Schutzausrüstungen

Persönliche Schutzausrüstungen gegen Hand-Arm-Vibrationen können Teil des Maßnahmenprogramms gemäß § 10 Abs. 4 sein.

2. Ganzkörper-Vibrationen

2.1 Bewertung der Exposition

Die Bewertung des Ausmaßes der Exposition gegenüber Ganzkörper-Vibrationen erfolgt nach dem Stand der Technik anhand der Berechnung des auf einen Bezugszeitraum von acht Stunden nomierten Tages-Vibrationsexpositionswertes A(8); dieser wird ermittelt aus demjenigen korrigierten Effektivwert der frequenzbewerteten Beschleunigung $1,4\ a_{wx}$, $1,4\ a_{wx}$ oder a_{wz} der drei zueinander orthogonalen Richtungen x, y oder z, bei dem der Zeitraum, der zu einer Überschreitung des Auslösewertes beziehungsweise des Expositionsgrenzwertes führt, am geringsten ist.

Anhang Vibrationen

Die Bewertung des Ausmaßes der Exposition kann mittels einer Schätzung anhand der Herstellerangaben zum Ausmaß der von den verwendeten Arbeitsmitteln verursachten Vibrationen und mittels Beobachtung der spezifischen Arbeitsweisen oder durch Messung vorgenommen werden.

2.2 Messung

Im Falle von Messungen gemäß § 4 Abs. 2 können Stichprobenverfahren verwendet werden, wenn sie für die betreffenden Vibrationen, denen der einzelne Beschäftigte ausgesetzt ist, repräsentativ sind. Die eingesetzten Verfahren müssen den besonderen Merkmalen der zu messenden Vibrationen, den Umweltfaktoren und den technischen Merkmalen des Messgeräts angepasst sein.

2.3 Interferenzen

§ 3 Abs. 3 Satz 2 ist insbesondere dann zu berücksichtigen, wenn sich Vibrationen auf das korrekte Handhaben von Bedienungselementen oder das Ablesen von Anzeigen störend auswirken.

2.4 Indirekte Gefährdungen

§ 3 Abs. 3 Satz 2 ist insbesondere dann zu berücksichtigen, wenn sich Vibrationen auf die Stabilität der Strukturen oder die Festigkeit von Verbindungen nachteilig auswirken.

2.5 Ausdehnungen der Exposition

Wenn die Ausdehnung der beruflichen Exposition über eine Achtstundenschicht hinaus dazu führt, dass Beschäftigte vom Arbeitgeber überwachte Ruheräume benutzen, müssen in diesen die Ganzkörper-Vibrationen auf ein mit dem Zweck und den Nutzungsbedingungen der Räume zu vereinbarendes Niveau gesenkt werden. Fälle höherer Gewalt sind ausgenommen.

2.18.1 Vorbemerkung

Die Ermittlung des Ausmaßes der Exposition gegenüber Vibrationen anhand vorliegender **Messwerte** oder einer **Schätzung** nach den für den speziellen Arbeitsplatz zu treffenden Herstellerangaben erfordert Erfahrungen. Für die Messung sind zusätzlich technische Kenntnisse des beauftragten Personals sowie spezielle Geräte zur Messung und zur Ankopplung der Schwingungsaufnehmer erforderlich.

Messungen sollten Spezialisten überlassen bleiben. Die folgenden Erläuterungen sollen helfen, ein **Messprotokoll zu verstehen und auf Vollständigkeit zu überprüfen.**

2.18.2 Ermittlung, Messung und Bewertung der Exposition gegenüber Hand-Arm-Vibrationen (HAV) (Anh. Vibrationen Nr. 1.1 und 1.2)

Der **Tagesexpositionswert A(8)** für **HAV** wird

- für alle **Teiltätigkeiten/Betriebszustände,**
- nach dem **Stand der Technik,**
- in Form von **frequenzbewerteten Beschleunigungen,**
- in den **drei orthogonalen Richtungen** x, y, z,
- unter Berücksichtigung der **Einwirkungsdauer,**
- durch **Messung** oder **Schätzung** der Beschleunigungen,
- unter Berücksichtigung der erreichten **Genauigkeit**

bestimmt.

Die LärmVibrationsArbSchV bezeichnet die Auslösewerte und die Expositionsgrenzwerte für Ganzkörper-Vibrationen und Hand-Arm-Vibrationen, also vier in Bedeutung und Zahlenwert unterschiedliche Größen, mit dem gleichen Formelzeichen A(8).

Stand der Technik bei HAV

Der **Stand der Technik** (s. Kap. 2.2.7 Stand der Technik) bezüglich der Messeinrichtung und der Durchführung der Ermittlung der Hand-Arm-Vibrationsemission wird in § 4 Abs. 1 LärmVibrationsArbSchV nicht näher erläutert. Dadurch ist es möglich, dass immer die aktuellen Fassungen der in Betracht kommenden Technischen Regeln angewendet werden.[261] Die EG-Richtlinie 2003/10/EG Vibrationen nimmt dagegen die aktuellen ISO-Normen unmittelbar in Bezug.

In diesem Sinne ist der aktuelle Stand der Technik den folgenden Normen mit dem zur Zeit gültigen Ausgabedatum (Stand Juni 2010) zu entnehmen:

---

[261] Ebenso Hecker C., Christ E u.a.: Lärm- und Vibrations-Arbeitsschutzverordnung, Praxiskommentar, Berlin 2008, S. 185.

Anhang Vibrationen

- DIN EN ISO 8041 Schwingungseinwirkung auf den Menschen – Messeinrichtung, Ausg. 2006-06
- DIN EN ISO 5349-1 Mechanische Schwingungen – Messung und Bewertung der Einwirkung von Schwingungen auf das Hand-Arm-System des Menschen, T. 1 Allgemeine Anforderungen, Ausg. 2001-12
- DIN EN ISO 5349-2 Mechanische Schwingungen – Messung und Bewertung der Einwirkung von Schwingungen auf das Hand-Arm-System des Menschen, T. 2 Praxisgerechte Anleitung zur Messung am Arbeitsplatz, Ausg. 2001-12.

Ferner ist

- VDI 2057 Bl. 2 Einwirkung mechanischer Schwingungen auf den Menschen – Hand-Arm-Schwingungen, Ausg. 2002-09

zu beachten.

Aus dem Messprotokoll sollte die Berücksichtigung zumindest dieser Regeln der Technik ersichtlich sein.

Messung der HAV [262]

Die Messwerte für die frequenzbewerteten Effektivwerte der Beschleunigung (s. Kap. 1.4.2 Wirkungen von Vibrationen auf den Menschen) müssen **arbeitsplatzbezogen** ermittelt werden, denn sie können sich für einen vorgegebenen Maschinentyp in Abhängigkeit von der Benutzungsart und -dauer erheblich von einander unterscheiden.

Teiltätigkeiten oder Betriebszustände mit unterschiedlicher Schwingungsexposition sind getrennt zu erfassen.

Die zur Bestimmung des Tagesexpositionswertes A(8) berechneten Hilfsgrößen sind neben dem Endergebnis insbesondere bei der Suche nach Ursachen für Schwingungen von Bedeutung.

Moderne Messgeräte können die frequenzbewerteten Effektivwerte der Beschleunigung a_{hwx}, a_{hwy}, a_{hwz} als **Mittelwerte** über einen wählbaren Zeitraum bestimmen. Trotzdem werden Hand-Arm-Vibrationen wegen der kurzen Dauer der einzelnen Arbeitsgänge, die durch Pausen unterbrochen

---

[262] Näheres s. auch TRLV Vibrationen, Teil 2: Messung von Vibrationen, Ausg. Januar 2010

werden, in vielen Fällen nicht in einer ununterbrochenen Schichtmessung erfasst. Anh. Nr. 1.2 a lässt deshalb Stichprobenverfahren zu.

Dauer der Messung der HAV

Für jeden Betriebszustand i und für jede Einwirkungsrichtung x, y, z werden in mehreren Stichprobenmessungen **Einzelwerte** der frequenzbewerteten Effektivwerte der HAV $a_{i\,hw}(t)$ bestimmt. Die Messdauer sollte einen Betriebszustand vollständig erfassen oder wenigstens einen hinreichend langen Zeitabschnitt davon.

Bei **längeren Teil-Einwirkungsdauern** (z. B. Rüttelbohlen) wird empfohlen, die Messungen nach Möglichkeit über einen Zeitraum von mindestens 20 Minuten durchzuführen.[263]

Kurze Teil-Einwirkungsdauern (z. B. bei der Verwendung von Elektroschraubern) sollten messtechnisch vollständig erfasst und die Messung daher mehrfach wiederholt werden, bis die Einwirkungen über einen Zeitraum von mindestens 20 Minuten gemessen worden sind.

Als Untergrenze der gesamten aufsummierten Messdauer für Schwingungen, die nur einige Sekunden andauern, ist 1 Minute anzusehen,[264] es sind so viele Einzelmessungen auszuführen, dass sich für die Messzeit in der Summe 1 Minute ergibt.

Längere Messungen von insgesamt 2 Stunden oder sogar mehr sind wünschenswert.

Die früher übliche Spezielle Analyse[265] forderte mindestens sechs zeitlich unabhängige Messungen von mindestens je 1 Minute Dauer.[266]

---

[263] DIN EN 14253 Mechanische Schwingungen – Messung und rechnerische Ermittlung der Einwirkung von Ganzkörper-Schwingungen auf den Menschen am Arbeitsplatz im Hinblick auf seine Gesundheit – Praxisgerechte Anleitung, Ausg. 2008-02; diese Forderung für Ganzkörpervibrationen gilt für alle länger andauernden Teil-Einwirkungsdauern.
[264] DIN EN ISO 5349-2 Mechanische Schwingungen – Messung und Bewertung der Einwirkung von Schwingungen auf das Hand-Arm-System des Menschen, T. 2 Praxisgerechte Anleitung zur Messung am Arbeitsplatz, Ausg. 2001-12.
[265] Arbeitshygienische Komplexanalyse, Spezielle Analysen, Berlin 1981, auch enthalten in Arbeitshygienische Komplexanalyse, Berlin 1981.
[266] Zusätzlich wurde eine statistische Absicherung gefordert, dass der zufällige Fehler nicht größer als ± 30 % ist; ansonsten musste der Stichprobenumfang erhöht werden.

Anhang Vibrationen

Frequenzbewertete Beschleunigungen in drei orthogonalen Richtungen bei HAV

Die Schwingungsaufnehmer erfassen die am schwingenden Objekt vorhandenen Beschleunigungen linear in allen interessierenden Frequenzbereichen. Spezielle Bewertungsfilter für Hand-Arm-Vibrationen schwächen Beschleunigungsamplituden mit geringerem Schädigungspotenzial ab (s. Kap. 1.4.2 Wirkungen von Vibrationen auf den Menschen). Die vom Messgerät angezeigte **frequenzbewertete Beschleunigung a$_{hw}$** ist an die Wirkung der Vibrationen auf den Menschen angepasst und kann zur Bewertung der Gefährdung angewendet werden.

Die frequenzbewerteten Beschleunigungen werden in den **drei orthogonalen Richtungen** x, y und z (Abb. 21) getrennt, aber möglichst gleichzeitig gemessen.

Abb. 21 Messrichtungen HAV

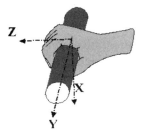

Triaxiale Beschleunigungsaufnehmer gestatten die gleichzeitige Messung in allen drei Richtungen.

Für jeden Betriebszustand i und jede Einwirkungsrichtung x, y, z werden aus den j Einzelwerten unter Berücksichtigung der Dauer der einzelnen Messungen t_j und der Gesamtexpositionsdauer T zeitliche (quadratische) **Mittelwerte** der frequenzbewerteten Effektivwerte der Beschleunigung $a_{i\,hw\,x\,j}$, $a_{i\,hw\,y\,j}$, $a_{i\,hw\,z\,j}$ berechnet.

$$a_{i\,hw\,x} = \sqrt{\frac{1}{T}(a_{i\,hw\,x\,1}^2 \cdot t_1 + a_{i\,hw\,x\,2}^2 \cdot t_2 + a_{i\,hw\,x\,3}^2 \cdot t_3 + \dots)}$$

$a_{i\,hw\,y} = \dots$
$a_{i\,hw\,z} = \dots$

Anhang Vibrationen

Diese mittleren Beschleunigungen in den Einwirkungsrichtungen x, y und z sind wichtige Informationen für Schwingungsursachen als Grundlage von Sanierungsmaßnahmen.

Schwingungsgesamtwert der HAV

Für jeden Betriebszustand i wird aus den Mittelwerten der frequenzbewerteten Effektivwerte der Beschleunigung für die drei Einwirkungsrichtungen eine gemeinsame **vektorielle Beschleunigung** $a_{i\,hv}$ (t), der Schwingungsgesamtwert für Hand-Arm-Vibrationen, berechnet.

$$a_{i\,hv} = \sqrt{a_{i\,hwx}^2 + a_{i\,hwy}^2 + a_{i\,hwz}^2}$$

Schwingungsgesamtwerte sind Hilfsgrößen zur Bestimmung der Bewertungsgröße A(8). In den Vibrationsgesamtwert a_{hv} gehen bei Hand-Arm-Vibrationen alle drei Einwirkungsrichtungen gleich in die Bewertung ein.

Einwirkungsdauer der HAV

Die Möglichkeit einer Schädigung durch Vibrationen wird umso größer, je höher die Intensität der Beschleunigungen a_{hv} wird und je länger die **Einwirkungsdauer T** ist. Zusätzlich zur Beschleunigung ist deshalb die Einwirkungsdauer zu bestimmen.[267, 268]

Die Einwirkungsdauer ist die Summe der Zeiten aller einzelnen gleichartigen Arbeitsgänge mit Schwingungsexposition während einer Schicht. Sie wird bei Vibrationen oft subjektiv zu hoch eingeschätzt. Zu unterscheiden ist zwischen der Arbeitszeit (Schichtdauer, T_0 = 8 Stunden, einschließlich Arbeitsvor- und Nachbereitung und der Wartung), der kürzeren Benutzungsdauer der vibrierenden Geräte (einschließlich der arbeitsbedingten Unterbrechungen und Pausen) und der noch kürzeren Einwirkungsdauer T der Vibrationen auf die Hände (eingeschaltetes Gerät mit den Händen gehalten).

---

[267] Zur Bestimmung der Einwirkungsdauer sind Betriebsstundenzähler, Vibrations-Indikatoren (Expositionszeitmesser) oder Durchflusszähler bei pneumatisch betriebenen Geräten geeignet. Siehe dazu auch EU-Handbuch Hand-Arm-Vibration, 31/07/2007, http://bb.osha.de/ (→ Praktische Lösungen → Gefährdungskategorien → Hand-Arm-Vibration, Stand Januar 2008), S. 14.

[268] Siehe dazu auch DIN V 45694 (Vornorm) Mechanische Schwingungen – Anleitung zur Beurteilung der Belastung durch Hand-Arm-Schwingungen aus Angaben zu den benutzten Maschinen einschließlich Angaben von den Maschinenherstellern, Ausg. 2006-07.

Anhang Vibrationen

Namentlich bei Handwerksbetrieben wird nicht an allen Arbeitstagen mit Geräten gearbeitet, von denen Hand-Arm-Vibrationen ausgehen; Untersuchungen ergaben in derartigen Fällen z. B. für Hammerbohrer Einwirkungszeiten von einer Stunde bis zu 80 Stunden im Jahr.[269] Obwohl die Grenzwerte auf einen Tag bezogen sind, gibt die Anzahl der Tage mit Exposition im Jahr Hinweise auf die Wahrscheinlichkeit einer Gesundheitsschädigung über einen längeren Zeitraum, z. B. ein Berufsleben, und auf die Rangfolge notwendiger Sanierungsmaßnahmen im Betrieb.

Zur Bestimmung der gesamten Einwirkungsdauer T sind alle eingesetzten technischen Anlagen, Maschinen und Geräte, von denen Vibrationen ausgehen können, und alle unterschiedlichen Expositionsarten während einer Schicht zu erfassen. Für jede dieser Teilexpositionen sind die Teil-Einwirkungszeiten (t_1, t_2, usw.) zu bestimmen. Die gesamte Einwirkungsdauer T ist die Summe aller Teil-Einwirkungszeiten.

$$T = t_1 + t_2 + \ldots$$

Die tägliche Einwirkungsdauer für Hand-Arm-Vibrationen liegt erfahrungsgemäß bei einer Stunde bis vier Stunden.

Bei längerer Dauer der einzelnen Schwingungsexpositionen, z. B. bei Vibrationsplatten und Schlaghämmern (Einsatz der schwingungserzeugenden Arbeitsmittel über mehrere Minuten; das EU-Handbuch Hand-Arm-Vibration[270] spricht von „Dauerbetrieb"), kann die Dauer der Exposition mit einer Stoppuhr am Arbeitsplatz oder mit Hilfe einer Videoaufzeichnung bestimmt werden.

Bei kurzer Dauer der einzelnen Schwingungsexpositionen, z. B. bei der Verwendung von Bohrmaschinen oder Elektroschraubern (Einsatz der Arbeitsmittel über wenige Sekunden; intermittierender Betrieb), kann es vorteilhaft sein, die Anzahl der Arbeitsvorgänge oder die Anzahl der täglich fertiggestellten Bauteile sowie die Dauer des Einzelvorgangs im Voraus festzulegen.

---

[269] Mohr D.: Nationale Umsetzung der EU-Vibrations-Richtlinie 2002/44/EG und der EU-Lärm-Richtlinie 2003/10/EG, Vortrag FASI in Mainz, Mai 2007.
[270] EU-Handbuch Hand-Arm-Vibration, 31/07/2007 http://bb.osha.de/ (→ Praktische Lösungen → Gefährdungskategorien → Hand-Arm-Vibration, Stand Januar 2008), S. 14.

Anhang Vibrationen

Bei unregelmäßigen Arbeitsabläufen (z. B. Holzfällarbeiten mit Kettensägen in schwierigem Gelände) können Multimomentaufnahmen zur Bestimmung der Einwirkungsdauer herangezogen werden. Dabei wird in regelmäßigen Zeitabständen (z. B. 30 s) erfasst, ob eine Schwingungsexposition besteht oder nicht. Eine statistische Auswertung ergibt die Einwirkungsdauer.

Teil-Tagesexpositionswert der HAV

Für jeden Betriebszustand i wird aus der gemeinsamen vektoriellen Beschleunigung und der Expositionszeit ein **Teil-Tagesexpositionswert** $A_i(8)$ für Hand-Arm-Vibrationen berechnet.

(HAV 1) $$A_i(8) = a_{i\,hv} \sqrt{\frac{t_i}{T}}$$

Aus diesen Angaben ist der Einfluss der einzelnen Betriebszustände am Tagesexpositionswert zu erkennen.

Tagesexpositionswert der HAV

Für den Arbeitsplatz wird aus den Teil-Tagesexpositionswerten ein gemeinsamer **normierter Tagesexpositionswert $A(8)$**[271] für einen Bezugszeitraum von 8 Stunden berechnet. Werden Maschinen beidhändig gehalten, wird die Bewertung für den größeren Tagesexpositionswert der höher belasteten Hand verwendet.

Liegen mehrere unterschiedliche Teiltätigkeiten, Betriebszustände mit den Beschleunigungen $a_{1\,hv}$, $a_{2\,hv}$ und den zugehörigen Einwirkungsdauern T_1, T_2 usw. vor, so wird für jede getrennt ein Teil-Tagesexpositionswert $A_1(8)$, $A_2(8)$ usw. gebildet und anschließend zu einem Gesamtwert $A(8)$ für Hand-Arm-Vibrationen zusammengefasst:

(HAV 2) $$A(8) = \sqrt{A_1(8)^2 + A_2(8)^2 + \ldots}$$

Im Internet stehen Hilfsmittel zur Verfügung, mit denen die Berechnung der täglichen Exposition gegenüber Vibrationen erleichtert wird, wenn die

---

[271] $A(8)$ wird auch als $a_{hv}(8)$ bezeichnet.

Anhang Vibrationen

Vibrationseinwirkung der verwendeten Arbeitsmaschine sowie die damit verbundenen Expositionszeiten bekannt sind, z. B.:

- http://bb.osha.de/docs/hav_calculator.xls (Expositions-Rechner für HAV) Dieser Expositionsrechner (Hand-Arm-Schwingungs-Belastungs-Rechner) ermöglicht u. a. auch eine Dokumentation der Belastung für die Gefährdungsbeurteilung.
- http://www.hvbg.de/d/bia/pra/softwa/kennwertrechner/index.html
  Mit dem Kennwertrechner können die Tagesschwingungsbelastung und das Risiko einer Gesundheitsgefährdung ermittelt werden. Die Berechnungsgrundlage entspricht DIN EN ISO 5349[272] und prCEN/TR 15350[273].
- http://www.hse.gov.uk/vibration/hav/hav.xls

Das EU-Handbuch Hand-Arm-Vibration[274] enthält zwei **grafische Hilfsmittel** zur Bestimmung von A(8) ohne Rechnung:

- Die Grafik in Abb. D.1 des Handbuches zeigt eine einfache Methode, Tages-Vibrationsexpositionen gegenüber Hand-Arm-Vibrationen zu bestimmen.
- Das Nomogramm in Abb. D.2 des Handbuches liefert eine einfache alternative Methode, um die Tages-Vibrationsexposition zu ermitteln.

Der **Tagesexpositionswert** A(8) wird zur Bewertung und zum Vergleich mit den Auslöse- und den Grenzwerten benutzt. Das Protokoll muss diese Angabe enthalten.

---

[272] DIN EN ISO 5349-1 Mechanische Schwingungen - Messung und Bewertung der Einwirkung von Schwingungen auf das Hand-Arm-System des Menschen - Teil 1: Allgemeine Anforderungen, Ausg. 2001-12

[273] DIN V 45694 Vornorm, Mechanische Schwingungen - Anleitung zur Beurteilung der Belastung durch Hand-Arm-Schwingungen aus Angaben zu den benutzten Maschinen einschließlich Angaben von den Maschinenherstellern, Ausg. 2006-07 (CEN/TR 15350:2006)

[274] EU-Handbuch Hand-Arm-Vibration, 31/07/2007, http://bb.osha.de/ (→ Praktische Lösungen → Gefährdungskategorien → Hand-Arm-Vibration, Stand Jannuar 2008)., S. 43 f

Anhang Vibrationen

Zur übersichtlichen Kennzeichnung von Vibrationswerkzeugen wird eine Kennzeichnung nach dem Ampelmodell vorgeschlagen.[275]

Tab. 18 Kennzeichnung von HAV für Vibrationsgeräte

Farbcode	Schwing-beschleunigung a_{hv}	Zeit bis zum Erreichen des Auslösewertes	Zeit bis zum Erreichen des Grenzwertes
(grün)	$0 \ldots 5\ m/s^2$	> 2h	> 8h
(gelb)	$5 \ldots 10\ m/s^2$	0,5 .... 2 h	2 ... 8 h
(rot)	$> 10\ m/s^2$	< 0.5 h	< 2 h

Rechenbeispiel HAV 1

Normierung der gemessenen Beschleunigung auf 8 Stunden:

Ein Beschäftigter arbeitet 2 Stunden 30 Minuten mit einem Winkelschleifer.

Bestimmung des Schwingungsgesamtwertes:

Die drei bei der Arbeit mit einem Winkelschleifer ermittelten frequenzbewerteten Messwerte (Mittelwerte) in den drei orthogonalen Richtungen

$$a_{hw\,x} = 1,5\ m/s^2$$
$$a_{hw\,y} = 2,5\ m/s^2$$
$$a_{hw\,z} = 2,75\ m/s^2$$

---

[275] Ministerium für Arbeit, Soziales, Gesundheit und Familie des Landes Brandenburg (Hrsg.): Verordnung zum Schutz der Beschäftigten vor Gefährdungen durch Lärm und Vibrationen, Arbeitshilfe für die Praxis – besonders für kleine und mittlere Unternehmen, Dezember 2007.

werden zum Schwingungsgesamtwert zusammengefasst

$$a_{hv} = \sqrt{1,5^2 + 2,5^2 + 2,75^2} = \sqrt{16,36} \approx 4 \text{ m/s}^2$$

Die Beschleunigung beträgt $a_{hv} = 4 \text{ m/s}^2$

Nach der Formel (HAV 1) ergibt sich als auf eine Schicht normierte Vibrationsexposition

$$A_{Schleifer}(8) = 4 \cdot \sqrt{\frac{2,5}{4}} = 2,2 \text{ m/s}^2$$

Rechenbeispiel HAV 2

Zusammenfassung mehrerer auf 8 Stunden normierter Teilexpositionen, die während einer 8-Stunden-Schicht anfallen:

Der Beschäftigte bedient während einer Schicht einen Winkelschleifer, eine Winkelfräse und einen Meißelhammer. Die auf eine Schicht normierten Vibrationsexpositionen betragen

$$A_{Schleifer}(8) = 2,2 \text{ m/s}^2$$
$$A_{Fräse}(8) = 1,1 \text{ m/s}^2$$
$$A_{Hammer}(8) = 3,5 \text{ m/s}^2$$

Nach der Formel (HAV 2) werden die beiden Teilexpositionen zusammengefasst

$$A_X(8) = \sqrt{2,2^2 + 1,1^2 + 3,5^2} = 4,3 \text{ m/s}^2$$

Die Tages-Vibrationsexposition von 4,3 m/s² überschreitet den Auslösewert, bleibt unterhalb des Expositionsgrenzwertes.[276]

---

[276] Die Rechnung mit Quadraten und Wurzeln kann nach dem System der Expositionspunkte nach Mohr vereinfacht werden, was jedoch eine spezielle Rechentabelle erfordert (TRLV Vibrationen, Teil 1: Beurteilung der Gefährdung durch Vibrationen, Ausg. Januar 2010, S. 48).

Anhang Vibrationen

Genauigkeit des Tagesexpositionswertes bei HAV

Gem. § 4 Abs. 1 Nr. 2 müssen die Messverfahren und -geräte die Entscheidung ermöglichen, ob die Auslöse- und Expositionsgrenzwerte eingehalten werden.

Um zu entscheiden, ob die Grenzwerte überschritten sind (s. Kap. 2.4.1 Messverfahren und -geräte für Lärm und Vibrationen), wird der Tagesexpositionswert $A(8)$ mit einer **Fehlerangabe** $\Delta A(8)$ versehen, z. B. $A(8) = 4$ m/s^2 $\pm\ 0{,}8$ m/s^2. Für die Einhaltung des Grenzwertes gilt:

$$A(8) + \Delta A(8) < \text{Expositionsgrenzwert}$$

Der Fehler von $A(8)$ setzt sich aus einem systematischen Fehler und einem zufälligen Fehler zusammen.

Der **systematische Fehler** entsteht durch eine Reihe von nicht genau erfassbaren Einflüssen auf das Messergebnis, wie Messgerätefehler, individuelle Arbeitsweisen der Beschäftigten und unterschiedlicher Verschleiß von Maschinen. Um den systematischen Fehler der Messung klein zu halten, empfiehlt das EU-Handbuch Hand-Arm-Vibration[277] folgendes zu beachten:

- Die Unsicherheit bei Messeinrichtung/Kalibrierung,
- die Unterschiede zwischen der Arbeitsweise der Bediener von Maschinen (z. B. im Hinblick auf Erfahrung und Arbeitstechnik),
- die Fähigkeit der Arbeitnehmer zur Wiedergabe typischer Arbeitsvorgänge während der Messungen,
- die Wiederholbarkeit der Arbeitsaufgaben,
- die Umweltfaktoren (z. B. Lärm, Temperatur),
- die Unterschiede zwischen den Maschinen (z. B. bezüglich des Wartungszustandes),
- den Zustand der Maschine (z. B. Abnutzung von eingesetzten Teilen oder Schleifmitteln, Berücksichtigung einer gegebenenfalls erforderlichen Aufwärmphase).

---

[277] EU-Handbuch Hand-Arm-Vibration, 31/07/2007, http://bb.osha.de/(→ Praktische Lösungen → Gefährdungskategorien → Hand- Arm-Vibration, Stand Januar 2008), S. 20

Anhang Vibrationen

Wenn nicht die gesamte Expositionszeit messtechnisch erfasst wurde, entsteht noch ein **zufälliger Fehler**, der aber durch eine hinreichend lange Messzeit klein gehalten werden kann.

Zu den Fehlern bei Messung der Beschleunigung kommt bei der Berechnung von A(8) noch der **Fehler bei Ermittlung der tatsächlichen Expositionszeit** hinzu.

Eine zuverlässige Berechnung des Messfehlers kann im Einzelfall schwierig werden. Es darf (ohne Rechnung) davon ausgegangen werden, dass ein messtechnisch bestimmter Wert A(8) mit einem **Fehler zwischen + 20 % und – 40 %** behaftet ist.[278, 279]

Schätzung des Ausmaßes der Exposition gegenüber HAV

Anh. Nr. 1.1 lässt ausdrücklich die Bewertung des Ausmaßes der Exposition gegenüber HAV

- mittels einer **Schätzung** anhand der Herstellerangaben,
- verbunden mit der **Beobachtung der spezifischen Arbeitsweisen** (Einsatz und Einsatzzeiten der Arbeitsmittel)

zu und stellt diese Möglichkeit der Bewertung sogar an die erste Stelle.

Eine gefühlsmäßige Schätzung der Stärke von Vibrationen ist nicht möglich. Das aufwändige Messen kann dadurch vermieden werden, dass **Vergleichswerte** für typische Vibrationsbelastungen herangezogen werden, z. B. aus

- der Datenbank der Unfallversicherungsträger (Institut für Arbeitsschutz der DGUV) VIBEX,[280]
- der Datenbank KARLA,[281]
- der Europäischen Datenbank Hand-Arm-Schwingungen[282] und
- ständig dem aktuellen Stand angepassten Fachveröffentlichungen.

---

[278] EU-Handbuch Hand-Arm-Vibration, 31/07/2007, http://bb.osha.de/(→ Praktische Lösung → Gefährdungskategorien → Hand- Arm-Vibration, Stand Januar 2008), S. 24,
[279] Die Arbeitshygienische Komplexanalyse, Spezielle Analysen, Berlin 1981, S. 40, auch enthalten in Arbeitshygienische Komplexanalyse, Berlin 1981, forderte für orientierende Messungen einen Zuschlag von 50 % zum Messwert.
[280] VIBEX (Vibrations-Expositions-Datenbank), http://www.dguv.de/bgia/de/pub/ada/ada6/index.jsp, dort BIA-Informationsblatt Nr. 0082.
[281] KARLA (Katalog repräsentativer Lärm- und Vibrationsdaten am Arbeitsplatz), http://www.las-bb.de/karla (Jan. 2008).
[282] http://umetech.niwl.se/eng/havhome.lasso.

Anhang Vibrationen

Die Lärm- und **Vibrationskennzeichnung der Geräte** gem. § 2 der Maschinenverordnung (9. GPSGV) ermöglicht es den Käufern, Maschinen miteinander zu vergleichen, und sie kann bei der **Schätzung der Tages-Exposition** und der Beurteilung der Gefährdung hilfreich sein. Die Kennzeichnungen müssen jedoch bei der Beschaffung und dann auch bei laufendem Betrieb mit Zurückhaltung und Sachkenntnis herangezogen werden. Im EU-Handbuch Hand-Arm-Vibration wird gewarnt: „Derzeit neigen die Vibrations-Prüfverfahren dazu, die Vibrationen von Werkzeugen bei Einsatz am Arbeitsplatz zu unterschätzen und beruhen in der Regel auf Messungen in einer einzigen Vibrationsrichtung." Neue überarbeitete Prüfverfahren dürften in Zukunft zu genaueren Emissionswerten führen.

DIN V 45694[283] empfiehlt, den für die Gefährdungsbeurteilung vom Hersteller angegebenen Emissionswert in den meisten Fällen mit einem werkzeugtyp-abhängigen Faktor zu multiplizieren:

Tab. 19 Korrekturfaktoren für Emissionswerte

Werkzeugtyp	Korrekturfaktor für Emissionswerte
Werkzeuge mit Verbrennungsmotor	1
Pneumatische Werkzeuge	1,5 bis 2
Elektrische Werkzeuge	1,5 bis 2

Das entspricht einer **Genauigkeit von ± 50 bis ± 100 %**.[284] Liegen die vom Hersteller angegebenen Emissionswerte unter 2,5 m/s², sollte ein Wert von 2,5 m/s² angesetzt und mit dem werkzeugtyp-abhängigen Faktor aus der vorgenannten Tabelle multipliziert werden.

Wenn Gefährdungsbeurteilungen aus veröffentlichten Vibrationsinformationen abgeleitet werden, sollten folgende Angaben dieser Informationen mit denen beim praktischen Einsatz im Betrieb übereinstimmen.[285] Im Einzelnen sind dies

---

[283] DIN V 45694 (Vornorm) Mechanische Schwingungen – Anleitung zur Beurteilung der Belastung durch Hand-Arm-Schwingungen aus Angaben zu den benutzten Maschinen einschließlich Angaben von den Maschinenherstellern, Ausg. 2006-07.
[284] Der Fehler einer Schätzung wird etwa doppelt so groß wie der einer Messung von + 20 % bzw. – 40 %.
[285] EU-Handbuch Hand-Arm-Vibration, 31/07/2007, http://bb.osha.de/ (→ Praktische Lösungen → Gefährdungskategorien → Hand-Arm-Vibration, Stand Januar 2008), S. 17.

Anhang Vibrationen

- die Art des Arbeitsmittels (z. B. Aufbruchhammer),
- die Kategorie des Arbeitsmittels (z. B. Leistung oder Größe),
- Antriebsquelle (z. B. pneumatisch, hydraulisch, elektrisch oder Verbrennungsmotor),
- sämtliche vibrationsdämpfenden Vorrichtungen (z. B. gefederte Griffe),
- die Arbeitsaufgabe,
- die Betriebsbedingungen des Arbeitsmittels,
- die Art des bearbeiteten Materials.

Sollten Vibrationsemissionswerte der verwendeten Gerätetypen nicht zur Verfügung stehen, kann für eine erste Orientierung mit bekannten Angaben für ähnliche Geräte begonnen werden. Zur endgültigen Gefährdungsbeurteilung sind diese Werte allerdings i.d.R. ungeeignet.

Bei Verwendung von veröffentlichten Vibrationsdaten hat es sich bewährt, Daten aus zwei oder mehr Quellen miteinander zu vergleichen.

K-Wert, bewertete Schwingstärke der HAV

Werte der bisher als Messgröße verwendeten **bewerteten Schwingstärke (K-Wert** nach VDI 2057 Bl. 1 frühere Fassung)[286] können für die Gefährdungsbeurteilung weiter verwendet werden, wenn sie in Schwingbeschleunigungen umgerechnet werden.

Für **Hand-Arm-Vibrationen**[287] können Tages-Vibrationsexpositionswerte $A(8)$ aus den bisher gebräuchlichen K_H-**Werten,** die durch 6,3 zu teilen sind, in die frequenzbewertete Beschleunigung a_{hw} umgerechnet werden. Der maßgebliche Schwingungsgesamtwert a_{hv} kann dann durch die Multiplikati-

---

[286] Jetzt VDI 2057 Bl. 1 Einwirkung mechanischer Schwingungen auf den Menschen – Ganzkörperschwingungen, Ausg. 2002-09.
[287] Siehe hierzu auch Kaulbars U.: Messung, Bewertung und Beurteilung von Hand-Arm-Schwingungsbelastungen an Arbeitsplätzen, in BGIA-Handbuch Sicherheit und Gesundheitsschutz am Arbeitsplatz, Berlin 2010, Kennziff. 210520;
ders.: Anbringungssysteme für Beschleunigungsaufnehmer bei Vibrationsmessungen, in BGIA-Handbuch Sicherheit und Gesundheitsschutz Sicherheit und Gesundheitsschutz am Arbeitsplatz, Berlin 2010, Kennziff. 210522;
Christ E., Fischer S., Kaulbars U., Sayn D.: Hand-Arm- und Ganzkörper-Vibrationsbelastungen an gewerblichen Arbeitsplätzen, in BGIA-Handbuch Sicherheit und Gesundheitsschutz am Arbeitsplatz, Berlin 2010, Kennziff. 220225;
Kaulbars U.: Technischer Vibrationsschutz bei Hand-Arm-Schwingungseinwirkungen, in BGIA-Handbuch Kennziff. 230232.

on mit einem Korrekturfaktor (1,2 für schlagende und 1,4 für rotierende Geräte) näherungsweise bestimmt werden.[288]

Beispiel für die Umrechnung von **Hand-Arm-Vibrationen**:[289]

Die bewertete Schwingstärke in Z-Richtung (mit der größten bewerteten Schwingstärke) betrug $K_{hZ} = 66$.

Unter Berücksichtigung der täglichen Einwirkzeit von 2 Stunden betrug die Beurteilungsschwingstärke $K_{hr} = 33$.

Umrechnungsfaktor $6,3 \text{ s}^2/\text{m}$.

Effektivwert der frequenzbewerteten Beschleunigung a_{wz} während der zweistündigen Exposition:

$$a_{hwz} = K_{hZ}/6,3 \text{ s}^2/\text{m} = 66/6,3 \text{m/s}^2 = 10,5 \text{ m/s}^2$$

Beurteilungsbeschleunigung in Z-Richtung für eine 8-Stunden-Schicht:

$$a_{hwz}(8) = K_{hr}/6,3 \text{ s}^2/\text{m} = 33/6,3 \text{m/s}^2 = 5,2 \text{ m/s}^2$$

Aus den so geschätzten frequenzbewertweten Beschleunigungen muss wie bei Messwerten der Tagesexpositionswert (s. o.) bestimmt werden.

Messprotokoll bei HAV

Das **Messprotokoll**[290] soll einmal Informationen

- zu den berücksichtigten Normen (Stand der Technik),
- zu den verwendeten Messgeräten,
- zur Messstrategie,
- zur Anzahl, und Dauer der einzelnen Messungen,
- zur Einwirkungsrichtung der Vibrationen sowie
- zu Messpunkten und Ankopplungsart der Beschleunigungsaufnehmer

---

[288] Berufsgenossenschaftlicher Fachausschuss (FA) Maschinenbau, Fertigungssysteme, Stahlbau (Hrsg.): „Vibrationen am Arbeitsplatz: Hilfestellungen zur Umsetzung der LärmVibrationsArbSchV", FA-Informationsblatt Nr. 008, Ausg. 05/2007, Nr. 2.1.
[289] Christ E.: Vibrationseinwirkung an Arbeitsplätzen – Gefährdungsbeurteilung und Prävention, Z. Die BG 5/2002, S. 225–232.
[290] VDI 2057 Bl. 2 Einwirkung mechanischer Schwingungen auf den Menschen – Hand-Arm-Schwingungen, Ausg. 2002-09.

Anhang Vibrationen

und weiter

- zum Arbeitsplatz und zu den Umgebungsbedingungen,
- zu den verwendeten Geräten und deren Wartungszustand,
- zu den Greifmöglichkeiten und
- zu den Arbeitshaltungen,
- zu den Teiltätigkeiten oder Betriebszuständen, Arbeitsmitteln, und Werkstoffen,
- zu den Einwirkungszeiten,
- zum Tages-Vibrationsexpositionswert A(8) (für Ganzkörper-Vibrationen und Hand-Arm-Vibrationen),
- zum Mittelwert der frequenzbewerteten Effektivwerte der Beschleunigung in x-, y- und z-Richtung,
- zu allen Teil-Tagesexpositionswerten,
- bei Teilkörpervibrationen zum Tagesexpositionswert für beide Hände, wenn beidhändig gearbeitet wird, und
- zur Genauigkeit der Messung

enthalten.

Die Messprotokolle sind vom Arbeitgeber mindestens 30 Jahre aufzubewahren, damit eine spätere Einsichtnahme möglich ist. Den Beschäftigten hat er einen Auszug der Vorsorgekartei auszuhändigen.

Schwingungsdosis bei HAV

Zur Beurteilung der Langzeitbelastung durch Schwingungen kann die Schwingungsdosis berechnet werden (s. Kap. 1.4.3 unter „Unmittelbare Wirkungen durch HAV auf die Gesundheit"). Der Arbeitsplatz wird allein anhand der Tagesexposition, also des Tagesexpositionswertes A(8), bewertet.

Andruckkraft bei HAV

Die z. B. beim Bohren oder Meißeln erforderliche **Andruckkraft** und die **Greifkräfte**, mit denen die Hände die Griffe des Arbeitsmittels umschließen und halten, haben Einfluss auf die Übertragung der Schwingungen des Gerätes auf die Hände. Die Andruckkraft führt aber nur zu einer Änderung des Tagesexpositionswertes von 10 % bis 15 % und bleibt damit in der allgemeinen Messunsicherheit. Sie wird deshalb hier nicht berücksichtigt.[291] Bei der Auswahl sind Geräte vorzuziehen, die nur geringe Ankopplungskräfte erfordern.

2.18.3 Handhaben von Bedienungselementen; Ablesen von Anzeigen bei HAV (Anh. Vibrationen Nr. 1.3)

Schwingungen, die das **Handhaben von Bedienelementen des Arbeitsmittels** oder das Ablesen von Anzeigen stören, können unterhalb der Expositionsgrenzwerte und Auslösewerte für Hand-Arm-Vibrationen gem. § 9 liegen. Bei der Gefährdungsbeurteilung sind sie gem. Nr. 1.3 i. V. m. § 3 Abs. 3 Satz 2 als Wechsel- und Kombinationswirkungen zu berücksichtigen.[292]

2.18.4 Indirekte Gefährdung bei HAV (Anh. Vibrationen Nr. 1.4)

Beeinträchtigen Schwingungen die **Stabilität der Strukturen** oder die Festigkeit von Verbindungen, so sind sie bei der Gefährdungsbeurteilung gem. § 3 Abs. 3 Satz 2 LärmVibrationsArbSchV ebenfalls zu berücksichtigen.

Wenn sich Hand-Arm-Vibrationen auf das die Vibrationen hervorrufende Gerät nachteilig auswirken und dieses möglicherweise beschädigen können, ist zu prüfen, ob es sich um einen Konstruktionsfehler oder einen Wartungsmangel handelt. Wird dagegen durch die HAV der zu bearbeitende Gegenstand, also das Arbeitsergebnis, gefährdet, ist die unsachgemäße Handhabung des Arbeitsmittels zu unterstellen.

2.18.5 Persönliche Schutzausrüstungen bei HAV (Anh. Vibrationen Nr. 1.5)

Als persönliche Schutzausrüstungen zur Vermeidung von HAV kommen vor allem Vibrations-Schutzhandschuhe in Betracht.[293] Sie müssen die Arbeit ermöglichen und ein sicheres Greifen gewährleisten. Das setzt enge Gren-

---

[291] VDI 2057 Bl. 2 Einwirkung mechanischer Schwingungen auf den Menschen – Hand-Arm-Schwingungen, Ausg. 2002-09.
[292] Der Grund für die an dieser Stelle in Bezug genommene Vorschrift des § 3 Abs. 3 Satz 2, die sich mit möglichen Wechsel- oder Kombinationswirkungen durch Lärm oder Vibrationen befasst, ist unklar.
[293] Vibrations-Schutzhandschuhe werden auch Antivibrations-Schutzhandschuhe genannt. Da sie das CE-Kennzeichen tragen, müssen sie die Anforderungen der DIN EN ISO 10819:1996 erfüllen.

zen, denn Schutzhandschuhe können tieffrequente Schwingungen (Frequenzen < 150 Hz entsprechend 9000 U/min.) nicht ausreichend dämpfen. Eine Verringerung des Gefährdungspotentials ließ sich nach bisheriger Erfahrung nicht erreichen. Als alleinige Schutzmaßnahme gegen HAV reichen Vibrations-Schutzhandschuhe jedenfalls nicht aus.

Weitere Schutzausrüstungen für Hand-Arm-Vibrationen werden bei § 10 Abs. 2 Nr. 3: Zusatzausrüstungen besprochen.

2.18.6 Ermittlung, Messung und Bewertung der Exposition gegenüber Ganzkörper-Vibrationen (GKV) (Anh. Vibrationen Nr. 2.1 und Nr. 2.2)

Der **Tagesexpositionswert A(8)** für **GKV** wird

- für alle **Teiltätigkeiten/Betriebszustände,**
- nach dem **Stand der Technik,**
- in Form von **frequenzbewerteten Beschleunigungen,**
- in den **drei orthogonalen Richtungen** x, y, z,
- unter Berücksichtigung der **Einwirkungsdauer,**
- durch **Messung** oder **Schätzung** der Beschleunigungen,
- unter Berücksichtigung der erreichten **Genauigkeit**

bestimmt.

Es ist zu beachten, dass die LärmVibrationsArbSchV die Auslösewerte und die Expositionsgrenzwerte für GKV wie für HAV, also vier in Bedeutung und Zahlenwert unterschiedliche Größen, mit dem gleichen Formelzeichen A(8) bezeichnet.

Stand der Technik bei GKV

Der **Stand der Technik** gem. § 4 Abs. 1 bezüglich der Messeinrichtung und der Ermittlung der Ganzkörper-Vibrationsemission ist in folgenden Normen und Regeln enthalten:

- DIN EN ISO 8041 Schwingungseinwirkung auf den Menschen – Messeinrichtung, Ausg. 2006-06
- ISO 2631-1 Mechanische Schwingungen und Stöße – Bewertung der Einwirkung von Ganzkörper-Schwingungen auf den Menschen, T. 1 Allgemeine Anforderungen, Ausg. 1997-05

Anhang Vibrationen

- DIN EN 14253 Mechanische Schwingungen – Messung und rechnerische Ermittlung der Einwirkung von Ganzkörper-Schwingungen auf den Menschen am Arbeitsplatz im Hinblick auf seine Gesundheit – Praxisgerechte Anleitung, Ausg. 2008-02
- DIN EN 1032 Mechanische Schwingungen – Prüfverfahren für bewegliche Maschinen zum Zwecke der Bestimmung des Schwingungsemissionswertes, Ausg. 2003-09
- DIN EN 1032/A1 Mechanische Schwingungen – Prüfverfahren für bewegliche Maschinen zum Zwecke der Bestimmung des Schwingungsemissionswertes – Änderung 1, Norm-Entw. Ausg. 2008-04.

Ferner ist

- VDI 2057 Bl. 1 Einwirkung mechanischer Schwingungen auf den Menschen – Ganzkörper-Schwingungen, Ausg. 2002-09

zu beachten

Im Messprotokoll sollte die Berücksichtigung der einschlägigen Normen und Regeln bestätigt werden.

Messung der GKV

Die Messwerte für die frequenzbewerteten Effektivwerte der Beschleunigung (s. Kap. 1.4.1 Arten und Beschreibung von Vibrationen) müssen **arbeitsplatzbezogen** ermittelt werden, denn sie können sich für einen vorgegebenen Maschinentyp in Abhängigkeit von der Benutzungsart und -dauer erheblich unterscheiden.

Teiltätigkeiten oder Betriebszustände mit unterschiedlicher Schwingungsexposition sind getrennt zu erfassen.

Für jeden Betriebszustand i und jede Einwirkungsrichtung x, y, z werden in mehreren Stichprobenmessungen **Einzelwerte** der frequenzbewerteten Effektivwerte der Ganzkörper-Vibrationen $a_{i\,w}(t)$ bestimmt.

Die zur Bestimmung des Tagesexpositionswertes A(8) berechneten Hilfsgrößen sind für die Bewertung z. T. ebenfalls von Bedeutung.

Dauer der Messung von GKV

Anh. Nr. 2.2 lässt für GKV ebenfalls **Stichprobenverfahren** zu.

Anhang Vibrationen

Im EU-Handbuch Ganzkörper-Vibration[294] wird empfohlen, die Messungen nach Möglichkeit über einen Zeitraum von mindestens 20 Minuten durchzuführen. Wenn sich eine kürzere Messdauer nicht vermeiden lässt, sollten die Messungen mindestens drei Minuten dauern und möglichst wiederholt werden, damit eine Gesamtmessdauer mindestens 20 Minuten oder mehr erreicht wird (s. DIN EN 14253 für weitere Hinweise).

Messungen über zwei Stunden und mehr sind wünschenswert; im begründeten Einzelfall sollte angestrebt werden, Messungen über einen halben oder ganzen Arbeitstag durchzuführen.

Die Messdauer sollte einen Betriebszustand zeitlich vollständig erfassen, zumindest jedoch einen hinreichend langen Zeitabschnitt.

Als Untergrenze der Messdauer für GKV ist eine Minute anzusehen.[295]

Die früher gebräuchliche „Spezielle Analyse"[296] forderte mindestens sechs zeitlich unabhängige Messungen von je mindestens einer Minute Dauer und die statistische Absicherung, dass der zufällige Fehler nicht größer als ± 30 % ist; ansonsten musste der Stichprobenumfang erhöht werden.

Frequenzbewertete Beschleunigungen in drei orthogonalen Richtungen bei GKV

Die Schwingungsaufnehmer erfassen die am schwingenden Objekt vorhandenen Beschleunigungen linear in allen interessierenden Frequenzbereichen. Spezielle Bewertungsfilter für GKV schwächen Beschleunigungsamplituden mit geringerem Schädigungspotenzial ab (s. Kap. 1.4.1 Arten und Beschreibung von Vibrationen). Die vom Messgerät angezeigte **frequenzbewertete Beschleunigung a_w** ist der Wirkung von GKV auf den Menschen angepasst und kann zur Bewertung der Gefährdung verwendet werden.

Die frequenzbewerteten Beschleunigungen werden in den **drei orthogonalen Richtungen** x, y und z (Abb. 22) getrennt möglichst gleichzeitig gemessen.

Triaxiale Beschleunigungsaufnehmer gestatten die gleichzeitige Messung in allen drei Richtungen.

---

[294] EU-Handbuch Ganzkörper-Vibration, 09/05/2007, http://bb.osha.de/ (→ Praktische Lösungen → Gefährdungskategorien → Ganzkörper-Vibration, Januar 2008), S. 20.
[295] DIN EN 14253 Mechanische Schwingungen – Messung und rechnerische Ermittlung der Einwirkung von Ganzkörper-Schwingungen auf den Menschen am Arbeitsplatz im Hinblick auf seine Gesundheit – Praxisgerechte Anleitung, Ausg. 2008-02.
[296] Arbeitshygienische Komplexanalyse, Spezielle Analysen, Berlin 1981, auch enthalten in Arbeitshygienische Komplexanalyse, Berlin 1981.

Anhang Vibrationen

Abb. 22 Messrichtungen GKV

Für jeden Betriebszustand i und jede Einwirkungsrichtung x, y, z werden aus den j Einzelwerten unter Berücksichtigung der Dauer der einzelnen Messungen t_j zeitliche (quadratische) **Mittelwerte** der frequenzbewerteten Effektivwerte der Beschleunigung $a_{iwxj}(t)$, $a_{iwyj}(t)$, $a_{iwzj}(t)$ berechnet. T ist die Einwirkungszeit im jeweiligen Betriebszustand.

$$a_{iwx} = \sqrt{\frac{1}{T}(a_{iwx1}^2 \cdot t_1 + a_{iwx2}^2 \cdot t_2 + a_{iwx3}^2 \cdot t_3 + \dots)}$$

$$a_{iwy} = \sqrt{\frac{1}{T}(a_{iwy1}^2 \cdot t_1 + a_{iwy2}^2 \cdot t_2 + a_{iwy3}^2 \cdot t_3 + \dots)}$$

$$a_{iwz} = \sqrt{\frac{1}{T}(a_{iwz1}^2 \cdot t_1 + a_{iwz2}^2 \cdot t_2 + a_{iwz3}^2 \cdot t_3 + \dots)}$$

Diese mittleren Beschleunigungen in den Einwirkungsrichtungen x, y und z sind wichtige Informationen für Sanierungen.

Ein zusammengefasster Tagesexpositionswert für GKV, wie er bei Hand-Arm-Vibrationen verwendet wird, kann zwar berechnet werden, hat aber für die Bewertung keine Bedeutung, da in Anh. Nr. 2.1 der höchste Wert der

Anhang Vibrationen

in den drei orthogonalen Richtungen gemessenen Werte zur Bewertung der GKV herangezogen wird (s. u. Tagesexpositionswert GKV).

Einwirkungsdauer der GKV

Zur Bestimmung der äquivalenten Tagesexposition A(8) für GKV wird die Einwirkungsdauer T benötigt, da die Möglichkeit einer Gesundheitsschädigung durch Vibrationen umso größer wird, je länger die Einwirkungsdauer T ist. Wie bei HAV wird auch bei GKV die Einwirkungsdauer häufig zu hoch geschätzt.

Zur Einwirkungsdauer bei der Bedienung von Fahrzeugen gehört nur die reine Fahrzeit (Transport- und Leerfahrten). Die Benutzungsdauer enthält zusätzlich die Maschinenlaufzeiten ohne Fahrzeugbewegungen, Warte- und Beladezeiten beeinflussen die Einwirkungsdauer nicht. Die Einwirkungsdauer darf keinesfalls mit der täglichen Arbeitszeit verwechselt werden, die Arbeitsvor- und -nachbereitung, Wartung, Pflege, expositionsfreie Arbeitszeiten und Pausen enthält.

Die Einwirkungsdauer liegt bei GKV oft deutlich über der bei HAV.

Beispiel: Dumperfahrer auf einer Baustelle:[297]

- Arbeitszeit: 8,0 h gesamte Schichtdauer (einschließlich Arbeitsvor- und -nachbereitung, Wartung, Pflege, expositionsfreie Arbeitszeiten, Pausen und Maschinenbenutzung),
- Benutzungsdauer: 5,0 h Maschinenlaufzeit (Fahrzeit, Wartezeit und Beladezeit),
- Einwirkungsdauer: 2,5 h reine Fahrzeit (Transport- und Leerfahrt).

Zur Bestimmung der Einwirkungsdauer sind bei GKV Fahrtenschreiber oder einfache Messgeräte geeignet, die über einen Drucksensor verfügen, der den Kontakt des Fahrers mit dem Sitz erfasst.

Für jede Teiltätigkeit oder jeden Betriebszustand sind die Teil-Einwirkungsdauern (t_1, t_2, usw.) zu bestimmen. Die gesamte Einwirkungsdauer T ist die Summe aller Teil-Einwirkungsdauern:

$$T = t_1 + t_2 + \ldots$$

---

[297] Mohr D.: Nationale Umsetzung der EU-Vibrations-Richtlinie 2002/44/EG und der EU-Lärm-Richtlinie 2003/10/EG, Vortrag FASI in Mainz, Mai 2007.

Anhang Vibrationen

Wenn nicht an allen Arbeitstagen Ganzkörper-Vibrationen auf den Beschäftigten einwirken, ist die Anzahl der Schichten pro Jahr mit Vibrationen zu erfassen.

Teil-Tagesexpositionswert der GKV

Für die Beurteilung der Möglichkeit einer Gefährdung durch GKV werden die Messwerte in den drei Richtungen mit unterschiedlichen **Korrekturfaktoren** multipliziert: $1,4\ a_{wx}$, $1,4\ a_{wy}$, $1,0\ a_{wz}$. Die Beschleunigungen der drei Richtungen gehen im Unterschied zu den Hand-Arm-Vibrationen unterschiedlich in die Bewertung ein.

Für Ganzkörper-Vibrationen werden für jeden Betriebszustand i für jede Richtung x, y und z und die zugehörigen Expositionszeiten t_i drei **Teil-Tagesexpositionswerte** $A_{i\,x}(8)$, $A_{i\,y}(8)$ und $A_{i\,z}(8)$ berechnet.

(GKV 1)
$$A_{i\,x}(8) = 1,4\ a_{i\,wx}\sqrt{\frac{t_i}{T}}$$

$$A_{i\,y}(8) = 1,4\ a_{i\,wy}\sqrt{\frac{t_i}{T}}$$

$$A_{i\,z}(8) = a_{i\,wz}\sqrt{\frac{t_i}{T}}$$

Der höchste Wert, der die geringste zulässige Expositionszeit ergibt, wird als Teil-Tagesexpositionswert für Ganzkörper-Vibrationen verwendet. Wegen der unterschiedlichen Expositionsgrenzwerte von $A(8) = 1,15\ m/s^2$ für die horizontalen Richtungen und $A(8) = 0,8\ m/s^2$ für die vertikale Richtung und wegen der unterschiedlichen Korrekturfaktoren sind die Beurteilungen für die Einwirkungsrichtungen getrennt vorzunehmen.

Tagesexpositionswert der GKV

Für den Arbeitsplatz werden aus den Teil-Tagesexpositionswerten für die drei Richtungen x, y und z drei gemeinsame **normierte Tagesexpositionswerte** $A_x(8)$[298], $A_y(8)$ und $A_z(8)$ für einen Bezugszeitraum von 8 Stunden berechnet.

---

[298] $A_x(8)$ könnte auch als $a_{wx}(8)$ bezeichnet werden, entsprechend $A_y(8)$ und $A_z(8)$.

Anhang Vibrationen

Liegen für mehrere unterschiedliche Teiltätigkeiten (Betriebszustände) Teil-Tagesexpositionen in x-, y- und z-Richtung ($A_{1x}(8)$ $A_{2x}(8)$ $A_{3x}(8)$... $A_{1y}(8)$ usw.) vor, so wird für jede Richtung getrennt ein Teil-Tagesexpositionswert $A_x(8)$, $A_y(8)$ und $A_z(8)$ gebildet:

(GKV 2)
$$A_x(8) = \sqrt{A_{1x}(8)^2 + A_{2x}(8)^2 + ...}$$
$$A_y(8) = \sqrt{A_{1y}(8)^2 + A_{2y}(8)^2 + ...}$$
$$A_z(8) = \sqrt{A_{1z}(8)^2 + A_{2y}(8)^2 + ...}$$

Derjenige Wert von $A_x(8)$, $A_y(8)$ und $A_z(8)$, aus dem sich die geringste zulässige Expositionszeit ergibt, ist der Tagesexpositionswert für Ganzkörper-Vibrationen. Er wird zur Bewertung und zum Vergleich mit den Grenzwerten benutzt.[299] Das Protokoll muss diese Angabe zum Vergleich mit den Auslöse- und Grenzwerten enthalten.

Rechenbeispiel GK 1

Normierung der gemessenen Beschleunigung nach 8 Stunden:

Ein Beschäftigter fährt 6 Stunden einen Lieferwagen.

Die Beschleunigungen in den drei Richtungen betragen

$$a_{wx} = 0{,}2 \text{ m/s}^2$$
$$a_{wy} = 0{,}3 \text{ m/s}^2$$
$$a_{wz} = 0{,}3 \text{ m/s}^2$$

---

[299] Bei der Bewertung ist zu berücksichtigen, dass Ganzkörperschwingungen und das Heben oder Tragen schwerer Lasten die gleiche Wirkung auf die Wirbelsäule haben (s. § 3 Abs. 3 Gefährdungsbeurteilung: Kombination von Ganzkörper-Schwingungen mit Lastenhandhabung).

Anhang Vibrationen

Nach dem Formelsatz (GK 1) ergibt sich als auf eine Schicht normierte Vibrationsexposition

$$A_{x\,Lieferwagen}(8) = 1{,}4 \cdot 0{,}2 \cdot \sqrt{\frac{6}{8}} = 0{,}24 \text{ m/s}^2$$

$$A_{y\,Lieferwagen}(8) = 1{,}4 \cdot 0{,}3 \cdot \sqrt{\frac{6}{8}} = 0{,}36 \text{ m/s}^2$$

$$A_{z\,Lieferwagen}(8) = 0{,}3 \cdot \sqrt{\frac{6}{8}} = 0{,}26 \text{ m/s}^2$$

Der größte Wert $A_{y\,Lieferwagen}(8) = 0{,}36 \text{ m/s}^2$ wird zur Bewertung herangezogen. Er ist kleiner als der Auslösewert.

Die Expositionsgrenzwerte für GKV betragen

$$A(8)_{x,y} = 1{,}15 \text{ m/s}^2$$

$$A(8)_z = 0{,}8 \text{ m/s}^2$$

Die Normüberschreitungen werden einzeln geprüft:

$$\frac{A_{x\,Lieferwagen}}{A(8)_x} = \frac{0{,}24 \text{ m/s}^2}{1{,}15 \text{ m/s}^2} = 0{,}21$$

$$\frac{A_{y\,Lieferwagen}}{A(8)_y} = \frac{0{,}36 \text{ m/s}^2}{1{,}15 \text{ m/s}^2} = 0{,}31$$

$$\frac{A_{z\,Lieferwagen}}{A(8)_z} = \frac{0{,}26 \text{ m/s}^2}{0{,}8 \text{ m/s}^2} = 0{,}33$$

Alle drei Richtungen bleiben deutlich unter den Grenzwerten. $A_{z\,Lieferwagen}$ würde die kürzeste zulässige Expositionszeit ergeben, auch wenn diese weit über 8 Stunden liegen würde.

Anhang Vibrationen

Rechenbeispiel GK 2

Zusammenfassung mehrerer auf 8 Stunden normierter Teilexpositionen, die während einer 8-Stunden-Schicht anfallen:

Der Beschäftigte fährt zusätzlich mit einem Gabelstapler 1 Stunde. Die auf eine Schicht normierte Vibrationsexposition beträgt

$$A_{x\,Gabelstapler}(8) = 0{,}25 \text{ m/s}^2$$
$$A_{y\,Gabelstapler}(8) = 0{,}15 \text{ m/s}^2$$
$$A_{z\,Gabelstapler}(8) = 0{,}32 \text{ m/s}^2$$

Nach Formelsatz (GK 2) werden die beiden Teilexpositionen zusammengefasst

$$A_x(8) = \sqrt{0{,}25^2 + 0{,}24^2} = 0{,}36 \text{ m/s}^2$$
$$A_y(8) = \sqrt{0{,}15^2 + 0{,}36^2} = 0{,}39 \text{ m/s}^2$$
$$A_z(8) = \sqrt{0{,}32^2 + 0{,}26^2} = 0{,}41 \text{ m/s}^2$$

Der größte Wert $A_z(8) = 0{,}41$ m/s^2 wird zur Bewertung herangezogen. Auch die Vibrationsbelastung durch Lieferwagen und Gabelstapler gemeinsam bleibt kleiner als der Auslösewert.[300]

---

[300] Die Rechnung mit Quadraten und Wurzeln kann nach dem System der Expositionspunkte nach Mohr vereinfacht werden, das jedoch eine spezielle Rechentabelle erfordert (TRLV Vibrationen, Teil 1: Beurteilung der Gefährdung durch Vibrationen, Ausg. Januar 2010).

Anhang Vibrationen

Die Prüfung, ob eine Normüberschreitung vorliegt, ergibt jetzt:

$$\frac{A_x}{A(8)_x} = \frac{0{,}36 \text{ m/s}^2}{1{,}15 \text{ m/s}^2} = 0{,}31$$

$$\frac{A_y}{A(8)_y} = \frac{0{,}39 \text{ m/s}^2}{1{,}15 \text{ m/s}^2} = 0{,}34$$

$$\frac{A_z}{A(8)_z} = \frac{0{,}41 \text{ m/s}^2}{0{,}8 \text{ m/s}^2} = 0{,}51$$

Auch jetzt sind alle Grenzwerte eingehalten. Die kürzeste zulässige Expositionszeit würde wieder A_z ergeben.

Wenn an Stelle der obigen drei Werte (0,31; 0,34; 0,51) z. B. (0,8; 0,9; 1,3) herausgekommen wäre, so läge eine Grenzwertüberschreitung vor, da der letzte Wert > 1 ist. Die maximal zulässige Expositionszeit kann aus Abb. 14 S. 144 abgelesen werden.

Im Internet stehen Hilfsmittel zur Verfügung, mit denen die **Berechnung der täglichen Exposition** gegenüber Ganzkörper-Vibrationen erleichtert wird, z. B.

- http://bb.osha.de/docs/gkv_calculator.xls (Expositions-Rechner für GKV).

Zur übersichtlichen Kennzeichnung von Arbeitsmaschinen wird eine Kennzeichnung nach dem sog. Ampelmodell vorgeschlagen.[301]

Das EU-Handbuch zum Thema GKV[302] enthält zwei grafische Hilfsmittel zur **Bestimmung von A(8) ohne Rechnung:**

- Die Grafik in Abb. D.1 des Handbuches zeigt eine einfache Methode, Tages-Vibrationsexpositionen bei Einwirkung von GKV zu bestimmen.
- Das Nomogramm in Abb. D.2 des Handbuches liefert eine einfache alternative Methode, um die Teil-Tages-Vibrationsexposition zu ermitteln.

---

[301] Ministerium für Arbeit, Soziales, Gesundheit und Familie des Landes Brandenburg (Hrsg.): Verordnung zum Schutz der Beschäftigten vor Gefährdungen durch Lärm und Vibrationen, Arbeitshilfe für die Praxis – besonders für kleine und mittlere Unternehmen, Dezember 2007.

[302] EU-Handbuch Ganzkörper-Vibration, 09/05/2007, http://bb.osha.de/ (→ Praktische Lösungen → Gefährdungskategorien → Ganzkörper-Vibration, Stand Januar 2008), S. 44.

Anhang Vibrationen

Tab. 20 Kennzeichnung von GKV für Arbeitsmaschinen

Kennzeichnung von GKV für Arbeitsmaschinen

Farbcode	Schwing-beschleunigung a_{wz}	Zeit bis zum Erreichen des Auslösewertes	Zeit bis zum Erreichen des Grenzwertes
(grün)	$0 \ldots 0{,}8$ m/s^2	> 3 h	> 8 h
(gelb)	$0{,}8 \ldots 1{,}6$ m/s^2	$0{,}5 \ldots 3$ h	$2 \ldots 8{.}$h
(rot)	$> 1{,}6$ m/s^2	$< 0{,}5$ h	< 2 h

Genauigkeit des Tagesexpositionswertes bei GKV

Gem. § 4 Abs. 1 Nr. 2 2 müssen die Messverfahren und -geräte die Entscheidung ermöglichen, ob die Auslöse- und Expositionsgrenzwerte eingehalten werden.

Um zu entscheiden, ob die Grenzwerte überschritten sind, wird der Tagesexpositionswert A(8) mit einer **Fehlerangabe** $\Delta A(8)$ versehen, z. B. A(8) = 0,2 m/s^2 ± 0,04 m/s^2. Für die Einhaltung des Grenzwertes gilt:

$$A(8) + \Delta A(8) < \text{Expositionsgrenzwert}$$

(s. Kap. 2.4.1 Messverfahren und -geräte für Lärm und Vibrationen; die dort für Lärm gemachten prinzipiellen Aussagen zur Einhaltung von Grenzwerten gelten auch für Schwingungen.)

Der Fehler $\Delta A(8)$ setzt sich aus einem systematischen Fehler und einem zufälligen Fehler zusammen.

Der **systematische Fehler** entsteht durch eine Reihe von nicht genau erfassbaren Einflüssen auf das Messergebnis, z. B.

Anhang Vibrationen

- Messgerätefehler,
- individuelle Arbeitsweisen und
- unterschiedlicher Verschleiß der Arbeitsmittel.

Um den systematischen Fehler der Messung klein zu halten, empfiehlt das EU-Handbuch Ganzkörper-Vibration (S. 21) folgendes zu beachten:

- Unsicherheit der Messeinrichtung/Kalibrierung,
- Genauigkeit der Quellenangaben (z. B. Emissionsdaten des Herstellers),
- Unterschiede zwischen den Beschäftigten, die Arbeitsmittel bedienen (z. B. im Hinblick auf Erfahrung, Fahrtempo, Fahrstil des Fahrpersonals),
- Fähigkeit der Beschäftigten zur Wiedergabe typischer Arbeitsvorgänge während der Messungen,
- Wiederholbarkeit der Arbeitsaufgaben,
- Umweltfaktoren (z. B. Regen, Wind, Temperatur),
- Unterschiede in den Maschinen- und Federungssystemen (z. B. Wartungszustand, Betriebstemperatur).

Falls nicht die gesamte Expositionszeit messtechnisch erfasst werden kann, entsteht noch ein **zufälliger Fehler**, der aber durch eine hinreichend lange Messzeit klein gehalten werden kann.

Zu den Messfehlern der Beschleunigung kommt bei der Berechnung von A(8) der **Fehler der Expositionszeit** hinzu.

Es darf (ohne Rechnung) davon ausgegangen werden, dass der messtechnisch ermittelte Wert A(8) mit einem **Fehler zwischen + 20 % bzw. – 40 %** bestimmt wurde.[303, 304]

Schätzung des Ausmaßes der Exposition gegenüber GKV

Nr. 2.1 lässt die Bewertung des Ausmaßes der Exposition gegenüber GKV wie bei HAV

---

[303] EU-Handbuch Ganzkörper-Vibration, 09/05/2007, http://bb.osha.de/ (→ Praktische Lösungen → Gefährdungskategorien → Ganzkörper-Vibration, Stand Januar 2008), S. 21.

[304] Die Arbeitshygienische Komplexanalyse, Spezielle Analysen, Berlin 1981, S. 40, auch enthalten in Arbeitshygienische Komplexanalyse, Berlin 1981, forderte für orientierende Messungen einen Zuschlag von 50 % zum Messwert.

Anhang Vibrationen

- mittels einer **Schätzung zum Ausmaß der Vibrationen** anhand der Herstellerangaben,
- verbunden mit der **Beobachtung der spezifischen Arbeitsweisen** (Einsatz und Einsatzzeiten der Arbeitsmittel)

ausdrücklich zu und stellt diese Möglichkeit an erste Stelle.

Eine gefühlsmäßige Schätzung von Vibrationen ist nicht möglich, abgesehen davon, dass die Erdbeschleunigung von 9,81 m/s^2 überschritten wird, wenn der Fahrer vom Sitz abhebt.

Das aufwendige Messen kann dadurch vermieden werden, dass **Vergleichswerte** für typische Vibrationsbelastungen herangezogen werden, z. B. aus

- der Datenbank KARLA,[305]
- der Europäischen Datenbank Ganzkörper-Schwingungen[306] und
- ständig dem aktuellen Stand angepasste Fachveröffentlichungen.

Die Lärm- und **Vibrationskennzeichnung der Maschinen** gem. § 2 der Maschinenverordnung (s. auch Kap. 1.2.4 Maschinenverordnung (9. GPSGV)) ermöglicht es den Käufern, Maschinen miteinander zu vergleichen, und kann bei der **Schätzung der Tages-Exposition** und der Beurteilung der Gefährdung hilfreich sein. Die Kennzeichnungen müssen jedoch sowohl bei der Beschaffung als auch dann bei laufendem Betrieb mit Zurückhaltung und Sachkenntnis zugrunde gelegt werden, denn es ist davon auszugehen, dass die **Genauigkeit der Schätzung ± 50 % bis ± 100 %** beträgt.

Wenn **Gefährdungsbeurteilungen** aus veröffentlichten **Vibrationsinformationen** abgeleitet werden, sollten folgende Angaben aus den Informationen mit den betrieblichen Einsatzbedingungen übereinstimmen:[307]

- Art des Arbeitsmittels (z. B. Gabelstapler),
- Kategorie des Arbeitsmittels (z. B. Leistung oder Größe),
- Antriebsquelle (z. B. Elektro- oder Verbrennungsmotor),

---

[305] KARLA (Katalog repräsentativer Lärm- und Vibrationsdaten am Arbeitsplatz), http://www.las-bb.de/karla (Jan. 2008).
[306] http://vibration.arbetslivsinstitutet.se/eng/wbvhome.lasso
[307] EU-Handbuch Ganzkörper-Vibration, 09/05/2007, http://bb.osha.de/ (→ Praktische Lösungen → Gefährdungskategorien → Ganzkörper-Vibration, Stand Januar 2008), S. 17.

Anhang Vibrationen

- sämtliche vibrationsdämpfende Vorrichtungen (z. B. Federungssysteme, gefederte Fahrerkabinen und Sitze),
- Aufgabe, für die das Fahrzeug eingesetzt wurde, als die Schwingungsinformationen erstellt wurden,
- Betriebsgeschwindigkeit des Fahrzeugs und
- Beschaffenheit der Fahrbahnoberfläche, auf der es eingesetzt wurde.

Sollten Vibrationsemissionswerte der verwendeten Arbeitsmittel nicht zur Verfügung stehen, können für eine erste Orientierung Angaben für ähnliche Fahrzeuge, Maschinen und Geräte herangezogen werden. Für eine abschließende Gefährdungsbeurteilung sind diese Angaben allerdings meistens ungeeignet.

Bei Verwendung veröffentlichter Vibrationsdaten hat es sich bewährt, Daten aus mehreren Quellen miteinander zu vergleichen.

K-Wert, bewertete Schwingstärke der GKV

Liegen noch Werte der bisher als Messgröße verwendeten **bewerteten Schwingstärke (K-Wert)** nach VDI 2057 Bl. 1 (frühere Fassung)[308] vor, so können diese für die Gefährdungsbeurteilung weiter herangezogen werden, wenn sie in Schwingbeschleunigungen umgerechnet werden.

Für **Ganzkörper-Vibrationen** können zur Ermittlung von A(8)-Werten bisherige **K-Werte** durch Division durch 28 (K_X, K_Y) bzw. 20 (K_Z) in die frequenzbewerteten Beschleunigungen a_{wx}, a_{wy}, a_{wz} umgerechnet werden; der A(8)-Wert ergibt sich dann als Maximalwert aus $1,4 \cdot a_{wx}$, $1,4 \cdot a_{wy}$ oder a_{wz}.[309]

Für vertikale Ganzkörper-Vibrationen wurden die Bewertungsfilter verändert. Im Allgemeinen sind neue Messungen sinnvoll (besonders auf stark schwingenden Fahrzeugen, z. B. im Baustelleneinsatz).[310]

---

[308] Jetzt VDI 2057 Bl. 1 Einwirkung mechanischer Schwingungen auf den Menschen – Ganzkörperschwingungen, Ausg. 2002-09.
[309] Berufsgenossenschaftlicher Fachausschuss (FA) Maschinenbau, Fertigungssysteme, Stahlbau (Hrsg.): „Vibrationen am Arbeitsplatz: Hilfestellungen zur Umsetzung der LärmVibrationsArbSchV", FA-Informationsblatt Nr. 008, Ausg. 05/2007, Nr. 2.2.
[310] Siehe VDI 2057 Bl. 1 Einwirkung mechanischer Schwingungen auf den Menschen – Ganzkörper-Schwingungen, Ausg. 2002-09 berücksichtigt werden.

Anhang Vibrationen

Beispiel für die Umrechnung von Ganzkörper-Vibrationen:[311]

Die bewertete Schwingstärke K_{eq} in Z-Richtung betrug $K_Z = 28$.

Unter Berücksichtigung der täglichen Einwirkzeit von 3 Stunden betrug die Beurteilungsschwingstärke $K_r = 17{,}1$.

Umrechnungsfaktor $20\ s^2/m$.

Effektivwert der frequenzbewerteten Beschleunigung a_{wz} während der dreistündigen Exposition:

$$a_{wz} = K_Z/20\ s^2/m = (28/20)m/s^2 = 1{,}4\ m/s^2$$

Beurteilungsbeschleunigung für eine 8-Stunden-Schicht:

$$a_{wz}(8) = K_r/20\ s^2/m = (17{,}1/20\ m/s^2) = 0{,}9\ m/s^2$$

Messprotokoll für GKV

Das **Messprotokoll**[312] soll Angaben

- zu den berücksichtigten Normen und Regeln (Stand der Technik),
- zum Arbeitsplatz,
- zu den verwendeten Arbeitsmitteln und deren Wartungszustand und
- zu den Arbeitshaltungen

sowie

- zu den Teiltätigkeiten oder Betriebszuständen,
- zu den Einwirkungszeiten,
- zur Anzahl und Dauer der einzelnen Messungen,
- zum Mittelwert der frequenzbewerteten Effektivwerte der Beschleunigung in x-, y- und z-Richtung,
- zu allen Teil-Tagesexpositionswerten,

---

[311] Christ E.: Vibrationseinwirkung an Arbeitsplätzen – Gefährdungsbeurteilung und Prävention, Z. Die BG 5/2002, S. 225–232.
[312] VDI 2057 Bl. 1 Einwirkung mechanischer Schwingungen auf den Menschen – Ganzkörper-Schwingungen, Ausg. 2002-09.

- zum Tagesexpositionswert und
- zur Genauigkeit der Messung

enthalten.

Die Messergebnisse hat der Arbeitgeber mindestens 30 Jahre so aufzubewahren, dass eine spätere Einsichtnahme möglich ist.

Schwingungsdosis bei GKV

Zur Beurteilung der Langzeitbelastung durch Ganzkörper-Schwingungen kann eine Schwingungsdosis berechnet werden (s. Kap. 1.4.3 unter „Unmittelbare Wirkungen von GKV auf die Gesundheit"). Der Arbeitsplatz wird ausschließlich anhand der Tagesexposition, also des Tagesexpositionswertes A(8) bewertet.

2.18.7 Handhaben von Bedienungselementen, Ablesen von Anzeigen (Anh. Vibrationen Nr. 2.3)

Ganzkörper-Schwingungen, die das **Handhaben von Bedienungselementen** oder das Ablesen von Anzeigen stören, können unterhalb der Expositionsgrenzwerte und Auslösewerte für Vibrationen gem. § 9 liegen. Das gilt besonders dann, wenn die Bedienungs- oder Anzeigeinstrumente in ihrer Resonanzfrequenz angeregt werden. Bei der Gefährdungsbeurteilung sind derartige Störungen in Verbindung mit § 3 Abs. 3 Satz 2 zu berücksichtigen (s. auch Kap. 2.3.11 Tätigkeiten mit hohen Konzentrationsanforderungen).[313]

2.18.8 Indirekte Gefährdungen (Anh. Vibrationen Nr. 2.4)

Schwingungen, die zu einer Beeinträchtigung der **Stabilität baulicher Strukturen** oder der Festigkeit von Verbindungen führen können, sind bei der Gefährdungsbeurteilung gem. § 3 Abs. 3 Satz 2 zu berücksichtigen. Derartige Beeinträchtigungen sind zu befürchten vor allem bei unvorhergesehenen Schwingungen des Gebäudes, die von den dort installierten Arbeitsmitteln ausgehen, bisweilen auch von schweren Straßenfahrzeugen aus der näheren Umgebung

---

[313] Der Grund für die an dieser Stelle in Bezug genommene Vorschrift des § 3 Abs. 3 Satz 2, die sich mit möglichen Wechsel- oder Kombinationswirkungen durch Lärm oder Vibrationen befasst, ist unklar.

ausgelöst werden können. Eine Beurteilung gestattet DIN 4150-3[314]. Für Gebäude kritisch sind insbesondere tieffrequente Schwingungen in der Nähe der Resonanzfrequenzen der Decken und Tragwerke.[315]

2.18.9 Ausdehnungen der Exposition (Anh. Vibrationen Nr. 2.5)

Nr. 2.5 erfasst vorrangig **Arbeiten auf Schiffen** oder Bohrinseln und die dort befindlichen Ruheräume, auf deren Gestaltung der Arbeitgeber Einfluss nehmen kann.[316] Die GKV müssen in solchen Ruheräumen deutlich unter den zulässigen Tages-Expositionswerten bleiben. Angestrebt werden sollte ein Wert von $a = 0{,}02$ m/s^2 (s. Kap. 2.3.12 Mittelbare Wirkungen von Vibrationen).

Die Vorschrift gilt nicht im Falle höherer Gewalt, z. B. bei Stürmen auf See.

Ähnliche Ruheeinrichtungen, z. B. Schlafkabinen auf Straßenfahrzeugen mit mehreren Fahrern, die sich abwechseln, sind entsprechend zu behandeln. Durch schnelles Fahren auf unebener Fahrbahn verursachte gesundheitsgefährdende Ganzkörpervibrationen können nicht mit der „Einwirkung höherer Gewalt" begründet werden.

---

[314] DIN 4150-3 Erschütterungen im Bauwesen, T. 3 Einwirkungen auf bauliche Anlagen, Ausg. 1999-02
[315] Siehe Anh. Nr. 1.1 ArbStättV Konstruktion und Festigkeit von Gebäuden; ferner Opfermann R., Streit W. u.a.: Arbeitsstätten, Heidelberg 2010, Kommentar, OZ 3100 Anh. Nr. 1.1.
[316] Ministerium für Arbeit, Soziales, Gesundheit und Familie des Landes Brandenburg (Hrsg.): Verordnung zum Schutz der Beschäftigten vor Gefährdungen durch Lärm und Vibrationen, Arbeitshilfe für die Praxis – besonders für kleine und mittlere Unternehmen, Dezember 2007.

3 Arbeitsmedizinische Vorsorge

3.1 Verordnung zur arbeitsmedizinischen Vorsorge (ArbMedVV)

Die **arbeitsmedizinische Vorsorge** ergänzt die technischen und organisatorischen Maßnahmen zum Schutz der Beschäftigten vor beruflich bedingten Gesundheitsschäden bei Exposition gegenüber Lärm (s. Kap. 1.3.3 Wirkungen von Lärm auf den Menschen und Kap. 1.3.4 Wirkungen von Lärm auf die Sicherheit und Gesundheit) und/oder Vibrationen (s. Kap. 1.4.2 Wirkungen von Vibrationen auf den Menschen und Kap. 1.4.3 Wirkungen von Vibrationen auf die Sicherheit und Gesundheit). Die Verordnung zur arbeitsmedizinischen Vorsorge (ArbMedVV)[317] enthält alle Maßnahmen der arbeitsmedizinischen Vorsorge arbeitsbedingter Erkrankungen einschließlich der Berufskrankheiten bei Arbeiten unter dem Einfluss von Lärm und Vibrationen.[318] Wegen ihrer Bedeutung für die arbeitsmedizinische Bewertung der Wirkungen von Lärm und Vibrationen auf die Gesundheit der betroffenen Beschäftigten werden die wesentlichen Bestimmungen der ArbMedVV nachstehend besonders genannt und erläutert.[319]

Die allgemeinere Forderung des § 3 Abs. 1 LärmVibrationsArbSchV, wonach als Grundlage für etwa notwendige Schutzmaßnahmen alle von Lärm und Vibrationen ausgehenden Gefährdungen für die Gesundheit und Sicherheit der Beschäftigten zu beurteilen sind, wird durch die in § 2 Abs. 1 ArbMedVV vorgesehene arbeitsmedizinische Beurteilung der individuellen Wechselwirkungen von Arbeit und Gesundheit ergänzt.

---

[317] Verordnung zur arbeitsmedizinischen Vorsorge vom 18. Dezember 2008 (BGBl. I S. 2768), geänd. durch Art. 3 der Verordnung zur Umsetzung der Richtlinie 2006/25/EG zum Schutz der Arbeitnehmer vor Gefährdungen durch künstliche optische Strahlung und zur Änderung von Arbeitsschutzverordnungen vom 19. Juli 2010 (BGBl. I S. 960). Die im Abschnitt 3 Arbeitsmedizinische Vorsorge erwähnten Einzelbestimmungen sowie des Anhangs Teil 3 der ArbMedVV sind am Ende des Abschnitts unter Nr. 3.3 nochmals vollständig im Zusammenhang aufgeführt.

[318] Als Folge sind die §§ 13, 14 LärmVibrationsArbSchV zur arbeitsmedizinischen Vorsorge aufgehoben worden.

[319] „Zukünftig ist eine separate Unfallverhütungsvorschrift BGV A4 Arbeitsmedizinische Vorsorge nicht mehr vorgesehen. Es ist beabsichtigt, diejenigen Themenfelder zur arbeitsmedizinischen Vorsorge die in Ergänzung der staatlichen Vorschriften noch durch die Berufsgenossenschaften zu regeln sind, in einem eigenen Abschnitt Arbeitsmedizinische Vorsorge in die Unfallverhütungsvorschrift BGV A1 Grundsätze der Prävention zu integrieren." Zitat aus: Die Berufsgenossenschaftliche Zentrale für Sicherheit und Gesundheit (BGZ) informiert: Arbeitsmedizinische Vorsorge – Häufig gestellte Fragen und Antworten, http://www.hvbg.de/d/bgz/praevaus/amed/fragen/index.html (Jan. 2008).

3.2 Vorschriften der ArbMedVV

Die ArbMedVV wendet sich an die Arbeitgeber und an die Vorsorgeuntersuchungen durchführenden Ärzte und schreibt vor:

- *„Der Arbeitgeber hat auf der Grundlage der Gefährdungsbeurteilung für eine angemessene arbeitsmedizinische Vorsorge zu sorgen."* (§ 3 Abs. 1 Satz 1)
  Dazu hat er nach Maßgabe des Anhangs 1 der Verordnung Pflichtuntersuchungen der Beschäftigten zu veranlassen (§ 4 Abs. 1) oder Angebotsuntersuchungen anzubieten (§ 5 Abs. 1).
- *„Der Arbeitgeber hat zur Durchführung der arbeitsmedizinischen Vorsorge einen Arzt ... zu beauftragen."* (§ 3 Abs. 2 Satz 1)
  Dem Arzt erteilt er alle erforderlichen Auskünfte über die Arbeitsplatzverhältnisse und ermöglicht die Begehung des Arbeitsplatzes (§ 3 Abs. 2 Satz 3).
- Der **Arzt** verschafft sich vor Durchführung der arbeitsmedizinischen Vorsorgeuntersuchungen die notwendigen Kenntnisse über die Arbeitsplatzverhältnisse (§ 6 Abs. 1 Satz 2).
- Der **Arzt** führt die arbeitsmedizinische Vorsorgeuntersuchung durch und hat den Untersuchungsbefund und das Untersuchungsergebnis schriftlich festzuhalten und eine Bescheinigung auszustellen. (§ 6 Abs. 3)
- Der **Arzt** hat die zu untersuchende Person vor der Untersuchung über die Untersuchungsinhalte und den Untersuchungszweck aufzuklären (§ 6 Abs. 1 Satz 1) und danach über den Untersuchungsbefund und das Untersuchungsergebnis zu beraten und eine Bescheinigung auszustellen (§ 6 Abs. 3).
- *„Nur im Falle einer Pflichtuntersuchung erhält der Arbeitgeber eine Kopie der Bescheinigung."* (§ 6 Abs. 3 Satz 3)
- Der **Arbeitgeber** hat über Pflichtuntersuchungen eine Vorsorgekartei zu führen und aufzubewahren (§ 4 Abs. 3).
- Der **Arzt** hat die Erkenntnisse arbeitsmedizinischer Vorsorgeuntersuchungen auszuwerten, bei Anhaltspunkten für unzureichende Schutzmaßnahmen den Arbeitgeber zu informieren und Schutzmaßnahmen vorzuschlagen (§ 6 Abs. 4).
- Wird dem **Arbeitgeber** bekannt, dass bei einem oder einer Beschäftigten gesundheitliche Bedenken gegen die Ausübung einer Tätigkeit bestehen,

so hat er die Gefährdungsbeurteilung zu überprüfen und unverzüglich die erforderlichen zusätzlichen Schutzmaßnahmen zu treffen (§ 8 Abs. 1).

3.2.1 Angemessene arbeitsmedizinische Vorsorge – Vorbemerkung

Der Arbeitgeber hat die Vorschriften der ArbMedVV und ihres Anhanges sowie die Regeln und Erkenntnisse, die vom Ausschuss für Arbeitsmedizin erarbeitet und vom Bundesministerium für Arbeit und Soziales im Gemeinsamen Ministerialblatt bekanntgegeben werden, zu beachten und die in der Verordnung vorgeschriebenen Untersuchungen zu veranlassen. Dann kann er davon ausgehen (Vermutungswirkung), dass die in der Verordnung gestellten Anforderungen erfüllt sind (§ 3 Abs. 1 Satz 3 ArbMedVV).

Die Vorsorgeuntersuchungen sollen während der Arbeitszeit durchgeführt werden (§ 3 Abs. 3 ArbMedVV).

3.2.2 Arten der Vorsorgeuntersuchungen (§ 2 Abs. 3 bis 5)

In der ArbMedVV wird zwischen Pflichtuntersuchungen, Angebotsuntersuchungen und Wunschuntersuchungen unterschieden. In § 2 Abs. 3-5 heißt es:

„*Pflichtuntersuchungen sind arbeitsmedizinische Vorsorgeuntersuchungen, die bei bestimmten besonders gefährdenden Tätigkeiten (vom Arbeitgeber; Anm. der Red.) **zu veranlassen** sind.*

*Angebotsuntersuchungen sind arbeitsmedizinische Vorsorgeuntersuchungen, die bei bestimmten gefährdenden Tätigkeiten (vom Arbeitgeber; Anm. der Hrsg.) **anzubieten** sind.*

Wunschuntersuchungen sind arbeitsmedizinische Vorsorgeuntersuchungen, die der Arbeitgeber den Beschäftigten nach § 11 des Arbeitsschutzgesetzes[320] *(auf deren ausdrücklichen Wunsch; Anm. der Hrsg.) **zu ermöglichen** hat.*"

---

[320] § 11 ArbSchG: „Der Arbeitgeber hat den Beschäftigten auf ihren Wunsch unbeschadet der Pflichten aus anderen Rechtsvorschriften zu ermöglichen, sich je nach den Gefahren für ihre Sicherheit und Gesundheit bei der Arbeit regelmäßig arbeitsmedizinisch untersuchen zu lassen, es sei denn, auf Grund der Beurteilung der Arbeitsbedingungen und der getroffenen Schutzmaßnahmen ist nicht mit einem Gesundheitsschaden zu rechnen."

Arbeitsmedizinische Vorsorge

(Zu den Expositions-Voraussetzungen gegenüber Lärm und Vibrationen für Pflichtuntersuchungen und Angebotsuntersuchungen s.u. Kap. 3.2.4 Pflichtuntersuchungen und Kap. 3.2.5 Angebotsuntersuchungen.)

3.2.3 Zeitpunkte der Untersuchungen (§ 2 Abs. 6 Nr. 1 und 2)

Die ArbMedVV definiert Erstuntersuchungen und Nachuntersuchungen[321]:

„*Entsprechend dem Zeitpunkt ihrer Durchführung sind*

1. **Erstuntersuchungen** *arbeitsmedizinische Vorsorgeuntersuchungen vor Aufnahme einer bestimmten Tätigkeit,*
2. **Nachuntersuchungen** *arbeitsmedizinische Vorsorgeuntersuchungen während einer bestimmten Tätigkeit oder anlässlich ihrer Beendigung, ...*"

Bei **Erstuntersuchungen** vor Beginn der Arbeit werden der Gesundheitszustand der Beschäftigten und mögliche Vorschädigungen arbeitsmedizinisch bewertet.

Die Erstuntersuchung ist auch deshalb wichtig, um eine den Lärmbedingungen und dem Hörvermögen der Beschäftigten entsprechende Auswahl des persönlichen Gehörschutzes vor Aufnahme der Tätigkeit zu ermöglichen.

Auf der Grundlage der Ergebnisse der Erstuntersuchung lässt sich entscheiden, an welchen Arbeitsplätzen Gesundheitsschäden durch Lärm oder Vibrationen entstanden sind, oder ob zu befürchten ist, dass eine bereits vorhandene Gesundheitsschädigung der betroffenen Beschäftigten sich ungünstig weiterentwickeln kann.

Durch regelmäßige Nachuntersuchungen lässt sich die Entwicklung einer zuvor festgestellten Erkrankung oder eine Neuerkrankung erkennen. Die erste Nachuntersuchung erfolgt bei Lärm nach 12 Monaten, eine weitere Nachuntersuchung schließt sich nach 60 Monaten an[322]. Für Vibrationen ist

---

[321] Die nachgehenden Untersuchungen nach § 2 Abs. 6 Nr. 3 werden für Lärm und Vibrationen im Anh. Teil 3 Abs. 1 Nr. 3 und 4 und Abs. 2 Nr. 1 und 2 nicht gefordert.
[322] BGI 504-20 Handlungsanleitung für die arbeitsmedizinische Vorsorge nach dem Berufsgenossenschaftlichen Grundsatz G 20 „Lärm", Ausg. 10.2007.

Arbeitsmedizinische Vorsorge

die erste Nachuntersuchung nach 60 Monaten, ab dem 40. Lebensjahr nach 36 Monaten durchzuführen.[323]

Die **Nachuntersuchungen bei Beendigung der Tätigkeit** sind für die Anerkennung oder Ablehnung einer Berufskrankheit von Bedeutung.

3.2.4 Pflichtuntersuchungen (§ 4 i.V.m. Anh. Teil 3 Abs. 1 Nr. 3 und 4)

Pflichtuntersuchungen werden nach Anh. Teil 3 Abs. 1 gefordert bei:

3. *"Tätigkeiten mit Lärmexposition, wenn die oberen Auslösewerte von $L_{ex,8h} = 85$ dB(A) beziehungsweise $L_{pC,peak} = 137$ dB(C) erreicht oder überschritten werden.*

   Bei der Anwendung der Auslösewerte nach Satz 1 wird die dämmende Wirkung eines persönlichen Gehörschutzes der Beschäftigten nicht berücksichtigt;

4. *Tätigkeiten mit Exposition durch Vibrationen, wenn die Expositionsgrenzwerte*

   a) $A(8) = 5$ m/s^2 für Tätigkeiten mit Hand-Arm-Vibrationen oder

   b) $A(8) = 1,15$ m/s^2 in X- und Y-Richtung und $A(8) = 0,8$ m/s^2 in Z-Richtung für Tätigkeiten mit Ganzkörper-Vibrationen erreicht oder überschritten werden;"

§ 4 Abs. 2 ArbMedVV unterstreicht die Bedeutung der Pflichtuntersuchungen:

*„Der Arbeitgeber darf eine **Tätigkeit nur ausüben lassen**, wenn die ... erforderlichen **Pflichtuntersuchungen zuvor durchgeführt worden sind.**"*

Stellt der Arzt bei einer Pflichtuntersuchung gesundheitliche Bedenken fest, bedeutet dies nicht zwangsläufig, dass der Beschäftigte mit der gefährdenden Tätigkeit nicht weiter beschäftigt werden darf. Arbeitgeber, Arzt und Beschäftigter sollten hier gemeinsam nach Lösungen suchen[324].

---

[323] BGI 504-46 Handlungsanleitung für die arbeitsmedizinische Vorsorge nach dem Berufsgenossenschaftlichen Grundsatz G 46 „Belastungen des Muskel- und Skelettsystems einschließlich Vibrationen", Ausg. 03.2008.
[324] Arbeitsmedizinische Vorsorge (Komplex 06); http://www.baua.de (Januar 2008).

Arbeitsmedizinische Vorsorge

3.2.5 Angebotsuntersuchungen (§ 5 i.V.m. Anh. Teil 3 Abs. 2 Nr. 1 und 2)

Angebotsuntersuchungen werden nach Anh. Teil 3 Abs. 2 vorgesehen bei:

„1. Tätigkeiten mit Lärmexposition, wenn die unteren Auslösewerte von $L_{ex,8h} = 80\ dB(A)$

beziehungsweise $L_{pC,peak} = 135\ dB(C)$ überschritten werden.

Bei der Anwendung der Auslösewerte nach Satz 1 wird die dämmende Wirkung eines persönlichen Gehörschutzes der Beschäftigten nicht berücksichtigt;

2. Tätigkeiten mit Exposition durch Vibrationen, wenn die Auslösewerte von

a) $A(8) = 2{,}5\ m/s^2$ für Tätigkeiten mit Hand-Arm-Vibrationen oder

b) $A(8) = 0{,}5\ m/s^2$ für Tätigkeiten mit Ganzkörper-Vibrationen

überschritten werden."

Der Arbeitgeber hat arbeitsmedizinische Vorsorgeuntersuchungen auch dann anzubieten, wenn er **Kenntnis von einer Erkrankung eines Beschäftigten** erhält, die im Zusammenhang mit dessen Arbeit stehen kann, auch wenn sie nur mittelbar auf Einwirkungen von Lärm und/oder Vibrationen zurückzuführen ist. (§ 5 Abs. 2).

Die Teilnahme an **Angebotsuntersuchungen nach § 5,** die vom Arbeitgeber regelmäßig den Beschäftigten zu empfehlen sind, ist für diese freiwillig. Die Untersuchung ist nicht Voraussetzung für die Aufnahme bzw. Fortsetzung der Tätigkeit.

3.2.6 Allgemeine arbeitsmedizinische Vorsorgeuntersuchungen (§ 11 ArbSchG)

Die Berechtigung der Beschäftigten nach § 11 ArbSchG, sich auf Wunsch je nach Art und Umfang der Gefährdung ihrer Sicherheit und Gesundheit bei ihrer Arbeit einer **allgemeinen arbeitsmedizinischen Vorsorgeuntersuchung**

(**Wunschuntersuchung**) zu unterziehen[325], bleibt von den Vorschriften der LärmVibrationsArbSchV unberührt.

3.2.7 Beauftragung eines Arztes; fachliche Anforderungen (§ 3 Abs. 2, § 7)

Voraussetzung, dass ein nach § 3 Abs. 2 Satz 1 vom Arbeitgeber bestellter Arzt alle Aufgaben im Rahmen der arbeitsmedizinischen Vorsorgeuntersuchungen erfüllen kann, ist gem. § 7 seine diesbezügliche Ausbildung. Unabhängig davon darf der Arbeitgeber nur einen **Facharzt für Arbeitsmedizin** (Gebietsbezeichnung) oder einen **Arzt mit der Zusatzbezeichnung „Betriebsmedizin"** beauftragen[326]. Ausnahmen dazu kann die zuständige Behörde in Einzelfällen zulassen.

Nach dem Arbeitssicherheitsgesetz bestellte Betriebsärzte sollen bevorzugt mit der Durchführung der Vorsorgeuntersuchungen betraut werden (§ 3 Abs. 2 Satz 2).

3.2.8 Erforderliche Information des Arztes über die Arbeitsplatzverhältnisse (§ 3 Abs. 2 Satz 3 und § 6 Abs. 1 Satz 2)

Ein wesentlicher Teil der arbeitsmedizinischen Untersuchung besteht darin, mögliche Beziehungen zwischen den Bedingungen am Arbeitsplatz und einer Erkrankung bzw. sonstigen gesundheitlichen Belastung aufzuklären. Um derartige **Ursache-Wirkungs-Beziehungen** zu erkennen, benötigt der **Arzt** zusätzlich zum medizinischen Befund die genaue Kenntnis der Situation am betroffenen Arbeitsplatz, die er durch Begehungen und durch die persönliche Befragung der zu untersuchenden Beschäftigten sowie durch sachdienliche Informationen des Arbeitgebers erhält.

---

[325] Dies gilt allerdings nur, soweit auf Grund der Beurteilung der Arbeitsbedingungen und der getroffenen Schutzmaßnahmen nicht mit einem Gesundheitsschaden zu rechnen ist. Näheres zu § 11 ArbSchG s. Koll M., Janning R., Pinter H.: Arbeitsschutzgesetz, Kommentar für die betriebliche und behördliche Praxis, Stuttgart 2010, B2 ArbSchG § 11.

[326] Bisher wurden Ärzte durch eine Ermächtigung für Vorsorgeuntersuchungen von den Landesverbänden der gewerblichen Berufsgenossenschaften (BG) und den staatlichen Gewerbeärzten für Vorsorgeuntersuchungen zugelassen. Die Berufsgenossenschaftliche Zentrale für Sicherheit und Gesundheit (BGZ) informiert dazu: „Ermächtigungsverfahren gibt es ... nicht mehr für Untersuchungen, die die GefStoffV, die BioStoffV, die GenTSV oder die LärmVibrationsArbSchV betreffen." http://www.hvbg.de/d/bgz/praevaus/amed/fragen/index.html (Jan. 2008).

Arbeitsmedizinische Vorsorge

Im Einzelnen ist der **Arbeitgeber** nach § 3 Abs. 2 verpflichtet, den Arzt bei der Beschaffung der notwendigen Kenntnisse in der Weise zu unterstützen, dass er diesem

– den Anlass der Untersuchung mitteilt,
– Auskünfte zu den Arbeitsplatzverhältnissen gibt,
– Ergebnisse der Gefährdungsbeurteilung zur Verfügung stellt,
– eine Begehung des Arbeitsplatzes ermöglicht sowie
– Einsicht in die Vorsorgekartei gewährt.

3.2.9 Vorsorgeuntersuchung (§ 6 Abs. 1)

Bei der Vorsorgeuntersuchung sind die Berufsgenossenschaftlichen Grundsätze G 20 für Lärm[327] und G 46 für Vibrationen[328] anzuwenden.

Die Berufsgenossenschaftlichen Grundsätze für arbeitsmedizinische Vorsorgeuntersuchungen haben empfehlenden Charakter. Sie geben dem vom Arbeitgeber mit der arbeitsmedizinischen Vorsorgeuntersuchung beauftragten Arzt Hinweise für seine Entscheidungen und entsprechen den allgemein anerkannten Regeln der Arbeitsmedizin.

Im allgemeinen Teil des Grundsatzes G 46 werden die Belastungen des Muskel-Skelett-Systems behandelt und dabei Ganzkörper-Vibrationen eingeschlossen. Ein spezieller Teil ist darüber hinaus den Belastungen durch Hand-Arm-Vibrationen gewidmet.

3.2.10 Untersuchungsbefund, Untersuchungsergebnis und Bescheinigung (§ 6 Abs. 3)

Der mit der arbeitsmedizinischen Vorsorgeuntersuchung beauftragte Arzt hat sowohl den medizinischen Untersuchungsbefund als auch das daraus

---

[327] G 20 Lärm: Untersuchungen: Eigen- und Familienanamnese, Besichtigung des Außenohres, Hörtest in Luftleitung, Beratung zum Gehörschutz, http://www.betriebsarzt.uni-wuerzburg.de/untersuchungen.htm#G20 (Januar 2008).
[328] G 46 Belastungen des Muskel- und Skelettsystems einschließlich Vibrationen: Hierzu wurde im Auftrag des damaligen BMWA zum Ende des Jahres 2005 vom AK 2.2 „Belastungen des Muskel- und Skelettsystems" des Ausschusses Arbeitsmedizin beim HVBG ein Teil „Vibrationen" des Berufsgenossenschaftlichen Grundsatzes zur arbeitsmedizinischen Vorsorge „Belastungen des Muskel- und Skelettsystems" (G 46) erarbeitet (Veröffentlichung in Zeitschrift ASU – Arbeitsmedizin Sozialmedizin Umweltmedizin 8/2005 und 10/2005), http://www.bg-metall.de/index.php?id=180 (Januar 2008).

abgeleitete Untersuchungsergebnis der arbeitsmedizinischen Vorsorgeuntersuchung schriftlich festzuhalten. Er stellt der untersuchten Person eine Bescheinigung aus, die folgende Angaben enthält:

- Tag der Untersuchung,
- Angaben über den Untersuchungsanlass und
- ärztliche Beurteilung, ob und inwieweit bei Ausübung einer bestimmten Tätigkeit gesundheitliche Bedenken bestehen[329].

Die ArbMedVV schreibt nicht vor, dass die Bescheinigung auch den Untersuchungsbefund enthalten muss. Es ist davon auszugehen, dass der Arzt dies den untersuchten Beschäftigten im Rahmen seiner anschließenden Beratung mündlich mitteilt.

Nur im Falle einer Pflichtuntersuchung erhält der Arbeitgeber eine Kopie der Bescheinigung.

3.2.11 Aufklärung und Beratung durch den Arzt (§ 6 Abs. 1 Satz 2 und Abs. 3 Satz 2)

Der die Vorsorgeuntersuchung durchführende Arzt hat die zu untersuchende Person vor der Untersuchung über die Untersuchungsinhalte und den Untersuchungszweck aufzuklären.

Nach der Untersuchung hat er sie im Hinblick auf den Untersuchungsbefund und das Untersuchungsergebnis zu beraten.

Diese individuelle arbeitsmedizinische Beratung der Beschäftigten durch den Arzt auf der Grundlage des jeweiligen Untersuchungsbefundes sollte sich auch auf den Arbeitsplatz beziehen und Empfehlungen zum gesundheitsgerechten Verhalten bei der Ausübung der lärm- und/oder vibrationsbelasteten Tätigkeit geben.

---

[329] Hierzu werden üblicherweise die folgenden vier Bewertungen verwendet:
    1. Keine gesundheitlichen Bedenken,
    2. keine gesundheitlichen Bedenken unter bestimmten Voraussetzungen,
    3. befristete gesundheitliche Bedenken bis ... (Datum),
    4. gesundheitliche Bedenken.
    (BGV A4 Arbeitsmedizinische Vorsorge, DA zu § 12 Abs. 1 vom Oktober 1993).

Die in § 11 Abs. 3 ArbSchG geforderte, auf Wunsch der Beschäftigten diesen vom Arbeitgeber zu gewährende allgemeine arbeitsmedizinische Untersuchung einschließlich einer Beratung über mögliche Gesundheitsgefährdungen ergänzt die individuelle Beratung im Anschluss an eine Vorsorgeuntersuchung, da die Fristen zwischen diesen Untersuchungen teilweise lang sind und in der Praxis auch nicht alle Beschäftigten ärztlich untersucht werden müssen. So ist z.B. die Durchführung von Angebotsuntersuchungen (§ 2 Abs. 5 ArbMedVV) für den einzelnen Beschäftigten nicht verpflichtend.

3.2.12 Vorsorgekartei (§ 4 Abs. 3 Satz 1 und § 6 Abs. 4)

Der **Arzt** übergibt nach einer Pflichtuntersuchung (und nur in diesem Falle) dem Arbeitgeber eine Kopie der **Bescheinigung**, die auch die ärztliche Beurteilung enthält, ob bzw. **inwieweit gegen die Ausübung der Tätigkeit** dauernd, befristet oder unter besonderen Voraussetzungen **gesundheitliche Bedenken** bestehen.

Die damit verbundene Beratung des Arbeitgebers kann sich nur dann auf die individuelle Situation der untersuchten Person beziehen, wenn diese bereits durch Beschwerden und Erkrankungen aufgefallen ist und vom Betriebsarzt eine Mitwirkung an der Lösung des durch die arbeitsmedizinische Untersuchung bestätigten Gesundheitsproblems erwartet wird.[330] Die Ergebnisse der Vorsorgeuntersuchungen sind vom zuständigen Arzt in der Weise weiterzugeben, dass die schutzwürdigen Belange der untersuchten Personen gewahrt werden.

---

[330] Milde J., Ponto K.: Berufsgenossenschaftlicher Grundsatz G 46: Belastungen des Muskel- und Skelettsystems, Z. ASU – Arbeitsmedizin Sozialmedizin Umweltmedizin, 2005, H. 8, S. 428.

Arbeitsmedizinische Vorsorge

Über Pflichtuntersuchungen, deren Anlass, Datum und Ergebnis hat der **Arbeitgeber** für jeden Beschäftigten eine **Vorsorgekartei** zu führen [331].

Das Ergebnis der Angebotsuntersuchungen nach § 5 wird vom Arzt üblicherweise nur den untersuchten Beschäftigten bekannt gegeben[332]. Eine Mitteilung an den Arbeitgeber und das Führen einer Vorsorgekartei sind in der ArbMedVV nicht vorgesehen.

3.2.13 Aufbewahren der Vorsorgekartei (§ 4 Abs. 3)

§ 4 Abs. 3 Sätze 2 bis 4 regeln die Aufbewahrung der Vorsorgekartei:

„Die Angaben sind bis zur Beendigung des Beschäftigungsverhältnisses aufzubewahren und anschließend zu löschen, es sei denn, dass Rechtsvorschriften oder die nach § 9 Abs. 4 bekannt gegebenen Regeln etwas anderes bestimmen. Der Arbeitgeber hat der zuständigen Behörde auf Anordnung eine Kopie der Vorsorgekartei zu übermitteln. Bei Beendigung des Beschäftigungsverhältnisses hat der Arbeitgeber der betroffenen Person eine Kopie der sie betreffenden Angaben auszuhändigen; § 34 des Bundesdatenschutzgesetzes bleibt unberührt."

---

[331] § 11 BGV A4 Arbeitsmedizinische Vorsorge i.d.F. vom 1.1.1997 schreibt für die Vorsorgekartei folgende Angaben vor:
1. Vor- und Familienname, Geburtsdatum,
2. Wohnanschrift,
3. Tag der Einstellung und des Ausscheidens,
4. Rentenversicherungsnummer,
5. zuständiger Krankenversicherungsträger,
6. Art der vom Arbeitsplatz ausgehenden Gefährdungsmöglichkeiten,
7. Art der Tätigkeit mit Angabe des Beginns und des Endes der Tätigkeit,
8. Angaben von Zeiten über frühere Tätigkeiten, bei denen eine Gefährdungsmöglichkeit bestand (soweit bekannt),
9. Datum und Ergebnis der Vorsorgeuntersuchung,
10. Datum der nächsten Nachuntersuchung,
11. Name und Anschrift des untersuchenden Arztes,
12. Name dessen, der die Vorsorgekartei führt.
Ein Muster einer Vorsorgekarteikarte ist in Anh. 5 der Durchführungsanweisungen zur BGV A4 Arbeitsmedizinische Vorsorge enthalten.

[332] Der Beschäftigte kann auf Grund des Selbstbestimmungsrechtes über die eigene Person die Weitergabe des Untersuchungsergebnisses an den Arbeitgeber verweigern selbst dann, wenn nach Einschätzung des ermächtigten Arztes gesundheitliche Bedenken bestehen. Entsteht an dem betreffenden Arbeitsplatz eine Gefährdung für Dritte, so hat der Arzt sorgfältig abzuwägen, ob dem Persönlichkeitsrecht des Untersuchten oder dem Recht auf Leben und Gesundheit eines Dritten Vorrang eingeräumt werden muss. (S. hierzu Bittighofer M.: Rechtliche Rahmenbedingungen ärztlicher Untersuchungen von Beschäftigten im Krankenhaus, in: Unfallkasse Baden-Württemberg, Der Betriebsarzt im Konflikt zwischen ärztlicher Schweigepflicht und Patientenschutz, Tagung vom 12. Juni 2002 im Lindenmuseum Stuttgart; ferner
Meinel H.: Aufgaben und Pflichten beim betrieblichen Gesundheitsschutz, Landsberg 2003, S. 135 ff.).

Arbeitsmedizinische Vorsorge

Hierzu ist anzumerken, dass es in der Praxis üblich ist, Unterlagen, aus denen Beschäftigte Rechte ableiten können, zumindest für die Dauer der Ausschluss- und Verjährungsfristen aufzubewahren. Es werden Aufbewahrungsfristen von 20 bis 30 Jahren genannt. Da die Verjährungsfrist für Ansprüche aus Arbeitsverhältnissen zum Teil bis zu 30 Jahre beträgt, wird eine solche Aufbewahrungsfrist empfohlen.[333]

3.2.14 Zusätzliche Schutzmaßnahmen (§ 6 Abs. 4 und § 8 Abs. 1)

Arzt und Arbeitgeber arbeiten bei den gegebenenfalls erforderlichen zusätzlichen Schutzmaßnahmen zusammen.

§ 6 Abs. 4 Satz 2 fordert **vom Arzt**:

„Ergibt die Auswertung Anhaltspunkte für unzureichende Schutzmaßnahmen, so hat der Arzt dies dem Arbeitgeber mitzuteilen und Schutzmaßnahmen vorzuschlagen".

Die vom Arzt vorzuschlagenden Schutzmaßnahmen können vom Hinweis, dass geeignete technische Maßnahmen zu ergreifen sind, über die Forderung nach konsequentem Einsatz persönlicher Schutzausrüstungen bis zu technischen, z. B. in anderen Betrieben bewährten, Maßnahmen reichen.

§ 8 Abs. 1 fordert **vom Arbeitgeber** Maßnahmen bei gesundheitlichen Bedenken:

„Ist dem Arbeitgeber bekannt, dass bei einem oder einer Beschäftigten gesundheitliche Bedenken gegen die Ausübung einer Tätigkeit bestehen, so hat er im Falle von § 6 Abs. 4 Satz 2 die Gefährdungsbeurteilung zu überprüfen und unverzüglich die erforderlichen zusätzlichen Schutzmaßnahmen zu treffen. Bleiben die gesundheitlichen Bedenken bestehen, so hat der Arbeitgeber nach Maßgabe der dienst- und arbeitsrechtlichen Regelungen dem oder der Beschäftigten eine andere Tätigkeit zuzuweisen, bei der diese Bedenken nicht bestehen. Dem Betriebs- oder Personalrat und der zuständigen Behörde sind die getroffenen Maßnahmen mitzuteilen."

---

[333] So auch Hecker C., Christ E. u. a.: Lärm- und Vibrations-Arbeitsschutzverordnung, Praxiskommentar, Berlin 2008, S. 168.

Sollte die Gefährdungsanalyse keine Hinweise auf Beeinträchtigungen von Gesundheit und Sicherheit ergeben, trotzdem aber gesundheitliche Bedenken der Beschäftigten gegen bestimmte Arbeitsbedingungen geäußert werden, können das wichtige Hinweise auf bisher unerkannte Gefährdungen sein. Auch wenn es sich um das subjektive Befinden eines Beschäftigten handelt, sind die Ursachen dafür zu ermitteln, die nicht notwendig mit Lärm oder Vibrationen im Zusammenhang stehen müssen.

Wenn zusätzlich zu den gesundheitlichen Bedenken der Beschäftigten der Arzt dem Arbeitgeber mitgeteilt hat, dass Anhaltspunkte für unzureichende Schutzmaßnahmen bestehen, so hat der Arbeitgeber die Gefährdungsbeurteilung zu überprüfen und unverzüglich die notwendigen Schritte zum Schutz der Beschäftigten einzuleiten.

3.3 Textauszug ArbMedVV

Verordnung über arbeitsmedizinische Vorsorge vom 18.12.2008 (BGBl. I S. 2768) geänd. durch Art. 2 der Verordnung zur Umsetzung der Richtlinie 2006/25/EG zum Schutz der Arbeitnehmer vor Gefährdungen durch künstliche optische Strahlung und zur Änderung von Arbeitsschutzverordnungen vom 19.7.2010 (BGBl. I S. 960)

– Auszug –

Inhaltsübersicht

§ 1 Ziel und Anwendungsbereich

§ 2 Begriffsbestimmungen

§ 3 Allgemeine Pflichten des Arbeitgebers

§ 4 Pflichtuntersuchungen

§ 5 Angebotsuntersuchungen

§ 6 Pflichten des Arztes oder der Ärztin

§ 7 Anforderungen an den Arzt oder die Ärztin

§ 8 Maßnahmen bei gesundheitlichen Bedenken

§ 9 Ausschuss für Arbeitsmedizin

§ 10 Ordnungswidrigkeiten und Straftaten

Arbeitsmedizinische Vorsorge

Anhang
Arbeitsmedizinische Pflicht- und Angebotsuntersuchungen sowie weitere Maßnahmen der arbeitsmedizinischen Vorsorge

Teil 1: Tätigkeiten mit Gefahrstoffen

Teil 2: Tätigkeiten mit biologischen Arbeitsstoffen einschließlich gentechnischen Arbeiten mit humanpathogenen Organismen

Teil 3: Tätigkeiten mit physikalischen Einwirkungen

Teil 4: Sonstige Tätigkeiten

§ 1
Ziel und Anwendungsbereich

(1) [1]Ziel der Verordnung ist es, durch Maßnahmen der arbeitsmedizinischen Vorsorge arbeitsbedingte Erkrankungen einschließlich Berufskrankheiten frühzeitig zu erkennen und zu verhüten. [2]Arbeitsmedizinische Vorsorge soll zugleich einen Beitrag zum Erhalt der Beschäftigungsfähigkeit und zur Fortentwicklung des betrieblichen Gesundheitsschutzes leisten.

(2) Diese Verordnung gilt für die arbeitsmedizinische Vorsorge im Geltungsbereich des Arbeitsschutzgesetzes.

(3) Diese Verordnung lässt sonstige arbeitsmedizinische Präventionsmaßnahmen, insbesondere nach dem Arbeitsschutzgesetz und dem Gesetz über Betriebsärzte, Sicherheitsingenieure und andere Fachkräfte für Arbeitssicherheit (Arbeitssicherheitsgesetz), unberührt.

§ 2
Begriffsbestimmungen

(1) [1]Arbeitsmedizinische Vorsorge ist Teil der arbeitsmedizinischen Präventionsmaßnahmen im Betrieb. [2]Sie umfasst die Beurteilung der individuellen Wechselwirkungen von Arbeit und Gesundheit, die individuelle arbeitsmedizinische Aufklärung und Beratung der Beschäftigten, arbeitsmedizinische Vorsorgeuntersuchungen sowie die Nutzung von Erkenntnissen aus diesen Untersuchungen für die Gefährdungsbeurteilung und für sonstige Maßnahmen des Arbeitsschutzes.

Arbeitsmedizinische Vorsorge

(2) [1]Arbeitsmedizinische Vorsorgeuntersuchungen dienen der Früherkennung arbeitsbedingter Gesundheitsstörungen sowie der Feststellung, ob bei Ausübung einer bestimmten Tätigkeit eine erhöhte gesundheitliche Gefährdung besteht. [2]Eine arbeitsmedizinische Vorsorgeuntersuchung kann sich auf ein Beratungsgespräch beschränken, wenn zur Beratung körperliche oder klinische Untersuchungen nicht erforderlich sind. [3]Arbeitsmedizinische Vorsorgeuntersuchungen umfassen Pflichtuntersuchungen, Angebotsuntersuchungen und Wunschuntersuchungen.

(3) Pflichtuntersuchungen sind arbeitsmedizinische Vorsorgeuntersuchungen, die bei bestimmten besonders gefährdenden Tätigkeiten zu veranlassen sind.

(4) Angebotsuntersuchungen sind arbeitsmedizinische Vorsorgeuntersuchungen, die bei bestimmten gefährdenden Tätigkeiten anzubieten sind.

(5) Wunschuntersuchungen sind arbeitsmedizinische Vorsorgeuntersuchungen, die der Arbeitgeber den Beschäftigten nach § 11 des Arbeitsschutzgesetzes zu ermöglichen hat.

(6) Entsprechend dem Zeitpunkt ihrer Durchführung sind

1. Erstuntersuchungen arbeitsmedizinische Vorsorgeuntersuchungen vor Aufnahme einer bestimmten Tätigkeit,

2. Nachuntersuchungen arbeitsmedizinische Vorsorgeuntersuchungen während einer bestimmten Tätigkeit oder anlässlich ihrer Beendigung,

3. nachgehende Untersuchungen arbeitsmedizinische Vorsorgeuntersuchungen nach Beendigung bestimmter Tätigkeiten, bei denen nach längeren Latenzzeiten Gesundheitsstörungen auftreten können.

§ 3
Allgemeine Pflichten des Arbeitgebers

(1) [1]Der Arbeitgeber hat auf der Grundlage der Gefährdungsbeurteilung für eine angemessene arbeitsmedizinische Vorsorge zu sorgen. [2]Dabei hat er die Vorschriften dieser Verordnung einschließlich des Anhangs und die nach § 9 Abs. 4 bekannt gegebenen Regeln und Erkenntnisse zu berücksichtigen. [3]Bei Einhaltung der Regeln und Erkenntnisse nach Satz 2 ist davon auszugehen, dass die gestellten Anforderungen erfüllt sind. [4]Arbeitsmedizinische Vorsorge kann auch weitere Maßnahmen der Gesundheitsvorsorge umfassen.

Arbeitsmedizinische Vorsorge

(2) ¹Der Arbeitgeber hat zur Durchführung der arbeitsmedizinischen Vorsorge einen Arzt oder eine Ärztin nach § 7 zu beauftragen. ²Ist ein Betriebsarzt oder eine Betriebsärztin nach § 2 des Arbeitssicherheitsgesetzes bestellt, soll der Arbeitgeber vorrangig diesen oder diese auch mit der arbeitsmedizinischen Vorsorge beauftragen. ³Dem Arzt oder der Ärztin sind alle erforderlichen Auskünfte über die Arbeitsplatzverhältnisse, insbesondere über den Anlass der jeweiligen Untersuchung und die Ergebnisse der Gefährdungsbeurteilung, zu erteilen und die Begehung des Arbeitsplatzes zu ermöglichen. ⁴Ihm oder ihr ist auf Verlangen Einsicht in die Unterlagen nach § 4 Abs. 3 Satz 1 zu gewähren.

(3) ¹Arbeitsmedizinische Vorsorgeuntersuchungen sollen während der Arbeitszeit stattfinden. ²Sie sollen nicht zusammen mit Untersuchungen zur Feststellung der Eignung für berufliche Anforderungen nach sonstigen Rechtsvorschriften oder individual- oder kollektivrechtlichen Vereinbarungen durchgeführt werden, es sei denn, betriebliche Gründe erfordern dies; in diesem Falle sind die unterschiedlichen Zwecke der Untersuchungen offenzulegen.

§ 4
Pflichtuntersuchungen

(1) ¹Der Arbeitgeber hat nach Maßgabe des Anhangs Pflichtuntersuchungen der Beschäftigten zu veranlassen. ²Pflichtuntersuchungen nach Satz 1 müssen als Erstuntersuchung und als Nachuntersuchungen in regelmäßigen Abständen veranlasst werden.

(2) ¹Der Arbeitgeber darf eine Tätigkeit nur ausüben lassen, wenn die nach Absatz 1 erforderlichen Pflichtuntersuchungen zuvor durchgeführt worden sind. ²Die Bescheinigung der gesundheitlichen Unbedenklichkeit ist Tätigkeitsvoraussetzung, soweit der Anhang dies für einzelne Tätigkeiten besonders vorschreibt.

(3) ¹Über Pflichtuntersuchungen hat der Arbeitgeber eine Vorsorgekartei mit Angaben über Anlass, Tag und Ergebnis jeder Untersuchung zu führen; die Kartei kann automatisiert geführt werden. ²Die Angaben sind bis zur Beendigung des Beschäftigungsverhältnisses aufzubewahren und anschließend zu löschen, es sei denn, dass Rechtsvorschriften oder die nach § 9 Abs. 4 bekannt gegebenen Regeln etwas anderes bestimmen. ³Der Arbeitgeber hat der zuständigen Behörde auf Anordnung eine Kopie der Vorsorgekartei zu übermitteln. ⁴Bei Beendigung des Beschäftigungsverhältnisses hat der Arbeitgeber der betroffenen Person eine Kopie der sie betreffenden Angaben auszuhändigen; § 34 des Bundesdatenschutzgesetzes bleibt unberührt.

Arbeitsmedizinische Vorsorge

§ 5
Angebotsuntersuchungen

(1) [1]Der Arbeitgeber hat den Beschäftigten Angebotsuntersuchungen nach Maßgabe des Anhangs anzubieten. [2]Angebotsuntersuchungen nach Satz 1 müssen als Erstuntersuchung und anschließend als Nachuntersuchungen in regelmäßigen Abständen angeboten werden. [3]Das Ausschlagen eines Angebots entbindet den Arbeitgeber nicht von der Verpflichtung, die Untersuchungen weiter regelmäßig anzubieten.

(2) [1]Erhält der Arbeitgeber Kenntnis von einer Erkrankung, die im ursächlichen Zusammenhang mit der Tätigkeit des oder der Beschäftigten stehen kann, so hat er ihm oder ihr unverzüglich eine arbeitsmedizinische Vorsorgeuntersuchung anzubieten. [2]Dies gilt auch für Beschäftigte mit vergleichbaren Tätigkeiten, wenn Anhaltspunkte dafür bestehen, dass sie ebenfalls gefährdet sein können.

...

§ 6
Pflichten des Arztes oder der Ärztin

(1) [1]Bei der arbeitsmedizinischen Vorsorge hat der Arzt oder die Ärztin die Vorschriften dieser Verordnung einschließlich des Anhangs und die dem Stand der Arbeitsmedizin entsprechenden Regeln und Erkenntnisse zu beachten. [2]Vor Durchführung arbeitsmedizinischer Vorsorgeuntersuchungen muss er oder sie sich die notwendigen Kenntnisse über die Arbeitsplatzverhältnisse verschaffen und die zu untersuchende Person über die Untersuchungsinhalte und den Untersuchungszweck aufklären.

...

(3) [1]Der Arzt oder die Ärztin hat den Untersuchungsbefund und das Untersuchungsergebnis der arbeitsmedizinischen Vorsorgeuntersuchung schriftlich festzuhalten, die untersuchte Person darüber zu beraten und ihr eine Bescheinigung auszustellen. [2]Diese enthält Angaben über den Untersuchungsanlass und den Tag der Untersuchung sowie die ärztliche Beurteilung, ob und inwieweit bei Ausübung einer bestimmten Tätigkeit gesundheitliche Bedenken bestehen. [3]Nur im Falle einer Pflichtuntersuchung erhält der Arbeitgeber eine Kopie der Bescheinigung.

(4) [1]Der Arzt oder die Ärztin hat die Erkenntnisse arbeitsmedizinischer Vorsorgeuntersuchungen auszuwerten. [2]Ergibt die Auswertung Anhaltspunkte für unzureichende Schutzmaßnahmen, so hat der Arzt oder die Ärztin dies dem Arbeitgeber mitzuteilen und Schutzmaßnahmen vorzuschlagen.

§ 7
Anforderungen an den Arzt oder die Ärztin

(1) [1]Unbeschadet anderer Bestimmungen im Anhang für einzelne Untersuchungsanlässe muss der Arzt oder die Ärztin berechtigt sein, die Gebietsbezeichnung „Arbeitsmedizin" oder die Zusatzbezeichnung „Betriebsmedizin" zu führen. [2]Er oder sie darf selbst keine Arbeitgeberfunktion gegenüber den zu untersuchenden Beschäftigten ausüben. [3]Verfügt der Arzt oder die Ärztin nach Satz 1 für bestimmte Untersuchungen nicht über die erforderlichen Fachkenntnisse oder die speziellen Anerkennungen oder Ausrüstungen, so hat er oder sie Ärzte oder Ärztinnen hinzuzuziehen, die diese Anforderungen erfüllen.

(2) Die zuständige Behörde kann für Ärzte oder Ärztinnen in begründeten Einzelfällen Ausnahmen von Absatz 1 Satz 1 zulassen.

§ 8
Maßnahmen bei gesundheitlichen Bedenken

(1) [1]Ist dem Arbeitgeber bekannt, dass bei einem oder einer Beschäftigten gesundheitliche Bedenken gegen die Ausübung einer Tätigkeit bestehen, so hat er im Falle von § 6 Abs. 4 Satz 2 die Gefährdungsbeurteilung zu überprüfen und unverzüglich die erforderlichen zusätzlichen Schutzmaßnahmen zu treffen. [2]Bleiben die gesundheitlichen Bedenken bestehen, so hat der Arbeitgeber nach Maßgabe der dienst- und arbeitsrechtlichen Regelungen dem oder der Beschäftigten eine andere Tätigkeit zuzuweisen, bei der diese Bedenken nicht bestehen. [3]Dem Betriebs- oder Personalrat und der zuständigen Behörde sind die getroffenen Maßnahmen mitzuteilen.

...

§ 9
Ausschuss für Arbeitsmedizin

(4) Das Bundesministerium für Arbeit und Soziales kann die vom Ausschuss für Arbeitsmedizin ermittelten Regeln und Erkenntnisse sowie Empfehlungen im Gemeinsamen Ministerialblatt bekannt geben.

...

Arbeitsmedizinische Vorsorge

§ 10
Ordnungswidrigkeiten und Straftaten

(1) Ordnungswidrig im Sinne des § 25 Abs. 1 Nr. 1 des Arbeitsschutzgesetzes handelt, wer vorsätzlich oder fahrlässig

1. entgegen § 4 Abs. 1 eine Pflichtuntersuchung nicht oder nicht rechtzeitig veranlasst,
2. entgegen § 4 Abs. 2 Satz 1 eine Tätigkeit ausüben lässt,
3. entgegen § 4 Abs. 3 Satz 1 Halbsatz 1 eine Vorsorgekartei nicht, nicht richtig oder nicht vollständig führt oder
4. entgegen § 5 Abs. 1 Satz 1 eine Angebotsuntersuchung nicht oder nicht rechtzeitig anbietet.

(2) Wer durch eine in Absatz 1 bezeichnete vorsätzliche Handlung Leben oder Gesundheit eines oder einer Beschäftigten gefährdet, ist nach § 26 Nr. 2 des Arbeitsschutzgesetzes strafbar.

...

Anhang
Arbeitsmedizinische Pflicht- und Angebotsuntersuchungen sowie weitere Maßnahmen der arbeitsmedizinischen Vorsorge

Teil 1

...

Teil 3 Tätigkeiten mit physikalischen Einwirkungen

(1) Pflichtuntersuchungen bei:

...

3. Tätigkeiten mit Lärmexposition, wenn die oberen Auslösewerte von $L_{ex,8h}$ = 85 dB(A) beziehungsweise $L_{pC,peak}$ = 137 dB(C) erreicht oder überschritten werden. Bei der Anwendung der Auslösewerte nach Satz 1 wird die dämmende Wirkung eines persönlichen Gehörschutzes der Beschäftigten nicht berücksichtigt;

...

Arbeitsmedizinische Vorsorge

(2) Angebotsuntersuchungen bei:

1. Tätigkeiten mit Lärmexposition, wenn die unteren Auslösewerte von $L_{ex,8h}$ = 80 dB(A) beziehungsweise $L_{pC,peak}$ = 135 dB(C) überschritten werden. Bei der Anwendung der Auslösewerte nach Satz 1 wird die dämmende Wirkung eines persönlichen Gehörschutzes der Beschäftigten nicht berücksichtigt;

2. Tätigkeiten mit Exposition durch Vibrationen, wenn die Auslösewerte von

    a) $A(8) = 2{,}5 \text{ m/s}^2$ für Tätigkeiten mit Hand-Arm-Vibrationen oder

    b) $A(8) = 0{,}5 \text{ m/s}^2$ für Tätigkeiten mit Ganzkörper-Vibrationen

    überschritten werden;

3. Tätigkeiten mit Exposition durch künstliche optische Strahlung, wenn am Arbeitsplatz die Expositionsgrenzwerte nach § 6 der Arbeitsschutzverordnung zu künstlicher optischer Strahlung vom 19. Juli 2010 (BGBl. I S. 960) in der jeweils geltenden Fassung überschritten werden können.

...

Literaturverzeichnis

Fachliteratur, Fachvorträge

BIA-Report: Lärmarbeitsplätze in und auf Fahrzeugen im öffentlichen Straßenverkehr: Der Einfluss von Gehörschützern auf die Hörbarkeit von Verkehrssignalen. Ausg. 05/1997

Brandt T.: Vertigo: its multisensory syndromes. London 1999

Bundesministerium für Arbeit und Soziales (Hrsg.): EU-Handbuch zum Thema Hand-Arm-Vibration. Ausg. 08/2007

Christ E.: Vibrationseinwirkung an Arbeitsplätzen – Gefährdungsbeurteilung und Prävention. Z. Die BG, Heft 5, 2002

Christ E., Fischer S.: Lärmminderung an Arbeitsplätzen:Lärmminderungsprogramm nach Lärm- und Vibrations-Arbeitsschutzverordnung (EU-Richtlinie 2003/10/EG); Praxisbeispiele technisch/organisatorischer Maßnahmen für Unternhemen und Hersteller; Gehörschutzauswahl und -anwendung; Auswahl lärmarmer Arbeitsmittel. Berlin 2007

Dupuis H., Zerlett G.: Forschungsbericht Ganz-Körper-Schwingungen – Beanspruchung des Menschen durch mechanische Schwingungen. Schriftenreihe des Hauptverbandes der Gewerblichen Berufsgenossenschaften. Bonn 1984

Fischer S.: Verbesserung der Geräuschsituation in Fertigungsräumen durch Minderung des Reflexionsanteils. Z. Die BG, Heft 5, 1984

Fitting K. u.a.: Betriebsverfassungsgesetz – Handkommentar. München 2008

Fremerey, F.: Phonkost – Sinn und Unsinn von Normen in der Lärmbeurteilung. 2008

Gräbner Th.: Entwicklung und Erprobung eines lärmarmen Pressensystems für universelle Anwendungszwecke. BAuA Forschungsbericht 696, Dortmund 1993

Literaturverzeichnis

Hahn R.: Lärmminderung durch raumakustische Maßnahmen. Z. sicher ist sicher, Heft 5, 1988

Halle-Tischendorf F.: Leitsätze zur medizinischen Lärmbeurteilung. Baden-Baden 1979

Hanel J.: Körperschalldämpfung, ein wirksames Mittel der Lärmbekämpfung. Z. Steine und Erden, Heft 4, 1981

Hecker C., Christ E. u.a.: Lärm- und Vibrations-Arbeitsschutzverordnung – Kommentar. Berlin 2008

Henrichen M.: Die neue Lärm- und Vibrations-Arbeitsschutzverordnung. Vermeidung und Verringerung von Vibrationen. Z. Keramik und Glas, Mitteilungen der Berufsgenossenschaft der keramischen und Glasindustrie, Heft 4, 2007

Hertwig R.: Lärmschutz muss nicht teuer sein – Geräuschgeminderte Kreissägeblätter. Z. sicher ist sicher, Heft 6, 2007

Hohmann B.W., Billeter T.: Langzeit-Gehörbelastung von Orchestermusikern. Schweizerische Unfallversicherungsanstalt Luzern, Vortragsmanuskript (unveröffentlicht)

Institut für Arbeitsschutz der Deutschen Gesetzlichen Unfallversicherung (Hrsg.): BGIA-Handbuch Sicherheit und Gesundheitsschutz am Arbeitsplatz. Berlin 2010

Ising H. u.a.: Blutdrucksteigerung durch Lärm am Arbeitsplatz. BAU Forschungsbericht 225, Dortmund 1980

Kinne J.: Organisatorischer Schwingungsschutz durch Auswahl schwingungsarmer Handmaschinen. Z. Arbeitsschutz aktuell, Heft 5, 1998

Kittner M., Pieper R.: Arbeitsschutzgesetz: Basiskommentar mit der neuen Lärm- und Vibrations-Arbeitsschutzverordnung. Frankfurt am Main 2007

Klosterkötter W. u.a.: Experimentelle Untersuchungen zum Thema „Lärmpausen" einschließlich Untersuchungen über den Expositionstest gemäß VDI-Richtlinie 2058 Bl. 2. BAuA Forschungsbericht 130, Dortmund 1974

Kohte W.: Arbeitsschutzrahmenrichtlinie. In: Europäisches Arbeits- und Sozialrecht EAS. Heidelberg, München, Landsberg 2007

Koll M., Janning R., Pinter H.: Arbeitsschutzgesetz – Kommentar für die betriebliche und behördliche Praxis. Stuttgart 2005

Kollmer N.F. (Hrsg.): Praxiskommentar Arbeitsschutzgesetz. München 2005

Kröger H., Kupfer J. (Hrsg.): Arbeitshygienische Komplexanalyse – Spezielle Analysen. Berlin 1981

Kummer W.: Konsequenzen der neuen Lärm- und Vibrations-Arbeitsschutzverordnung für die Bauwirtschaft. Z. Tiefbau, Fachzeitschrift der Berufsgenossenschaft der Bauwirtschaft, Heft 4, 2008

Kurze U.J., Nürnberger H.: Schallschutzkapseln und ihre Anwendung. BAuA Forschungsbericht 806, Bremerhaven 1998

Maue J.H.: 0 Dezibel + 0 Dezibel = 3 Dezibel. Berlin 2009

Meinel H.: Aufgaben und Pflichten beim betrieblichen Gesundheitsschutz. Landsberg/Lech 2003

Mehnert P. u.a.: Industrielle Lärmbelastung und ototoxisch wirkende Substanzen. Z. GesundhWes Jg. 54, Heft 9, 1992

Meltzer G., Kirchberg S.: Schwingungs- und Körperschallabwehr bei Maschinenaufstellungen. Berlin 1976

Melzig-Thiel R., Kinne J., Schatte M.: Schwingungsbelastung in der Bauwirtschaft, Beurteilung und Schutzmaßnahmen. BAuA Quartbroschüre Technik T 23. Dortmund 2005

Milde J., Ponto K.: Die Lärm- und Vibrations-Arbeitsschutzverordnung: Neue Aspekte für die praktische Arbeitsmedizin. Z. Arbeitsmedizin, Sozialmedizin, Umweltmedizin, Heft 5, 2008

Mohr D.: Nationale Umsetzung der EU-Vibrations-Richtlinie 2002/44/EG und der EU-Lärm-Richtlinie 2003/10/EG. Vortrag FASI in Mainz, Mai 2007

Morata T.C. u.a.: Ototoxic effects of styrene alone or in concert with other agents. Z. Noise Health, Heft 4, 2002

N. N.: Schallabsorption in Arbeitsräumen, Z. Sicher Arbeiten, Heft 2, 1993

Literaturverzeichnis

Odin G.: Studienmaterial für die Weiterbildung – Akustische Messtechnik. Heft 1, Dresden 1973 (herausgegeben von der Technischen Universität Dresden)

Opfermann R., Streit W. u.a.: Arbeitsstätten. Heidelberg 2010 (Loseblattwerk mit Kommentar)

Pangert R., Mill H.: 87 dB bei klassischer Musik? Z. Das Orchester, Heft 1, 2004

Popov, K.: KAMIN – Katalog technischer Schwingungsschutzmaßnahmen. Katalog praktisch erprobter Lösungen des technischen Schwingungsschutzes und für Elemente zur Schwingungsminderung. BAuA Forschungsbericht 981, Bremerhaven 2003

Preis U.: Der Arbeitsvertrag. Köln 2002

Richter B., Zander M., Spahn C.: Gehörschutz im Orchester, freiburger beiträge zur musikermedizin Bd. 4. Bochum, Freiburg 2007

Riehm G.: Argumentation zum Tragen von Gehörschutzmitteln an Lärmarbeitsplätzen. Z. sicher ist sicher, Heft 10, 2004

Sallows K.: Listen while you work – hearing conservation for the arts. SHAPE Safety & Health in Arts Production and Entertainement, Vancouver 2001

Sass-Kortsak A.M. u.a.: An investigation of the association between exposure to styrene and hearing loss. Ann. Epidemiol. Heft 5, 1995

Schäfer K., Hartung E.: Mainz-Dortmunder Dosismodell (MDD) zur Beurteilung der Belastung der Lendenwirbelsäule durch Heben oder Tragen schwerer Lasten oder durch Tätigkeiten in extremer Rumpfbeugehaltung bei Verdacht auf Berufskrankheit Nr. 2108, Teil 3: Vorschlag zur Beurteilung der arbeitstechnischen Voraussetzungen im Berufskrankheiten-Feststellungsverfahren bei kombinierter Belastung mit Ganzkörper-Schwingungen. Z. Arbeitsmed. Sozialmed. Umweltmed. Jg. 34, 1999

Schaub G.: Arbeitsrechts-Handbuch. München 2002

Literaturverzeichnis

Scheffer M.: Periphere Durchblutungsänderungen unter kombinierter Kälte- und Schwingungsbelastung, Forschungsbericht Hand-Arm-Schwingungen II. Schriftenreihe des HVBG 1988

Schmidt K.-P. u.a.: Lärmminderung am Arbeitsplatz – Beispielsammlung. BAuA Forschungsbericht 283, Dortmund

Schommer A.: Lärmarm konstruieren VI – Körperschalldämpfung durch Kunststoffschichten an Strukturen aus Stahl. BAuA Forschungsbericht 312, Dortmund 1982

Schwarze S.: Langjährige Lärmbelastung und Gesundheit. BAuA Forschungsbericht 636, Bremerhaven 1991

Sickert P.: Die neue EU-Richtlinie „Lärm" – Inhalte und Auswirkungen für den Gehörschutz. Z. sicher ist sicher, Heft 2, 2004

Sickert P.: Qualitätssicherung bei der Verwendung von Gehörschutzotoplastiken. Z. sicher ist sicher, Heft 10, 2009

Skiba R.: Taschenbuch Arbeitssicherheit. Bielefeld 1997

Sliwinska-Kowalska M. u.a.: Hearing loss among workers exposed to moderate concentrations of solvents. Z. Journal of occupational and environmental medicine, Heft 1, 2003

Spinnarke J., Schork G.: Arbeitssicherheitsrecht (ASiR) – Kommentar und Sammlung. Heidelberg 2010 (Loseblattwerk)

Uhlig A., Schreiber U., Blochwitz T.: ISOMAG 1.1 – Projektierung und Berechnung der Schwingungsisolierung von Maschinen und Geräten. BAuA Forschungsbericht 943, Dortmund u.a. 2002

Thierfelder D., Martin S., Boesner K.: Qualitätssicherung arbeitsschutzgerechter Produkte hinsichtlich lärmarmer und ergonomischer Gestaltung. BAuA Forschungsbericht 874, Bremerhaven 2000

Turna I.: Belastungssuperposition – eine Literaturanalyse zur Überlagerung der Belastungsarten Lärm und mechanische Schwingungen. Diplomarbeit, TU Berlin (Institut für Arbeitswissenschaft), 1991

Literaturverzeichnis

UBA (Hrsg.): Lärmbekämpfung '88: Tendenzen – Probleme – Lösungen, Materialien zum 4. Immissionsschutzbericht der Bundesregierung an den Deutschen Bundestag. Berlin 1989

Wogram K.: Measures against an inadmissible sound burden within an orchestra. Forum Acusticum, Budapest 2005

Handlungsanleitungen, Arbeitshilfen

BAuA (Hrsg.): Arbeitswissenschaftliche Erkenntnisse Nr. 124: Bildschirmarbeit – Lärmminderung in Mehrpersonenbüros. Dortmund 2003

BAuA (Hrsg.): Technik 26: Akustische Gestaltung von Bildschirmarbeitsplätzen in Büros. Dortmund 2006

BAuA (Hrsg.): Technik 27: Akustische Gestaltung von Bildschirmarbeitsplätzen in der Produktion. Dortmund 2004

BAuA (Hrsg.): Safe and Sound – Ratgeber zur Gehörerhaltung in der Musik- und Entertainmentbranche. Dortmund 2008

Berufsgenossenschaftlicher Fachausschuss (FA) Maschinenbau, Fertigungssysteme, Stahlbau (Hrsg.): Vibrationen am Arbeitsplatz: Hilfestellungen zur Umsetzung der LärmVibrationsArbSchV. FA-Informationsblatt Nr. 008, Ausg. 05/2007

Berufsgenossenschaftlicher Fachausschuss (FA) Maschinenbau, Fertigungssysteme, Stahlbau (Hrsg.): Auswahl, Beschaffung leiser Maschinen. FA-Informationsblatt Nr. 013, Ausg. 03/2005

Berufsgenossenschaftlicher Fachausschuss (FA) Maschinenbau, Fertigungssysteme, Stahlbau (Hrsg.): Fachinformation Lärm-Stress am Arbeitsplatz – Nicht das Innenohr betreffende Lärmwirkungen – Extra-aurale Lärmwirkungen. FA-Informationsblatt Nr. 018, Ausg. 10/2005

Berufsgenossenschaftlicher Fachausschuss (FA) Maschinenbau, Fertigungssysteme, Stahlbau (Hrsg.): Nationale Umsetzung der EG-Richtlinie Lärm (2003/10/EG) – Positionspapier, Ausg. 11/2003

Berufsgenossenschaftlicher Fachausschuss (FA) Maschinenbau, Fertigungssysteme, Stahlbau (Hrsg.): Lärm- und Vibrations-Arbeitsschutzverordnung, Übersicht zu einigen Kernelementen, Ausg. 05/2007

Berufsgenossenschaft Druck und Papierverarbeitung (Hrsg.): Lärm – Anwendung in der Druckindustrie und Papierverarbeitung. Wiesbaden

Gesetzliche Unfallversicherung: Niedrigere Lärmgrenzwerte für Berufsmusiker – BGIA bietet Orchestermusikern Hilfe zur Umsetzung der Lärmverordnung. Z. Die BG, Heft 3, 2008

Hauptverband der gewerblichen Berufsgenossenschaften (Hrsg.): Positionspapier der Arbeitskreise „Lärm" und „Gefahrstoffe" des Ausschusses Arbeitsmedizin beim HVBG zu ototoxischen Arbeitsstoffen. Sankt Augustin, 17.7.2006

LASI (Hrsg.): Leitlinien zur Betriebssicherheitsverordnung (BetrSichV) – LV 35, 2. überarbeitete Auflage 2006

Ministerium für Arbeit, Soziales, Gesundheit und Familie des Landes Brandenburg (Hrsg.): Verordnung zum Schutz der Beschäftigten vor Gefährdungen durch Lärm und Vibrationen, Arbeitshilfe für die Praxis – besonders für kleine und mittlere Unternehmen. Dezember 2007

Ministerium für Wirtschaft und Arbeit des Saarlandes: Handlungsanleitung für den Vollzug des Mutterschutzgesetzes und der Verordnung zum Schutze der Mütter am Arbeitsplatz, bearbeitet von Heike Spieldenner, Stand: 15.2.2006

Rechtsvorschriften, EG-Richtlinien, Übereinkommen

Berufskrankheiten-Verordnung vom 31.10.1997 (BGBl. I S. 2623), zul. geänd. durch VO vom 11.6.2009 (BGBl. I S. 1273)

EG-Richtlinie 2002/44/EG über Mindestvorschriften zum Schutz von Sicherheit und Gesundheit der Arbeitnehmer vor der Gefährdung durch physikalische Einwirkungen (Vibrationen) – 16. Einzelrichtlinie zur EG-Rahmenrichtlinie Arbeitsschutz 89/391/EWG

EG-Richtlinie 2003/10/EG über Mindestvorschriften zum Schutz von Sicherheit und Gesundheit der Arbeitnehmer vor der Gefährdung durch physikalische Einwirkungen (Lärm) – 17. Einzelrichtlinie zur EG-Rahmenrichtlinie Arbeitsschutz 89/391/EWG – zum Schutz der Beschäftigten vor Gefährdungen durch Lärm und Vibrationen

Literaturverzeichnis

EG-Richtlinie 2006/42/EG des europäischen Parlaments und des Rates vom 17. Mai 2006 über Maschinen und zur Änderung der Richtlinie 95/16/EG

EG-Richtlinie 89/686/EWG für persönliche Schutzausrüstungen

BG-Vorschrift BGV B3 Lärm, Ausg. Januar 1997

Gesetz über die Durchführung von Maßnahmen des Arbeitsschutzes zur Verbesserung der Sicherheit und des Gesundheitsschutzes der Beschäftigten bei der Arbeit (Arbeitsschutzgesetz – ArbSchG) vom 7.8.1996 (BGBl. I S. 1246), zul. geänd. durch Art. 15 Abs. 89 G vom 5.2.2009 (BGBl. I S. 160)

Gesetz über Betriebsärzte, Sicherheitsingenieure und andere Fachkräfte für Arbeitssicherheit (Arbeitssicherheitsgesetz – AsiG) vom 12.12.1973 (BGBl. I S. 1885), zul. geänd. durch Art. 226 V vom 31.10.2006 (BGBl. I S. 2407)

Gesetz zum Schutze der erwerbstätigen Mutter (Mutterschutzgesetz – MuSchG) i.d.F. der Bek. vom 20.6.2002 (BGBl. I S. 2318), zul. geänd. Durch Art. 14 G vom 17.3.2009 (BGBl. I S. 550)

IAO-Übereinkommen 148 der Internationalen Arbeitsorganisation vom 20.6.1977 über den Schutz der Arbeitnehmer gegen Berufsgefahren infolge von Luftverunreinigung, Lärm und Vibrationen an den Arbeitsplätzen

IAO-Empfehlung 156 der Internationalen Arbeitsorganisation vom 20.6.1977 betreffend den Schutz der Arbeitnehmer gegen Berufsgefahren infolge von Luftverunreinigung, Lärm und Vibrationen an den Arbeitsplätzen

32. Verordnung zur Durchführung des Bundes-Immissionsschutzgesetzes (Geräte- und Maschinenlärmschutzverordnung – 32. BImSchV)vom 29.8.2002 (BGBl. I S. 3478), zul. geänd. durch Art. 6 Abs. 5 V vom 6.3.2007 (BGBl. I S. 261)

Verordnung über Arbeitsstätten (Arbeitsstättenverordnung – ArbStättV) vom 12.8.2004 (BGBl. I S. 2179), zul. geänd. durch Art. 4 V vom 19.7.2010 (BGBl. I S. 960)

Verordnung zur arbeitsmedizinischen Vorsorge (ArbMedVV) vom 18.12.2008 (BGBl. I S. 2768), geänd. durch Art. 2 V vom 19.7.2010 (BGBl. I S. 960)

Verordnung zur Umsetzung der EG-Richtlinien 2002/44/EG und 2003/10/EG zum Schutz der Beschäftigten vor Gefährdungen durch Lärm und Vibrationen vom 6.3.2007 (BGBl. I S. 261) mit Begründung

Verordnung zum Schutz der Beschäftigten vor Gefährdungen durch Lärm und Vibrationen (Lärm- und Vibrations-Arbeitsschutzverordnung – Lärm-VibrationsArbSchV) vom 6.3.2007 (BGBl. I S. 261), zul. geänd. durch Art. 3 V vom 19.7.2010 (BGBl. I S. 960)

Regelwerke, VDI-Richtlinien

BGR 194 Einsatz von Gehörschützern, Ausg. 04/1998

BGI 504-20 Handlungsanleitung für die arbeitsmedizinische Vorsorge nach dem Berufsgenossenschaftlichen Grundsatz G 20 „Lärm", Ausg. 10/2007

BGI 504-46 Auswahlkriterien für die spezielle arbeitsmedizinische Vorsorge nach dem Berufsgenossenschaftlichen Grundsatz G 46 „Belastungen des Muskel- und Skelettsystems", Ausg. 08/2005

BGI 527 Sicherheit durch Unterweisung, Ausg. 2005

BGI 675 Geräuschminderung im Betrieb – Lärmminderungsprogramm. Lärmschutzarbeitsblatt LSA 01-305, Ausg. 10/2008

BGI 688 Lärm am Arbeitsplatz in der Metall-Industrie, Ausg. 2003

TGL 32628/02 Arbeitshygiene, Wirkung mechanischer Schwingungen auf den Menschen; Grenzwerte für Teilkörperschwingungen am Arbeitsplatz, Berlin 1983

TRLV Lärm: Allgemeines, Ausg. Januar 2010

TRLV Lärm, Teil 1: Beurteilung der Gefährdung durch Lärm, Ausg. Januar 2010

TRLV Lärm, Teil 2: Messung von Lärm, Ausg. Januar 2010

TRLV Lärm, Teil 3: Lärmschutzmaßnahmen, Ausg. Januar 2010

TRLV Vibrationen: Allgemeines, Ausg. Januar 2010

TRLV Vibrationen, Teil 1: Beurteilung der Gefährdung durch Vibrationen, Ausg. Januar 2010

TRLV Vibrationen Teil 2: Messung von Vibrationen, Ausg. Januar 2010

Literaturverzeichnis

TRLV Vibrationen, Teil 3: Vibrationsschutzmaßnahmen, Ausg. Januar 2010

VDI 2057 Bl. 1 Einwirkung mechanischer Schwingungen auf den Menschen – Ganzkörper-Schwingungen, Ausg. 2002-09

VDI 2057 Bl. 2 Einwirkung mechanischer Schwingungen auf den Menschen – Hand-Arm-Schwingungen, Ausg. 2002-09

VDI 2057 Bl. 2 Berichtigung, Einwirkung mechanischer Schwingungen auf den Menschen – Hand-Arm-Schwingungen – Berichtigung zur Richtlinie VDI 2057 Bl. 2 Ausg. 2002-09, Ausg. 2006-12

VDI 2058 Bl. 3 Beurteilung von Lärm am Arbeitsplatz unter Berücksichtigung unterschiedlicher Tätigkeiten, Ausg. 1999-02

VDI 2062 Bl. 1 Schwingungsisolierung; Begriffe und Methoden, Ausg. 1976-01

VDI-Richtlinie 2062 Bl. 2 Schwingungsisolierung – Schwingungsisolierelemente, Ausg. 2007-11

VDI 2569 Schallschutz und akustische Gestaltung im Büro, Ausg. 1990-01

VDI 2719 Schalldämmung von Fenstern und deren Zusatzeinrichtungen, Ausg. 1987-08

VDI 2720 Bl. 1 Schallschutz durch Abschirmung im Freien, Ausg. 1997-03

VDI 2720 Bl. 2 Schallschutz durch Abschirmung in Räumen, Ausg. 1983-04

VDI 2720 Bl. 3 Schallschutz durch Abschirmung im Nahfeld; teilweise Umschließung, Entw. 1983-02

VDI 3720 Bl. 2 Lärmarm Konstruieren; Beispielsammlung, Ausg. 1982-11

VDI 3727 Bl. 1 Schallschutz durch Körperschalldämpfung, Ausg. 1984-02

VDI 3727 Bl. 2 Schallschutz durch Körperschalldämpfung, Ausg. 1984-11

VDI 3733 Geräusche bei Rohrleitungen, Ausg. 1996-07

VDI 3760 Berechnung und Messung der Schallausbreitung in Arbeitsräumen, Ausg. 1996-02

VDI 3766 Ultraschall – Arbeitsplatz, Messung, Bewertung, Minderung, Entw. 2008-10

Literaturverzeichnis

Normen

DIN EN ISO 4871 Akustik – Angabe und Nachprüfung von Geräuschemissionswerten von Maschinen und Geräten, Ausg. 2009-11

DIN EN ISO 5349 Mechanische Schwingungen – Messung und Bewertung der Einwirkung von Schwingungen auf das Hand-Arm-System des Menschen, Ausg. 2001-12

DIN EN ISO 5349-1 Mechanische Schwingungen – Messung und Bewertung der Einwirkung von Schwingungen auf das Hand-Arm-System des Menschen, Teil 1: Allgemeine Anforderungen, Ausg. 2001-12

DIN EN ISO 5349-2 Mechanische Schwingungen – Messung und Bewertung der Einwirkung von Schwingungen auf das Hand-Arm-System des Menschen, Teil 2: Praxisgerechte Anleitung zur Messung am Arbeitsplatz, Ausg. 2001-12

DIN EN ISO 7096 Erdbaumaschinen – Laborverfahren zur Bewertung der Schwingungen des Maschinenführersitzes, Ausg. 2010-02

DIN EN ISO 9612 Akustik – Bestimmung der Lärmexposition am Arbeitsplatz – Verfahren der Genauigkeitsklasse 2 (Ingenieurverfahren), Ausg. 2009-09

DIN EN 458 Gehörschützer, Empfehlungen für Auswahl, Einsatz, Pflege und Instandhaltung, Ausg. 2005-02

DIN EN 981 Sicherheit von Maschinen – System akustischer und optischer Gefahrensignale und Informationssignale, Ausg. 1997-01

DIN EN 14253 Mechanische Schwingungen – Messung und rechnerische Ermittlung der Einwirkung von Ganzkörper-Schwingungen auf den Menschen am Arbeitsplatz im Hinblick auf seine Gesundheit – Praxisgerechte Anleitung, Ausg. 2008-02

DIN EN 61672-1 Elektroakustik – Schallpegelmesser, Teil 1: Anforderungen, Ausg. 2003-10

DIN EN ISO 11690-1 Akustik – Richtlinien für die Gestaltung lärmarmer maschinenbestückter Arbeitsstätten T. 1 Allgemeine Grundlagen, Ausg. 1997-02

Literaturverzeichnis

DIN EN 13490 Mechanische Schwingungen – Flurförderzeuge – Laborverfahren zur Bewertung sowie Spezifikation der Schwingungen des Maschinenführersitzes Ausg. 2002-02

DIN EN 61252 Elektroakustik – Anforderungen an Personenschallexposimeter, Ausg. 2003-05

DIN EN 61672-1 Elektroakustik – Schallpegelmesser, T. 1 Anforderungen, Ausg. 2003-10

DIN EN 61672-2 Elektroakustik – Schallpegelmesser, T. 2 Baumusterprüfungen, Ausg. 2004-08

DIN 4109 Entwurf: Schallschutz im Hochbau – T. 1: Anforderungen Ausg. 2006-10

DIN 4150-3 Erschütterungen im Bauwesen, T. 3: Einwirkungen auf bauliche Anlagen, Ausg. 1999-02

DIN 33404-3 Gefahrensignale für Arbeitsstätten; Akustische Gefahrensignale, Ausg. 1982-05

DIN 1320 Akustik – Begriffe, Ausg. 1997-06

DIN 45645-2 Ermittlung von Beurteilungspegeln aus Messungen, T. 2 Geräuschimmissionen am Arbeitsplatz, Ausg. 1997-07

DIN V 45694 (Vornorm) Mechanische Schwingungen – Anleitung zur Beurteilung der Belastung durch Hand-Arm-Schwingungen aus Angaben zu den benutzten Maschinen einschließlich Angaben von den Maschinenherstellern, Ausg. 2006-07

ISO 2631-1: Mechanical vibration and shock-evaluation of human exposure to whole body vibration, Ausg. 1997-05

ISO 5349-1: Mechanical vibration – Measurement and evaluation of human exposure to hand-transmitted vibration, Ausg. 2001-12

ISO 1999: Acoustics – Determination of occupational noise exposure and estimation of noise-induced hearing impairment, Second edition, Ausg. 1990-01

Abkürzungsverzeichnis

Abb.	Abbildung
ABl.	Amtsblatt
Abs.	Absatz
Abschn.	Abschnitt
amtl.	amtlich
Anh.	Anhang
Anl.	Anlage
Anm.	Anmerkung
ArbSchG	Arbeitsschutzgesetz
ArbStättV	Arbeitsstättenverordnung
Art.	Artikel
ASiG	Arbeitssicherheitsgesetz
ASR	Arbeitsstätten-Richtlinie
Ausg.	Ausgabe
BauO	Bauordnung
BAuA	Bundesanstalt für Arbeitsschutz und Arbeitsmedizin
Bek.	Bekanntmachung
BetrSichV	Betriebssicherheitsverordnung
BG	Berufsgenossenschaft
BGBl.	Bundesgesetzblatt
BGI	Berufsgenossenschaftliche Information
BGIA	Siehe IFA
BGR	Berufsgenossenschaftliche Regel für Sicherheit und Gesundheit bei der Arbeit
BGV	Berufsgenossenschaftliche Vorschrift für Sicherheit und Gesundheit (Unfallverhütungsvorschrift)
BIA	Siehe IFA
BImSchG	Bundes-Immissionsschutzgesetz

Abkürzungsverzeichnis

BKV	Berufskrankheiten-Verordnung
BMAS	Bundesministerium für Arbeit und Soziales
DA	Durchführungsanweisung zu einer BG-Vorschrift (fr. UVV)
dB	Dezibel
DGUV	Deutsche Gesetzliche Unfallversicherung (fr. Hauptverband der Gewerblichen Berufsgenossenschaften (HVBG) und Bundesverband der Unfallkassen (BUK))
d.h.	das heißt
DIN	Deutsches Institut für Normung
Drucks.	Drucksache
EG	Europäische Gemeinschaft
Empf.	Empfehlung
EN	Europäische Norm
Erl.	Erläuterung
EU	Europäische Union
FA	Fachausschuss
Fb	Forschungsbericht
gem.	gemäß
GMBl.	Gemeinsames Ministerialblatt
GKV	Ganzkörper-Vibrationen
GPSGV	Verordnung zum Geräte- und Produktsicherheitsgesetz
HAV	Hand-Arm-Vibrationen
Hrsg.	Herausgeber
HVBG	Hauptverband der Gewerblichen Berufsgenossenschaften (jetzt DGUV)
Hz	Hertz
IAO	Internationale Arbeitsorganisation
ICE	International Electrotechnical Commission (ICE-Normen)

i.d.F.	in der Fassung
i.d.R.	in der Regel
IFA	Institut für Arbeitsschutz der DGUV (fr. BGIA, BIA Berufsgenossenschaftliches Institut für Arbeitsschutz)
ISO	International Organisation for Standardization (ISO-Norm)
i.Ü.	im Übrigen
i.V.m.	in Verbindung mit
Kap.	Kapitel
LärmVibrations-ArbSchV	Lärm- und Vibrations-Arbeitsschutzverordnung
LASI	Länderausschuss für Arbeitsschutz und Sicherheitstechnik
LV	LASI-Veröffentlichung
MuSchG	Mutterschutzgesetz
MuschArbV	Verordnung zum Schutz der Mütter am Arbeitsplatz
Nr.	Nummer
NW	Nordrhein-Westfalen
OZ	Ordnungsziffer
PSA	Persönliche Schutzausrüstung
RdNr.	Randnummer
S.	Seite
s.	siehe
s.o.	siehe oben
s.u.	siehe unten
SN	Sachsen
T.	Teil
Tab.	Tabellen
TRLV	Technische Regeln zur Lärm- und Vibrations-Arbeitsschutzverordnung

Abkürzungsverzeichnis

u.a.	unter anderem
UVV	Unfallverhütungsvorschrift, jetzt BG-Vorschrift (BGV)
VDI	Verein Deutscher Ingenieure
V; VO	Verordnung
Z.	Zeitschrift
z.B.	zum Beispiel
zul. geänd.	zuletzt geändert

Zeichenerklärung

Formelzeichen:

a	allgemein: Beschleunigung (m/s^2)
	LärmVibrationsArbSchV: Effektivwert der Beschleunigung (m/s^2)
$A(8)$	Tages-Expositionswert, tatsächlich vorhandener (gemessener) Wert
	A (8) wird auch für alle Auslösewerte und Expositionsgrenzwerte verwendet:
	Tages-Auslösewert für Ganzkörper-Vibrationen
	Tages-Auslösewert für Hand-Arm-Vibrationen
	Tages-Expositionsgrenzwert für Ganzkörper-Vibrationen
	Tages-Expositionsgrenzwert für Hand-Arm-Vibrationen
$A_i(8)$	Teil-Tagesexpositionswert für die i-te Teiltätigkeit
α	mathematische Statistik: Irrtumswahrscheinlichkeit
	Akustik: Schallabsorptionsgrad
$\Delta A(8)$	Fehler von $A(8)$

Abkürzungsverzeichnis

ΔL	Fehler von L
ΔL_{zuf}	zufälliger Fehler
ΔL_{syst}	systematischer Fehler
H_D	Dämmwert für hohe Frequenzen
I	Schallintensität
K_x, K_y, K_z	K-Werte für Ganzkörper-Vibrationen
K_H	K-Wert für Hand-Arm-Vibrationen
K_S	Korrekturwert (Praxisabschlag bei Verwendung von Gehörschutz)
L, L_p	Schalldruckpegel
L_{eq}	äquivalenter Dauerschallpegel
$\overline{L_{eq}}$	zeitlicher Mittelwert des äquivalenten Dauerschallpegels
$L_{EX\,8h}$	Tages-Lärmexpositionspegel, tatsächlich vorhandener (gemessener) Wert
	$L_{EX\,8h}$ wird auch für alle Auslösewerte und Expositionsgrenzwerte verwendet:
	unterer Auslösewert des Tagesexpositionspegels
	oberer Auslösewert des Tagesexpositionspegels
	Maximal zulässiger Tages-Expositionswert
$L_{EX\,40h}$	Wochen- Lärmexpositionspegel
$L'_{EX\,8h}$	am Ohr wirksamer Pegel, Tages-Lärmexpositionspegel
$L_{i\,max}$	maximaler Schalldruckpegel während der i-ten Teiltätigkeit
$L_{pC\,peak}$	Spitzenschalldruckpegel, Höchstwert des momentanen Schalldruckpegels

Abkürzungsverzeichnis

L_D	Dämmwert für tiefe Frequenzen
L_{WA}	Schallleistungspegel
L_{pA}	Emissionsschalldruckpegel
$L_{pA\ eq}$	Lärmexpositionspegel
$L_{pA\ 1m}$	1m Messflächenschalldruckpegel
M_D	Dämmwert für mittlere Frequenzen
n	Anzahl der Einzelmessungen
p	Schalldruck
p_0	Schalldruck an der Hörschwelle
p_{peak}	Spitzenschalldruck
R	Schalldämmmaß
S	mathematische Statistik: Standardabweichung
T	Gesamtexpositionsdauer, Gesamteinwirkungsdauer
T_N	Nachhallzeit
t	mathematische Statistik: Tafelwert der Studenverteilung
	allgemein: Zeit
t_i	Dauer einer Teiltätigkeit, einer Teileinwirkungszeit
u	Unsicherheit einer Messung
v	Schwinggeschwindigkeit (m/s)
x	Auslenkung eines schwingenden Gegenstandes aus der Nulllage (m)

Abkürzungsverzeichnis

Indizes: (Die Beschleunigungen a und A(8) werden durch folgende Indizes näher erläutert.)

i	betrifft die i-te Teiltätigkeit
hw	frequenzbewertet für Hand-Arm-Vibrationen
hv	für Hand-Arm-Vibrationen vektoriell zusammengefasst aus den drei Richtungen x, y, z
w	frequenzbewertet für Ganzkörper-Vibrationen
x, y oder z	in Richtung einer der drei Raumkoordinaten

Stichwortverzeichnis

A

Ablesen von Anzeigen 201, 217
Absicherung, statistische 93
alternative Arbeitsverfahren 150, 111
Ampelmodell 145, 193, 211
Andruckkraft 156, 200
Angebotsuntersuchungen 224
Anzeigeinstrumente 217
arbeitsmedizinische Beratung 169
arbeitsmedizinische Untersuchungen 221
arbeitsmedizinische Vorsorge 219, 221
arbeitsorganisatorische Maßnahmen 124
Arbeitsschutzgesetz 38
Arbeitsstättenverordnung 34
Arbeitszeitpläne 162
ASR A1.3 Sicherheits- und Gesundheitsschutzkennzeichnung 38, 125
Aufbewahren der Vorsorgekartei 229
Aufbewahrung von Messergebnissen 101
Auslösewerte Lärm 140, 178
Auslösewerte Vibrationen 142, 163, 202
Ausnahmen 173
Ausschuss für Betriebssicherheit 34, 171
Auswahl 113
Auswahl von Arbeitsmitteln 151

B

Baumaschinen 182
Bauordnungsrecht 36
Bedienungselemente 201, 217
Beschleunigung 188
Betriebsanleitung 35
Betriebssicherheitsverordnung 34, 151, 171
Bewertungsfilter 188, 204
Bildschirmarbeitsverordnung 36
Bohrinseln 218
Bundeswehr 182
Bußgeldvorschriften 178

D

Dauer der Exposition 161
Dokumentation 87
Dosis, Lärm 124, 138
Dosis, Vibrationen 143, 200
Durchblutungsstörungen 162

E

Effektivwerte 186
EG-Richtlinien 33
Einrichtung von Arbeitsstätten 116, 157
Einsatz von Arbeitsmitteln 113, 151
Einwirkungsdauer der GKV 206
Einwirkungsdauer der HAV 189
Erstuntersuchungen 222
Expositionswert Vibrationen 191, 207
Expositionswerte Lärm 129

Stichwortverzeichnis

F
Facharzt für Arbeitsmedizin 225
Fachkunde 102
fachkundige Personen 102
Fahrgeschwindigkeit 154, 168
Fahrzeuge 151, 157, 168, 206
Federn 154, 158
Fehler
– systematischer 93, 195, 212
– zufälliger 91f.
Frequenz 155
Frequenzbewertung GKV 85, 203
Frequenzbewertung HAV 186
Frequenzbewertung Lärm 89

G
Ganzkörper-Vibrationen 82, 144, 202, 215
Gebäude 36, 117, 157, 218
Gefährdungsbeurteilung 102, 150, 197, 214
Gehörschädigung 81
Gehörschutz 128
– Arten 135
– Auswahl 129
– Bereitstellung 128
– richtiges Benutzen 131
– Tragepflicht 109, 129, 140, 141
Genauigkeit 90
Genauigkeit bei GKV 212
Genauigkeit bei HAV 195
Genauigkeitsklassen 97
Gesamtfehler 97, 101
Greifkräfte 200

H
Hand-Arm-Schwingungen 82, 185
Heben und Tragen 82

I
IAO-Empfehlung 156 40
Infraschall 130
Instandhaltung 123

J
Jugendarbeitsschutzgesetz 39

K
Kälte und Nässe 82, 162
Kapselung 119
Kennzeichnung von Maschinen 79, 197, 214
Kennzeichnung, Sicherheit und Gesundheitschecks 125
Kombinationswirkungen von Lärm 79
Kombinationswirkungen von Vibrationen 79, 82
Konzentration 84
Körperhaltung 82
Körperschall 118
K-Wert 198, 215

L
Lärm- und Vibrationskennzeichnung, Kennzeichnung von Maschinen 37
Lärmbereiche 125
Lärmexpositionspegel 89, 98
Lärmimmission 111, 116, 124
Lärmminderung 115, 123
Lärmminderungsprogramm 127

Lärmschutzgutachten 116
Lärmschutzmaßnahmen
– primär 110, 113
– sekundär 110, 116
Lärmschwerhörigkeit 176
Lastenhandhabung 82
Luftschallminderung 118

M
Maschinenverordnung (9. GPSGV) 37
Messdauer 91
Messdauer GKV 203
Messdauer HAV 187
Messgeräte 89
Messprotokoll 185
Messprotokoll für HAV 199
Messprotokoll für GKV 216
Messung 88, 185, 202
– GKV 203
– HAV 186
Messunsicherheit 90
Messverfahren 88, 195
Messzeit 196
Mikrophonposition 93
Musik- und Unterhaltungssektor 180
Mutterschutz bei Vibrationsexposition 146
Mutterschutzgesetz 39

N
Nachhallzeit 122
Nachuntersuchungen 223

O
Ordnungswidrigkeiten 178
orthogonale Richtungen 188, 204

Otoplastiken 136
ototoxische Substanzen 80

P
Personengruppen, besonders gefährdete 77
Personen-Lärmexposimeter 90, 98
Persönliche Schutzausrüstungen 201
Pflichten des Arbeitgebers 38, 178
Pflichten des Arbeitnehmers 178
Pflichtuntersuchungen 223

R
Rangfolge erforderlicher Maßnahmen 127, 150
Rangfolge erforderlicher Schutzmaßnahmen 109
Ruheräume 124, 218

S
Schallabsorption 121
Schallabstrahlung 113, 115
Schallausbreitung 116, 118
Schalldämmung 117
Schalldämmung von Gehörschutz 130
Schalldruckpegel 84, 110, 138
Schallentstehung 113, 115
Schallleistungspegel 127
Schallschirme 120
Schallübertragung 113, 115
Schätzung 99
– GKV 184, 213
– HAV 184, 196
Schiffe 218
Schulung 161

Stichwortverzeichnis

Schutzmaßnahmen 33, 109, 149
Schwingsitze 154, 168
Schwingstärke GKV 215
Schwingstärke HAV 198
Schwingungsdämpfer 116, 154
Schwingungsgesamtwert der HAV 189
Schwingungsisolierung 157
Sehschärfe 85
Stand der Technik 109, 185, 202
statistische Absicherung 204
Stichproben 101, 203
Straftatbestände 179

T
Tages-Lärmexpositionspegel 91, 133, 176
Tages-Vibrationsexpositionswert 149
– HAV 198
Tätigkeiten, feinmotorische 86
technische Maßnahmen Lärm 118
technische Maßnahmen Vibrationen 150
Technische Regeln TRLV 36
Teil-Tagesexpositionswert
– GKV 207
– HAV 191
Teiltätigkeiten
– GKV 203
– HAV 186
Tinnitus 80
Trittschalldämmung 117

U
Untersuchungsbefund 226
Unterweisung 165
Ultraschall 130

V
Vertäubung 50
Vertrauensbereich 94
Vibrationen, mittelbare Wirkungen 84
Vibrations-Schutzhandschuhe 156, 201
Vibrationsschutzmaßnahmen
– primäre 150
– sekundäre 154
Vorsorgekartei 179, 200, 228
Vorsorgeuntersuchung 80, 221, 226

W
Warnsignal 83, 138
Wartungsmaßnahmen 157
Wartungsprogramme
– Lärmschutz 123
– Vibrationsschutz 156
Wehrmaterial 182
Wirbelsäule 82
Wochen-Lärmexpositionspegel 176

Z
Zusatzausrüstungen, Vibrationsschutz 154